LES GRANDES
LÉGENDES DE FRANCE

DU MÊME AUTEUR :

(MÊME LIBRAIRIE)

Les Grands Initiés. — Esquisse de l'histoire secrète des religions. Rama.—Krishna.— Hermès.— Moïse. —Orphée. — Pythagore —Platon. — Jésus, 1 vol. in-8°. 7 fr. 5o

Le Drame musical. — Nouvelle édition augmentée d'une étude sur *Parsifal;* tome Ier : la musique et la poésie dans leur développement historique; tome II : Richard Wagner, son œuvre et son idée, 2 vol. in-12, avec deux planches. 7 fr.

Histoire du Lied ou la chanson populaire en Allemagne (chez Fischbacher).

Les chants de la Montagne, poésies (Fischbacher).

La légende de l'Alsace, poèmes (Charpentier).

Mélidona (Calmann-Lévy).

Vercingétorix, drame (Lemerre).

LES GRANDES
LÉGENDES DE FRANCE

PAR

ÉDOUARD SCHURÉ

LES LÉGENDES DE L'ALSACE
LA GRANDE-CHARTREUSE
LE MONT-SAINT-MICHEL ET SON HISTOIRE
LES LÉGENDES DE LA BRETAGNE
ET LE GÉNIE CELTIQUE

PARIS

LIBRAIRIE ACADÉMIQUE DIDIER.
PERRIN ET Cie, LIBRAIRES-ÉDITEURS
35, QUAI DES GRANDS-AUGUSTINS, 35

1892

L'AME CELTIQUE

———

Si je me demande ce qu'a été pour moi ce livre, qui va des sommets des Vosges aux landes de Bretagne et jusqu'à la pointe extrême du Finistère, si j'essaye de comprendre à quelle voix intérieure, à quelle volonté latente j'ai obéi en l'écrivant, — je m'aperçois qu'un but mystérieux en a déterminé, à mon insu, les étapes successives.

Ce livre a été un voyage à la découverte de l'Ame celtique.

L'Ame celtique est l'âme intérieure et profonde de la France. C'est d'elle que viennent les impulsions élémentaires comme les hautes inspirations du peuple français. Impressionnable, vibrante, impétueuse, elle court aux extrêmes et a besoin d'être dominée pour trouver son équilibre. Livrée à l'instinct, elle sera la colère, la révolte, l'anarchie ; ramenée à son essence supérieure, elle s'appellera : intuition, sympathie, humanité. Druidesse passionnée ou Voyante sublime, l'Ame celtique est dans notre histoire la glorieuse vaincue qui toujours rebondit de ses défaites, la grande Dormeuse qui toujours ressuscite de ses sommeils séculaires. Écrasée par le génie latin, opprimée par la puissance franque, criblée d'ironie par l'esprit gaulois, l'antique pro-

phétesse n'en ressort pas moins d'âge en âge de
sa forêt épaisse. Elle reparaît, jeune toujours, et
couronnée de rameaux verts. Ses plus profondes
léthargies annoncent ses plus éclatants réveils.
Car l'âme est la partie divine, le foyer inspirateur de l'homme. Et comme les hommes, les peuples ont une âme. Qu'elle s'obscurcisse et s'étei-
gne, le peuple dégénère et meurt ; qu'elle s'allume
et brille de toute sa lumière, et il accomplira sa
mission dans le monde. Or, pour qu'un homme
ou un peuple remplisse toute sa mission, il faut
que son âme arrive à la plénitude de sa conscience,
à l'entière possession d'elle-même.

Voilà ce qui n'est pas encore advenu, mais ce
qui se prépare pour l'âme celtique de la France.
La Bretagne est son vieux sanctuaire, mais elle
vit, elle palpite sur toute l'étendue de notre sol
et dans toutes les périodes de notre histoire,
depuis la guerre des Gaules jusqu'à la guerre de
Cent ans, et de celle-ci à la Révolution française, et
aujourd'hui elle est prête à dire au monde son
secret. Elle n'a cessé de parler par les héros, les
poètes et les penseurs de la France. Je l'ai cherchée ici, à sa source, dans quelques-unes de nos
vieilles légendes et dans les paysages qui furent
leur berceau.

La Légende, rêve lucide de l'âme d'un peuple,
est sa manifestation directe, sa révélation vivante.

Comme une double conscience plus profonde,
elle reflète l'Avenir dans le Passé. Des figures

merveilleuses apparaissent dans son miroir magique et parlent de ces vérités qui sont au-dessus des temps.

Si les destinées de la race germanique sont écrites dans l'Edda, la mission du génie celtique brille dans les triades des bardes, elle se personnifie dans les grandes légendes de saint Patrice, de Merlin l'Enchanteur et du mage Taliésinn. Mais souvent les fils oublieux ne se souviennent plus de leurs ancêtres. J'ai tenté de faire revivre ces premiers prophètes de notre race, qui savaient le passé et voyaient l'avenir, parce qu'ils vivaient dans l'Éternel-Présent.

O Ame celtique, toi qui dors au cœur de la France et qui veilles au-dessus d'elle, j'aurais voulu faire vibrer toutes les cordes de ta harpe mélodieuse, et je n'ai pu qu'en tirer quelques notes éparses. Mais, si tout livre n'est par lui-même qu'un verbe imparfait, puisses-tu, âme tendre et puissante, connaître un jour tes plus intimes profondeurs et tes plus vastes harmonies ! Alors, oubliant tes longs deuils et tes égarements, ta parole ne sera plus une lettre morte, mais une parole de vie, et tu diras — avec la voix de l'Ame — aux nations sœurs — ton verbe d'amour, de justice et de fraternité !

En adoptant pour ce livre le titre de *Grandes Légendes de France,* j'ai la conscience de n'avoir fait que peu de pas dans un vaste domaine. Jusqu'à présent la légende n'a été guère chez nous qu'un objet d'érudition ou de fantaisie. Son importance au point de vue de la philosophie de l'histoire et de la psychologie intime ou transcendante n'a pas encore été mise en lumière. Le romantisme avait traité les légendes comme de simples thèmes à imagination. On a compris depuis qu'elles sont la poésie même en ce qu'elle a de plus subtil, se manifestant dans un état d'âme intuitif que nous appelons inconscient, et qui ressemble parfois à une conscience supérieure. Replacer la légende en son cadre pittoresque et sur son terrain historique m'a semblé la meilleure manière d'en épanouir la fleur, d'en exprimer tout le suc et tout le parfum.

Par les grandes légendes de France, je voudrais qu'on entende celles qui, dépassant l'intérêt local, ont quelque rapport avec le développement national de la France et prennent une valeur symbolique dans son histoire, parce qu'elles représentent un élément essentiel de son âme collective.

Ce livre n'est donc qu'une première et humble gerbe cueillie dans une ample moisson.

Noël 1891.

Édouard SCHURÉ

I

LES LÉGENDES DE L'ALSACE

L'avenir de l'Europe est engagé
dans la question de l'Alsace-Lor-
raine.

Allemandes et asservies, ces provinces affirment une Europe anarchi-
que régie par le droit de la Force.
Françaises et libres, elles affirmeront
une Europe organique, gouvernée par
la force du Droit.

LES
GRANDES LÉGENDES DE FRANCE

LES LÉGENDES DE L'ALSACE

1884

L'Alsace n'a joué dans l'histoire qu'un rôle secondaire;
mais sa position géographique et l'instinct secret de sa
race lui ont donné un rôle unique dans le concert multiple des populations européennes et semblent l'avoir
prédestinée à une mission spéciale. Placée au beau milieu du bassin rhénan, entre la Gaule et la Germanie,
sur la grande route des invasions, l'Alsace a été, dès l'o-
rigine des temps historiques, le théâtre principal de la
guerre entre deux races, entre deux civilisations. Conquise et perdue tour à tour par la France et par l'Allemagne, subissant leur double influence, mais ne perdant
jamais son individualité propre, elle n'a cessé d'être

l'enjeu même de cette grande lutte. C'est la lutte vieille de deux mille ans, entre la civilisation gréco-latine, continuée, renouvelée par tous les peuples latins, dont la France est l'avant-garde, et la civilisation germanique, dont l'Allemagne est le vaste réservoir et vient de devenir sous la main de la Prusse l'agent actif et formidable.

Nous voyons l'Alsace sortir de la nuit des temps sous l'éclair d'un grand coup d'épée. C'est le jour où les légions romaines jettent dans le Rhin, entre Colmar et Cernay, Arioviste et les douze rois teutons ses alliés. Après cette victoire, César, avec l'œil du génie, désigna la bande de terre entre les Vosges et le Rhin comme le boulevard de la Gaule. De fait, elle le demeure jusqu'à la chute de l'empire romain. Les victoires de Julien et de Gratien y assurent la domination de Rome. Mais enfin le flot des barbares rompit la digue. Du ive au vi^e siècle, l'Alsace est foulée, piétinée par les Vandales, les Goths, les Ostrogoths et les Huns. Clovis, après avoir conquis la Gaule, incorpore l'Alsace au royaume des Francs et y rétablit la paix. Elle dure sous les Mérovingiens et les Carlovingiens. Mais la race de Charlemagne une fois éteinte, les empereurs d'Allemagne s'emparent du pays, pendant que la France se constitue peu à peu sous les Capétiens. Dès lors, ce ne sont plus en Alsace que guerres de seigneurs et de familles; ces querelles remplissent son histoire sous le saint empire romain. Mais un grand fait domine : c'est la force et l'indépendance croissante des villes libres. On peut dire qu'à travers tout le moyen âge jusqu'au xviie siècle, l'Alsace gravite insensiblement vers la France. Elle est attirée vers elle moins encore par les nécessités politiques que par l'urbanité et la grâce, par cette humanité chevaleresque qui fait le plus beau trait du caractère français. Lorsque l'Alsace passe à la monarchie française, sous Louis XIV, le détachement se fait sans violence et de son plein gré. Si, d'une part, la réformation avait établi entre l'Alsace et l'Allemagne un puissant lien spirituel, le grand mouvement national qui soulève la France pendant la révolution remue l'Alsace jusqu'aux entrailles. C'est alors qu'elle sent son âme devenir française. Elle se donne à la France parce qu'elle épouse son idéal de justice et de liberté. Ni malheurs, ni mécomptes, ni folies ne peuvent l'en séparer. Et c'est au moment où, prenant en quelque sorte conscience d'elle-même, où, forte de son passé, sûre de son avenir, elle veut apporter à la patrie de son choix le tribut de ses meilleures forces et de sa vivace originalité, que la terrible Némésis, la guerre implacable, l'arrache de nouveau à sa mère adoptive pour la livrer pieds et poings liés à une marâtre. Étrange destinée qui a remis en question son bonheur et sa sécurité, mais non pas sa foi invincible.

On voit dès l'abord l'intérêt particulier qu'offre le développement d'un tel pays. Placée entre l'Allemagne et la France, l'Alsace a bu tour à tour à ces deux sources. Comment les deux génies se sont-ils combinés ou combattus en elle ? N'ont-ils pu régner qu'en se détruisant l'un l'autre, ou tendent-ils à trouver en elle une fusion harmonieuse ? Est-ce dans l'exclusion ou dans la prépondérance de l'un des deux qu'est la vraie destinée de la province, son rôle à la fois patriotique et international ?

Qu'on ne s'étonne pas trop, c'est aux humbles légendes populaires que nous allons demander quelques éclaircissements sur ces graves questions. Il est de nos jours une classe d'esprits si convaincus de la supériorité de notre temps, si parqués dans leur étroite modernité, qu'ils voudraient biffer de notre mémoire tout ce qui précède la date de leur naissance. On les surprendrait fort si l'on allait chercher les racines de notre être moral « au temps où la reine Berthe filait ». Ce n'est pas à eux, disons-le tout de suite, que s'adressent ces pages. Quant à ceux qui estiment comme chose précieuse les manifestations spontanées et involontaires de l'esprit humain, qui aiment à chercher dans les légendes les éléments de la psychologie nationale et le plus suave parfum de la poésie, qu'ils me permettent une comparaison. N'y a-t-il pas en nous comme deux êtres : l'homme imparfait, grossier, plein de taches et de faiblesses, et cet autre moi, ce *double* lumineux, cet idéal intérieur que nous affirmons aux heures de force et d'enthousiasme ? Ce prototype de nous-mêmes, que certes nous serons appelés à poursuivre dans les existences futures, est à la fois le titre de noblesse et l'éternel tourment de ceux qui en ont pris conscience. Malheur et bonheur à ceux qui ont eu cette vision ! Ils sont forcés de combattre le grand combat. Car qui voudrait renoncer à son moi divin après l'avoir entrevu, ne fût-ce qu'une seule fois ? — Or, ce qui est vrai pour l'individu l'est également pour les peuples. Il y a dans la vie nationale des manifestations plus ou moins superficielles, plus ou moins profondes. Tout à la surface, nous trouvons le tissu grossier des faits matériels;

la littérature proprement dite nous fait déjà pénétrer plus avant dans la conscience d'un peuple ; la légende nous introduit dans son fond, à son point générateur, car elle tient au sentiment religieux par sa source, à la poésie par sa forme. L'histoire nous apprend ce qu'un peuple a été dans le cours des temps ; la légende nous fait deviner ce qu'il a voulu être, ce qu'il a rêvé de devenir à ses meilleurs moments. N'est-ce donc rien pour la connaissance de sa psychologie intime ?

Qu'on ne s'y trompe pas cependant. Les légendes alsaciennes ne se présentent point à nous sous la forme achevée, définitive, qui séduit et qui s'impose. Les trouvères et les rhapsodes leur ont manqué. La plupart d'entre elles sont à peine sorties de la poussière des chroniques, et les hasards de l'histoire ne leur ont point permis d'atteindre tout leur développement. Ce sont, en général, des traditions demeurées à l'état flottant et embryonnaire ; mais, par ces germes et ces pousses vigoureuses, on devine le caractère de la végétation. En voyant la pépinière on imagine la forêt. Nous entendrons ici par légendes les traditions mystérieuses, les visions poétiques et tous les grands souvenirs qui ont traversé les temps, surnagé dans le torrent des siècles, que l'origine en soit mythologique, ecclésiastique, populaire, ou strictement historique. En un mot, nous voudrions rappeler ce qui a vibré et vécu, tout ce qui vibre et chante encore dans l'âme de l'Alsace. Ce sera comme un résumé de son histoire.

Parmi les rochers sans nombre qui couronnent les Vosges et parsèment leurs flancs, il y a, comme en

Bretagne, des *pierres qui parlent*. Debout sur la crête nue des montagnes ou sur la pente abrupte au milieu de vastes sapinières, ces *menhirs* gigantesques dominent des océans de verdure. Ce sont les témoins muets des âges disparus. Quand, par les nuits sombres, on approche l'oreille des fissures du grès couvert de mousse, on croit entendre des rires clairs ou des soupirs mélodieux s'échapper des entrailles de la pierre. Est-ce le vent qui joue dans les volutes de ces vieilles rocailles ? Est-ce le frémissement musical des hautes branches d'un sapin séculaire ? Les filles du village vous diront que c'est *la voix des fées* qui révèlent le passé et prédisent l'avenir.

Appliquons un instant notre oreille aux vieilles et jeunes légendes du pays, et tâchons d'entendre chanter son âme à travers les âges.

I

ÉPOQUE CELTIQUE. — LE MUR PAÏEN — GAULOIS ET TEUTONS

Lorsqu'on parcourt ce vaste verger qui se nomme la plaine d'Alsace, l'œil rencontre à l'horizon une bande ondulée d'un bleu sombre ; ce sont les Vosges. Par-delà les moissons jaunes et les hautes houblonnières, par-dessus les champs de colza ou derrière les rideaux d'aulnes qui enveloppent les villages riants sans les cacher, partout vous apercevez cette bordure lointaine de croupes boisées ou de cimes abruptes qui attirent le regard et reposent la vue. C'est aussi vers cette chaîne de montagnes que nous reportent les plus anciennes traditions, les grandes légendes du pays, comme vers des lieux en quelque sorte sacrés.

Franchissons la zone des vignobles qui longent les montagnes, engageons-nous dans une des nombreuses vallées latérales, et gagnons les cimes à travers les épaisses forêts de chênes, de hêtres et de sapins : un autre spectacle s'offre à nos yeux. Du sommet du Ballon, du Honeck, du Brésoir ou du Donon, le relief des montagnes se dessine. Au-dessus de l'enchevêtrement des vallées profondes, les sommets des Vosges émergent des forêts comme des îles. Ce ne sont pas les pics escarpés des Alpes ni les plateaux monotones du Jura, mais de larges dômes ou des dos allongés qui affectent la forme d'animaux gigantesques, antédiluviens. Suivez ces crêtes rocheuses, promenez-vous sur ces landes, et vous vous croirez dans un autre monde. On dirait des lieux créés par la nature pour des réunions secrètes. La vie moderne s'est éloignée avec la plaine, qui prend d'ici les aspects changeants, les stries claires ou sombres d'une mer immense. Les *burgs*, les châteaux-forts, les ruines innombrables disparaissent à nos pieds. Nous pénétrons, bien au delà du moyen âge, dans une région préhistorique. Sur la crête du Taenichel, qui descend du Brésoir aux châteaux de Ribeauvillé, des rochers étranges bordent la hauteur. Ce sont des blocs aux flancs creusés ou équarris. D'énormes *caïrns* surplombent l'abîme des forêts; ils profilent sur les nuages leurs têtes de sauriens ou allongent dans le vide des museaux de sangliers. Çà et là les sapins envahissent l'enceinte monumentale ; plus loin, un chaos de rochers s'éboule dans les bois. Partout, aux formes des pierres, à leurs entailles, à leurs dépressions on croit distinguer la main de l'homme sous les caprices de la nature. Un peuple disparu adorait-il ici ses dieux terribles ? Vient l'orage ; de lourdes nuées enveloppent la montagne ; l'éclair bleuit la lande blafarde, les vallées se renvoient le bruit de la foudre, — et, frappés d'épouvante, vous croirez voir le Tarann gaulois lancer sa hache de pierre contre les angles de la montagne et entendre la voix d'Ésus sortir des forêts fouettées par l'ouragan.

Poursuivez cette promenade sur les sommets du sud au nord, et vous trouverez les traces de plus en plus visibles et certaines des peuples primitifs, des civilisations disparues. Au Schneeberg, c'est une pierre branlante parfaitement équilibrée; au Donon, ce sont les restes d'un temple gaulois ; à Sainte-Odile enfin et au Menelstein, c'est le *mur païen*, prodigieuse construction qui fait depuis cent ans le bonheur des touristes et le désespoir des archéologues. Nous abandonnons aux savants le soin de déterminer à quelles époques diverses se rattachent ces monuments mégalithiques. A eux de décider si les premiers habitants de l'Alsace furent des Troglodytes, des peuples à silex ou à pierre polie, des crânes déprimés ou allongés, des Aryens, des Touraniens ou pis encore. Allons droit à l'âge gaulois et celtique, qu'on peut appeler le premier âge historique de l'Alsace, puisqu'il a laissé dans la langue et la légende des souvenirs ineffaçables.

Transportons-nous à l'époque où les Gaulois occupaient encore la rive gauche du Rhin, cent ans avant César et cinquante ans avant la grande invasion des Cimbres et des Teutons. La plaine d'Alsace était couverte de forêts et de pâturages. Vue d'en haut, on eût dit une peau noire tigrée de taches vertes. Là sont parsemés les villages des Séquanes et des Médiomatrices, maisons rondes de bois, couvertes de toits de joncs, peuple de pêcheurs et de chasseurs. Ils adoraient Vogésus, le dieu des Vosges. Les Gaulois se le représentaient tantôt comme un berger colossal poussant devant lui les troupeaux d'aurochs et de che-

vaux sauvages qui peuplaient alors ces forêts inextri-
cables, tantôt comme un guerrier géant debout sur une
haute cime de la chaîne, en face de la Germanie. Ils
invoquaient aussi Rhénus, le dieu du Rhin, vieillard
toujours en colère, auquel ils attribuaient la puissance
prophétique. Mais, au-dessus de ces divinités locales
créées par les indigènes régnaient les grands dieux
aryens de la Gaule : Ésus, Tarann, Bélen, dont le culte
était entre les mains des druides et qu'on révérait sur le
sommet des montagnes.

Dès ces temps reculés, l'Alsace avait sa montagne sainte,
et, chose étrange, c'était la même qu'aujourd'hui. Car,
comme nous le verrons plus tard, la légende chrétienne
vint se greffer sur les lieux consacrés par les vieux cultes
païens. Mais, pour le moment, il nous faut oublier que
nous nous trouvons sur la montagne de sainte Odile et
substituer à son couvent le temple du Soleil, qui la cou-
ronnait alors. Par sa situation comme par sa forme, cette
montagne est la plus remarquable de l'Alsace. Placée en
évidence, elle était prédestinée à la vénération des siècles.
De plus de dix lieues on aperçoit ce haut plateau. Le
Menelstein forme son angle gauche et son point culmi-
nant. Il envoie dans la plaine un long promontoire ma-
melonné, où se dessine le château de Landsberg. A l'angle droit, un rocher isolé domine à pic les sombres forêts
de sapins comme une citadelle en vedette. Un couvent
l'occupe aujourd'hui ; mais il y a deux mille ans, il portait le temple de Bélen et s'appelait la montagne du Soleil. — Plaçons-nous maintenant sur le roc du Menelstein, à l'angle du plateau, et nous jouirons d'une vue à

la fois splendide et sauvage, éblouissante de contrastes
et d'immensité. On plane ; montagnes et plaines se déroulent à perte de vue. Les ruines d'Andlau et de Spesbourg,
si majestueuses lorsqu'on les voit d'en bas, disparaissent
dans les profondeurs comme des taupinières. Quatre ou
cinq chaînes de montagnes se succèdent l'une derrière
l'autre, comme un océan dont les vagues gigantesques vont
du vert clair à l'indigo et qui roulent sur vous. Mais à
côté du vertige des cimes s'étalent le charme et le repos
de la plaine. Elle s'étend tout autour comme un verger
sans fin, avec ses prairies, ses clochers, ses bouquets
d'arbres, jusqu'à la Forêt-Noire. Par les beaux soirs d'été,
les Alpes dentelées scintillent, mirage aérien, au-dessus
de la ligne vaporeuse du Jura.

Une lande couverte de genêts occupe le sommet et
se recourbe en fer à cheval jusqu'au rocher qui forme
saillie au nord. Une chose frappe l'attention sur tout
ce parcours, c'est un vieux mur qui longe et contourne le plateau. Il est bâti en énorme blocs de grès
vosgien grossièrement équarris, mais si larges et si bien
campés qu'ils n'ont pas bougé depuis des siècles. Quelquefois on les a trouvés reliés entre eux par ces petites
pièces de bois nommées queues d'aronde. Çà et là, les
pierres s'encastrent dans le roc, s'appuient aux angles
de la montagne, appelés chaires de Bélen par la mythogra-
phie celtique. Quelquefois le mur, suivant les accidents
de terrain, est forcé de descendre dans une ravine, mais
c'est pour regrimper sur la crête. Sur un espace de plus
de deux lieues, il fait le tour du plateau. Autrefois, le
peuple, frappé de cette puissante construction, l'attribuait

au diable. De là son nom de *mur païen*. Ni les hommes ni les éléments n'ont pu le démolir. La foudre a eu beau tomber, le levier creuser les interstices ; les sapins, drus et serrés, se sont lancés par milliers à l'assaut contre lui ; il n'a pas bougé. Ils ont recouvert ses parois, fouillé ses entrailles de leurs racines ; mais les arbres se dessèchent et meurent, le mur immuable est toujours là : il est resté le maître de la montagne qu'il couronne, et durera autant qu'elle.

Quel que soit l'âge de ce mur prodigieux sur lequel s'est épuisée la sagacité des antiquaires [1], il est évident qu'il avait pour but la défense du plateau. D'autre part, les *tumuli* trouvés dans l'enceinte [2], les *menhirs* postés sur les flancs, les *dolmens* et les pierres de sacrifices qui parsèment la montagne et les vallées environnantes, les noms mêmes de certaines localités [3], tout prouve que la montagne fut dans les temps celtiques le siège d'un grand culte. Rapprochons maintenant les deux ordres de faits qui découlent de ces monuments et des traditions

---

1. Schœpflin, dans son *Alsatia illustrata*, considère faussement le mur comme une construction gallo-romaine. Schweighauser et Levrault lui donnent avec probabilité une origine celtique.

2. M. Voulot a trouvé huit tombes dans l'enceinte du mur païen. Il les a décrites dans son livre : *les Vosges avant l'histoire* Mulhouse, 1872. Les ossements, haches, colliers et anneaux trouvés par lui dans ces tumuli sont actuellement au musée archéologique d'Epinal, dont M. Voulot est le conservateur.

3. La *Kirneck*, ruisseau qui traverse la vallée de Barr, le *Krax*, montagne voisine, le *Menelstein*, l'*Ellsberg* sont des noms d'origine celtique. *Truttenhausen*, endroit situé au pied du mont Sainte-Odile, signifie *maison des druides*. C'était probablement la principale résidence du collège druidique qui avait la garde de la montagne et présidait à son culte. Plus tard, pour exorciser ce lieu, on y bâtit un couvent dont on voit encore les ruines.

celtiques, aidons-nous de l'histoire et de la légende et tâchons de ressusciter les scènes dont ces pierres furent les témoins avant l'arrivée des Romains.

Il y eut dans la Gaule celtique quatre grands centres religieux où se réunissaient les tribus des diverses régions. On y traitait à certaines époques les affaires religieuses, politiques, militaires et judiciaires de la confédération. Ces lieux étaient Karnut (Chartres), au centre de la Gaule; Karnac en Bretagne; le massif d'Alaise dans le pays de Besançon; et la montagne d'Ell (Bel ou Bélen), aujourd'hui le mont de Sainte-Odile [1]. Ce dernier dut être l'avant-garde de la Gaule en vue de la frontière germaine. Lorsque les druides, venus de Bretagne avec les Kymris, s'emparèrent du gouvernement religieux et politique de la Gaule, ils apportèrent avec eux des dieux nouveaux et une doctrine secrète sur l'évolution de la vie, sur l'âme et sur la vie future. Cette doctrine, parente des mystères de Samothrace, se rattachait au culte des révolutions célestes. Eux seuls et leurs disciples en avaient le privilège. Quant aux peuples maintenus par la terreur sous leur autorité, ils étaient admis à la vénération des dieux supérieurs sans être initiés à leur nature. Rien de plus redoutable que l'inconnu. Ces dieux n'habitaient que les cimes ou les îles sauvages de l'océan. Or, le mont de Bélen se prêtait admirablement à la mise en scène de ce culte. Les grandes fêtes avaient lieu au solstice d'hiver et au solstice d'été, quand l'astre vainqueur remontait vers le zénith ou lorsque, parvenu au plus haut du

---

1. La partie de la montagne où se trouve *le Plateau des fées* s'appelle encore aujourd'hui l'*Ellsberg* (montagne d'Ell).

ciel, il s'arrêtait pour contempler son empire. Une grande quantité de Gaulois accourait alors du nord et de l'ouest et venait camper aux abords du mont sacré. Mais la foule n'était admise à l'ascension que la nuit. Les ovates ou eubages gardaient les chemins et guidaient les visiteurs avec des torches de résine. On s'engageait dans une des sombres vallées. C'était la région pleine de terreur des dieux du mal, des démons de la terre. Çà et là, dans un fourré, à la lueur des pins flambants, on voyait luire un couteau de sacrifice. Quelquefois le cri d'une victime feinte ou réelle perçait l'oreille et donnait le frisson. Mais peu à peu, à travers les massifs de sapins, les bouquets de bouleaux, par les sentiers qui s'enroulaient autour de la montagne comme des bandelettes, on gagnait les régions supérieures. On parvenait enfin sur la lande de Ménel, éclairée par la lune, où les visiteurs se prosternaient devant Sirona, la Diane gauloise. Après toutes sortes de rites solennels, vers l'aube, on approchait par le plateau du temple de Bélen. Mais il était interdit aux profanes de franchir sa triple enceinte sous peine de mort. Tout ce qu'ils pouvaient obtenir, c'était de voir le dieu lui-même, le soleil levant sortir de la Forêt-Noire et dorer de son premier rayon le temple circulaire aux sept colonnes, debout sur l'abîme.

La sainte terreur que les Gaulois avaient de leurs dieux garantissait la montagne contre toute profanation. Mais il y avait d'autres ennemis à craindre : les Germains, qui dès le premier siècle avant notre ère menaçaient la Gaule. Les historiens romains nous ont décrit la formidable invasion des Teutons que Marius seul parvint à

vaincre. Ils nous ont montré ces hommes de taille
gigantesque, vêtus de peaux de bêtes, coiffés de mufles
d'animaux effrayants ou bizarres, ou d'énormes ailes
d'oiseaux de proie, pour se rendre plus effrayants. Ils
nous ont fait entendre « leurs rugissements, pareils
à ceux des fauves ». Ils nous ont fait voir ces peuples
cheminant avec leurs chariots, leurs trésors et leurs femmes, et se répandant « comme une mer soulevée ».
Mais cette invasion ne fut pas la seule. Beaucoup d'autres la précédèrent et la suivirent. Ces hordes venaient
du fond de la Germanie, par la forêt hercynienne, pour
ravager la Gaule ; les Vosges recevaient le premier
choc, les trésors du temple avaient de quoi tenter la cu-
pidité des Teutons ; et c'est sans doute pour le protéger
que les druides firent construire ce mur énorme. Une
armée pouvait camper dans l'enceinte. Plus d'une fois,
elle dut être attaquée et vaillamment défendue. La muette
éloquence des lieux nous retrace encore une de ces batailles où le génie ardent de la Gaule luttait avec la
Germanie envahissante comme avec les éléments déchaînés : les feux allumés sur les plus hautes cimes pour
rassembler toutes les tribus de l'Est ; le mont de Bélen
investi par les Teutons ; les attaques nocturnes ; les
combats sur les avant-monts à coup de hache et de fra-
mée ; l'enceinte escaladée, franchie, le temple menacé ;
les druides se jetant dans la lutte, flambeaux allumés ;
la mêlée au hasard, corps à corps, dans le chaos des
rochers et des bois, et l'ennemi enfin précipité de ravine
en ravine.

Plus belles que les fêtes du solstice étaient les fêtes

de victoire. Alors la montagne de la guerre redevenait la montagne du soleil. Elle se hérissait de tribus armées. Les premiers guerriers étaient admis dans l'enceinte du feu sacré qui brûlait au centre du temple circulaire sur une pierre noire tombée du ciel. Le soleil renaissant embrasait le temple, les forêts, les montagnes. Peut-être qu'un barde, debout sous les colonnes, chantait pour la circonstance un de ces hymnes dont les traditions irlandaises et galloises nous ont conservé des fragments : « Il s'élance impétueusement, le feu aux flammes, au galop dévorant ! Nous l'adorons plus que la terre ! Le feu ! le feu ! comme il monte d'un vol farouche ! Comme il est au-dessus des chants du barde ! comme il est supérieur à tous les éléments ! Il est supérieur au grand Être lui-même. Dans les guerres, il n'est point lent !... Ici, dans ton sanctuaire vénéré, ta fureur est celle de la mer ; tu t'élèves, les ombres s'enfuient ! Aux équinoxes, aux solstices, aux quatre saisons de l'année, je te chanterai, juge de feu, guerrier sublime, à la colère profonde [1] ! » — Et les sept vierges gardiennes du feu, symboles des sept planètes, vêtues de lin blanc et couronnées de feuilles de bouleau, tournaient autour du temple en frappant leurs cymbales et en poussant des cris de joie sur l'abîme.

De tout cela que reste-t-il aujourd'hui ? Quelques pierres et le vieux mur impassible. La montagne des Gaulois, des Francs et des Français est retombée au pouvoir des Teutons. Elle porte çà et là des écriteaux alle-

---

1. Chant d'Avaon, fils de Taliésin, barde gallois. (*Mywirian.*)

mands, et c'est dans la langue de Teutobocchus qu'on nous montre le chemin des *cromlechs*, des *dolmens*, du *rocher des druides* et du *plateau des fées* ! Et quand tout semble avoir oublié ce passé lointain, sauf les pierres, la légende à la mémoire tenace se souvient encore. Elle parle d'armées entières aux cuirasses de feu qui se combattent la nuit sur les landes, de fées *qui dansent au clair de lune entre les bouleaux*. Une superstition singulière est restée attachée à la chapelle qui s'élève sur l'emplacement du temple de Bélen. Les jeunes filles qui veulent se marier dans l'année en font trois fois le tour. C'est peut-être un souvenir de l'ancien culte solaire et des vierges gardiennes du feu.

II

ÉPOQUE MÉROVINGIENNE. — LA LÉGENDE DE SAINTE ODILE

The dream is changed, comme dit Byron. Pour les peuples comme pour les individus, la vie est un rêve dont les tableaux se succèdent et s'effacent, dont le temps n'est qu'une vaine mesure. — Nous sommes à l'époque des Mérovingiens. Sept siècles ont passé sur l'Alsace. Après les Romains, les barbares se sont succédé. Attila a rasé l'enceinte primitive de Strasbourg. Les Francs enfin ont pacifié le pays. Çà et là apparaissent les premières traces de la civilisation. Dans les forêts encore pleines de bêtes fauves, des commencements de villes et de villages se groupent autour des castels romains et des fermes, où se sont installés les chefs francs avec leur *truste* qui comprend toute une armée de vassaux. Après tant d'horribles invasions, les faibles se serrent autour des forts, les paysans autour des guerriers. Le serf est trop heureux d'avoir un maître qui empêche son champ d'être brûlé. La féodalité, à son origine, est une protection. Quant aux rois mérovingiens qui ont conquis la Gaule, après un siècle de débauches effrénées et de cruautés sans nombre, ils sont tombés dans la mollesse. Le

royaume est en train de se démembrer. Bientôt les maires du palais, s'emparant du sceptre, vont faire expier à
leurs derniers descendants la paresse et les crimes de leurs
pères. La chevelure du dernier des Mérovingiens, cette
longue chevelure blonde, signe de la liberté et du pouvoir royal, tombera au fond d'un couvent sous le ciseau
de la tonsure. La France proprement dite est à peine en
formation ; l'Allemagne n'est encore qu'une matrice de
barbares, un foyer d'invasions que l'épée des Francs
commence à maintenir en respect.

Mais une autre lutte agite ce temps, lutte profonde,
tout intérieure et fertile en conséquences. C'est la lutte
du christianisme contre la barbarie. L'église s'est empa-
rée de l'esprit des Francs, et, forte de sa supériorité intellectuelle, les dirige selon de vastes desseins. Mais la
conquête spirituelle des âmes se fait par le monachisme,
qui représente l'église libre de ce temps. Les inspirés,
les saints, les héros de l'époque sont les Patrice, les Colomban et tous ces disciples de saint Benoît que l'Italie
envoie à la Gaule. Ces hommes doux et sans armes sont
plus redoutés des rois barbares que les plus grosses armées. Ce sont des dompteurs d'âmes et de bêtes fauves.
Ils prêchent la douceur, la charité, la mansuétude au
milieu des haines sauvages, de la férocité et du crime.
Et, chose étrange, les barbares tremblent, écoutent, obéis-
sent. C'est à cette victoire morale du sentiment chrétien
sur la barbarie que se rapporte la plus belle peut-être et
la plus complète des légendes alsaciennes [1]. Nous la

1. La source la plus ancienne est un manuscrit intitulé : *Lom-
bardica Historia*. On retrouve la légende dans la chronique de

raconterons avec son merveilleux et dans sa simplicité
naïve, telle qu'on la trouve dans les vieilles chroniques,
sans chercher à démêler l'histoire de la fiction.

Du temps du roi Childéric II, vers l'an 670, Atalric
était duc d'Alsace. Il résidait tantôt à son château d'O-
bernai, tantôt à Altitona, castel romain bâti au sommet
de la montagne, sur l'emplacement du vieux sanctuaire
gaulois. Cet Austrasien, au caractère violent et cruel,
avait pour femme la sœur d'un évêque, la pieuse Béreswinde. Depuis longtemps, les époux attendaient un héritier, quand la duchesse accoucha d'une fille aveugle.
Le duc s'en fâcha si fort qu'il voulut tuer l'enfant : « Je
vois bien, dit-il à sa femme, que j'ai étrangement péché contre Dieu pour qu'il m'inflige pareille honte, qui jamais n'est
arrivée à aucun de ma race. — Ne t'afflige pas ainsi, lui
répondit Béreswinde. Ne sais-tu pas que le Christ a dit
d'un aveugle-né : « Il n'est pas né aveugle à cause de la
faute de ses pères, mais afin que la gloire de Dieu appa-
raisse en lui » ? Ces paroles ne purent apaiser la colère
sauvage du duc. Il reprit: « Fais que l'enfant aveugle
soit tué par un des nôtres ou qu'on l'emporte assez loin
pour que je l'oublie ; sinon, plus de joie pour moi. » Ces
mots remplirent Béreswinde de terreur. Mais elle se souvint d'une serve fidèle. Elle lui remit sa fille aveugle,
et, recommandant l'enfant à Dieu, elle pria la pauvre
femme de le porter en secret au couvent de Baume-les-
Dames, en Bourgogne. Bientôt après, un évêque vint

Schilter ajoutée à celle de Kœnigshoven et dans celle de Hertzog.
Pour les recherches historiques et la description archéologique des
lieux, voir: *Sainte-Odile et la Heidenmauer,* par Levrault, Colmar,
1855.

baptiser l'enfant adoptif du monastère. Pendant qu'il versait l'eau baptismale sur le front de la petite, celle-ci ouvrit tout à coup de beaux yeux couleur d'améthyste, qui semblaient voir des merveilles et regarda l'évêque comme si elle le reconnaissait. L'aveugle-née avait reçu la vue. L'évêque lui donna le nom d'Odile et s'écria transporté de joie : « Chère fille, maintenant je demande à te revoir dans la vie éternelle ! »

Odile fut élevée au couvent de Baume-les-Dames par de nobles Austrasiennes qui préféraient la retraite en Dieu aux terreurs de ces temps barbares. Elle grandit au milieu de la solitude des forêts, dans le silence du cloître, comme une fleur au calice brillant et coloré. Lorsqu'elle fut devenue une belle jeune fille, un hasard lui apprit sa naissance et son origine. Surprise, émerveillée de cette découverte, elle fut saisie d'un désir impétueux de voir son père, de le presser dans ses bras. Et comme on lui dit qu'elle avait un jeune frère ardent et généreux, elle lui écrivit une lettre en le priant d'intercéder pour elle. A cette lecture, Hugues fut pris de pitié et d'une sorte de passion pour cette sœur inconnue qui faisait appel à ses sentiments les plus intimes et croyait en lui comme en son sauveur. Il supplia son père de l'écouter. Mais au seul nom d'Odile, Atalric fronça le sourcil et imposa silence à son fils. Hugues ne tint aucun compte de cette défense et imagina un stratagème pour faire rentrer sa sœur en grâce. Il lui envoya secrètement un équipage pour revenir en Alsace. Un jour, Atalric était assis avec quelques-uns de ses vassaux sur la terrasse d'Altitona, d'où l'on domine à pic un profond ravin. Sur la route qui monte vers le haut castel par un grand circuit, il vit arriver un char traîné par six chevaux, orné de branchages et de la bannière ducale. Il demanda : « Qui vient en si grande pompe ? » — Son fils répondit : « C'est Odile ! » — Blême de colère, Atalric s'écria : « Qui est assez hardi et assez fou pour l'appeler sans mon ordre ? — Seigneur, reprit Hugues, c'est moi, ton fils et ton serviteur. C'est grande honte que ma sœur vive en telle misère. Par pitié, je l'ai appelée. Grâce pour elle ! » — A ces mots, qui, aux yeux du Franc autocrate et implacable, étaient plus qu'une révolte et constituaient un véritable attentat à sa puissance, il brandit son sceptre en fer et en frappa son fils avec tant de violence que celui-ci mourut peu après.

Cependant Atalric, effrayé de son forfait, rentra en lui-même, et, en signe de repentir, appela sa fille auprès de lui. Des prétendants se présentèrent. Mais l'horreur de la vie avait envahi l'âme d'Odile et l'image de son frère mort pour elle y régnait seule. Elle refusa de se marier. Cette fermeté exaspéra l'âme irritable du Franc. Il résolut de lui faire épouser par force un prince aléman. Instruite par sa mère, Odile s'échappa la nuit dans un costume de mendiante. Elle traversa la plaine, passa le Rhin dans la barque d'un pêcheur et s'enfuit jusqu'aux montagnes. Harassée de fatigue, elle venait d'atteindre une vallée déserte et sauvage de la Forêt-Noire. La nuit tombait, lorsqu'elle entendit derrière elle le galop des chevaux et le cliquetis des armes. Elle comprit que c'était son père qui la poursuivait avec son prétendant et toute une troupe de vassaux. Ramassant le reste de ses forces, elle voulut gravir la montagne pour se cacher. Mais elle tomba épuisée au pied d'un roc. Saisie de désespoir, mais pleine d'une foi vive, elle étendit ses bras vers le ciel en invoquant le protecteur invisible, le roi glorieux des persécutés. Et voici que le dur rocher s'ouvrit tout d'un coup, la reçut dans son sein et se referma sur elle. Atalric, étonné, appela sa fille par son nom en lui promettant la liberté. Alors le rocher s'ouvrit comme une caverne et Odile apparut à la troupe émerveillée dans l'éclat de son innocence et de sa beauté. Toute la grotte rayonnait d'une lumière surnaturelle qui partait de la vierge, et Odile déclara qu'elle se donnait pour toujours à son rédempteur céleste.

A partir de ce jour, le duc d'Alsace fut l'humble serviteur de sa fille. Retiré lui-même au château d'Obernai, il céda à Odile le castel d'Altitona. Elle y fonda un couvent de bénédictines et en devint l'abbesse. Ainsi le sommet de l'altière montagne qui avait servi tour à tour de temple aux Gaulois belliqueux, de position militaire à l'empereur Maximien, et de résidence à un Franc ripuaire, devint enfin l'asile de l'ascétisme chrétien. Odile en donna l'exemple. Elle ne mangeait que du pain d'orge, couchait sur une peau d'ours, et mettait une pierre sous sa tête en guise de coussin. Mais elle avait l'âme trop aimante pour se contenter des joies de la vie contemplative, de ces voluptés exquises où le mystique trouve la compensation de ses tortures corporelles. Ses propres souffrances l'avaient rendue *voyante* dans le sens le plus profond du mot. Elle avait perdu un frère bien-aimé, premier rêve de son cœur, mais tous ceux qui souffrent étaient devenus ses frères et ses sœurs. Son ardente charité ne s'étendait pas seulement sur ses compagnes, mais encore sur tous les gens de la contrée. Elle fonda un hôpital dans le vallon qui s'ouvre au pied du couvent, afin que les malades pussent jouir du bon air et fussent plus près d'elle. Tous les jours, Odile, en robe de laine blanche, descendait d'Altitona au bas moustier, à travers les colonnades des hauts sapins, pour soigner et consoler ses malades. La chronique et la voix populaire disent merveille de ses miracles. Le plus touchant est celui qu'elle fit pour un pèlerin qu'elle rencontra mourant de soif. La sainte toucha le roc de son bâton. Aussitôt une eau claire et fraîche jaillit des fissures profondes du grès. C'est la fontaine qu'on rencontre tout près du sommet et à laquelle le peuple attribue toutes sortes de vertus.

En ce temps, Atalric vint à mourir. Odile reconnut dans son esprit que son père était en grande souffrance dans le purgatoire, à cause de ses crimes qu'il n'avait pas expiés sur la terre. Elle en ressentit une grande douleur et, redoublant d'austérités, elle pria pour lui des années. Elle pria si longtemps et si fort qu'une nuit, vers le matin, elle aperçut une vive lueur vers le fond de l'espace et entendit une voix forte lui dire : « Odile, ne te tourmente plus pour ton père, car le Dieu tout-puissant t'a exaucée et les anges ont délivré son âme. » À ce moment, les sœurs accourues la trouvèrent agenouillée en extase et presque inanimée. Elles voulurent la réveiller pour lui administrer les sacrements, mais Odile leur dit : « Ne me réveillez pas; j'étais si heu-

reuse ! » Et comme transfigurée, elle rendit l'âme.
Aussitôt il se répandit sur le sommet de la montagne un
parfum plus suave que celui des lis et des roses, plus
éthéré que le baume des pins qui s'envole dans la brise.

Telle est la légende qui, depuis un millier d'années, a
fait couler les larmes des âmes simples au pays d'Alsace.
Les savants alsaciens ont beaucoup discuté sur son origine et son authenticité. Quelques-uns ont nié jusqu'à
l'existence d'Atalric et de sa fille. Le couvent aurait été
fondé par une des femmes de Charlemagne, et l'histoire
inventée après coup par un moine d'Ebersheim. Quant à
nous, nous ne pensons pas que ces nobles et poétiques
figures naissent dans l'imagination populaire sans qu'une
puissante personnalité l'ait d'abord fécondée. L'âme du
peuple élabore et traduit ensuite à sa manière ce qui l'a
ému, transporté au-dessus de lui-même. Mais l'action a
précédé le rêve ; l'action est à l'origine de tout. Il y a
dans ce récit un symbolisme naïf, un pathétique intime,
une psychologie profonde, qui sont à peine indiqués,
mais qui se devinent. L'idée de la *voyante*, de la vision
spirituelle de l'âme, qui voit et possède le monde intérieur supérieur à la réalité visible, domine toute la légende, y jette comme des rais de lumière. La lutte
entre l'égoïsme, la dureté, la violence du père et la
pureté victorieuse de la vierge consciente et forte y introduit un élément profondément dramatique. Enfin la
charité qui ouvre des sources dans le désert, le dévoûment sans bornes qui demande à souffrir pour le coupable
afin de le sauver, lui donnent son couronnement.

Quiconque a gravi cette montagne, quiconque, après

avoir visité *la chapelle des pleurs* et *la chapelle des anges*, a contemplé ce vaste horizon et vu trembler la ligne azurée du Jura dans la pourpre du couchant, n'aura pas de peine à croire à la vierge des temps mérovingiens. Il lui semblera même que son âme respire dans cet air si pur. En redescendant par ces grandes forêts de sapins dont les fûts élancés se perdent dans une brume bleuâtre comme des nefs infinies, il ne pourra s'empêcher de rêver à l'église invisible, mais éternelle des grandes âmes qui est au-dessus de tous les temps et de toutes les discussions; car elle a pour colonnes la charité sublime et la foi en l'âme immortelle.

III

ÉPOQUE CARLOVINGIENNE.
LA LÉGENDE DE LA REINE RICHARDIS

De sainte Odile à la reine Richardis il n'y a pas loin.
Il suffit pour cela de passer d'une vallée à l'autre et de
nous transporter du viie au ixe siècle. Pour ce temps-là,
qui n'avait ni chemins de fer, ni presse, ni démocratie,
ni tout ce qui nous enfièvre et nous précipite comme un
train lancé à toute vapeur, deux cents ans représentent à
peine vingt des nôtres. Cependant le monde avait marché.
Aux Mérovingiens avaient succédé les Carlovingiens.
Un grand homme avait surgi parmi eux. Charlemagne
avait compris que les deux instruments de la civilisation
étaient la tradition latine et le christianisme; il les
imposa au monde barbare à grands coups d'épée. De
l'alliance de Charlemagne avec l'Église sortira la féodalité. L'idée de la fidélité de l'homme à l'homme, se com-
binant avec celle du monde intérieur et spirituel, produira
la chevalerie, cette manifestation surprenante et originale des races du Nord, germaniques et celtiques. La
chevalerie est une conception nouvelle de la vie qui
comprend à la fois un idéal plus élevé de l'homme et de

la femme. Le type du chevalier joignant à la féauté la parfaite courtoisie et l'*attrempance*, cette douceur exquise d'une âme maîtresse d'elle-même, n'est pas encore formé. Il mettra trois ou quatre cents ans à son épanouissement. Honorer et servir ce qui est faible ! Il n'est pas facile d'enseigner cela à des gens pour qui un coup de hache dans le crâne d'un voisin gênant est chose aussi simple que d'écraser une mouche. Mais, dès les temps carlovingiens, les croisades sont dans l'air, l'idéal chevaleresque germe sous les passions sauvages, et, en attendant qu'il occupe les troubadours et les trouvères, il prélude dans la légende.

Mais retournons au coin des Vosges que nous venons de quitter. Des hauteurs de Sainte-Odile descendons dans la vallée de Barr et remontons la côte en face, à travers les taillis, jusqu'au château de Spesbourg. La ruine est plantée comme un nid d'aigle au-dessus d'une sombre vallée qu'elle domine à pic. Le ravin sauvage s'égaie en s'ouvrant sur la plaine. Les crêtes hérissées de sapins noirs font place à des collines de châtaigniers, à des vignobles. C'est le val d'Andlau. La petite ville du même nom est nichée entre ses derniers plis. Un clair et fort torrent qui descend du Hohwald la traverse, et une belle église romane la domine de son clocher. C'est là que repose une reine des Francs, Richardis, la femme d'un des derniers Carlovingiens. Rappelons en deux mots son histoire et sa légende.

Richardis eut pour père Erchangard, comte de la Basse-Alsace. Quelques-uns prétendent qu'il était d'origine écossaise, et de fait le caractère fier, indépendant

et original que la tradition prête à sa fille s'accorde avec
le tempérament de cette race. Les chroniques vantent
à l'envi sa beauté éclatante, l'élégance de ses formes, la
hauteur et le charme de son esprit. Le destin donna à
cette femme accomplie le plus triste des maris. Elle
épousa l'empereur Charles le Gros, que les Francs élurent
roi de Neustrie et d'Austrasie. Mais l'arrière-petit-fils de
Charlemagne n'avait rien de son aïeul. Épais, lourd et
sournois, il était pire que les derniers Mérovingiens. A
une vue courte en toute chose il unissait une ruse cau-
teleuse, et la méchanceté guettait sous sa faiblesse. S'il
sortait de sa profonde indolence, c'était par accès de
cruauté, puis il retombait dans le sommeil de la paresse
et de la lâcheté. Pour achever ce portrait peu flatteur,
disons que Réginon l'accuse d'impuissance. Intimidé
par la supériorité de Richardis, Charles le Gros subit
malgré lui son ascendant, contre lequel il regimbait en
secret. Celle-ci, animée d'une noble ambition, essaya
d'en user pour sauver le royaume de Charlemagne,
qu'elle trouvait livré aux intrigants, ravagé par les North-
mans et les Frisons. Dans ce dessein, elle fit nommer
l'évêque de Verceil chancelier du royaume. Luitgard
était un homme d'un caractère énergique et droit.
Homme de paix à l'église, il redevenait homme d'action
dans le conseil. D'accord avec la reine, il appela tous
les Francs à la guerre et ne craignit pas d'écarter du
pouvoir les Alémans et les Souabes, qui avaient encou-
ragé l'indolence du roi dans leur propre intérêt. Ceux-ci
jurèrent de perdre Richardis.

A la tête de la conjuration se trouvait un fourbe habile,

un Souabe, que la tradition appelle *le Chevalier rouge*.
Un jour qu'il traversait avec le roi une partie sombre
de la basilique, la reine, qui avait l'habitude d'y faire
ses dévotions, vint s'agenouiller à l'entrée du chœur.
Lorsqu'elle eut terminé sa prière, Luitgard sortit de
l'abside pour lui donner sa bénédiction. En se relevant,
Richardis prit en main la croix que le jeune évêque portait suspendue à sa poitrine et y porta ses lèvres avec
ferveur. A cette vue, le Souabe, faisant un geste
d'horreur, dit au roi : « Voilà ce qu'ils osent dans le
saint lieu! Seigneur, jugez par là de ce qu'ils font en
secret ! » L'étonnement, l'indignation jouée du Chevalier
Rouge, et ce baiser mystique entrevu de loin dans la
pénombre de l'église suffirent pour jeter dans l'esprit
du roi les soupçons les plus noirs. Depuis longtemps il
haïssait la reine, qui lui imposait sa volonté avec une
douceur fière. Il n'eut pas de peine à la croire coupable
d'une passion audacieuse et des derniers débordements.

Charles, transporté de fureur, fit appeler Luitgard,
l'accabla d'injures et le chassa ignominieusement sans
lui permettre de se justifier; puis, faisant comparaître
sa femme devant son tribunal, il l'accusa publiquement
d'adultère. Richardis, indignée, mais calme, offrit de
prouver son innocence par l'épreuve du feu. Charles
accepta le défi et fixa le jour. — Scène étrange et solennelle. — Une immense assemblée est réunie sur la place
publique. Le roi siège sur son tribunal, entouré des
plus grands seigneurs francs et des hauts dignitaires de
l'église. Richardis paraît en reine splendide, étincelante
de pierreries, dans un long manteau de pourpre, cou-

ronne en tête. Elle s'avance vers le roi et lui offre ses gants. Il les saisit : c'est le signe qu'il persiste dans l'accusation. Alors Richardis s'éloigne et reparaît dans une tunique de soie blanche cirée, serrant sa croix sur son cœur. Des moines chantent l'office des trépassés. La reine est d'une pâleur mortelle, mais la flamme de l'extase brille dans ses yeux élargis et fixes. Quatre valets, avec des torches allumées, essaient de mettre le feu aux quatre coins de sa robe. La flamme n'y mord pas et les valets reculent d'effroi. Alors on étend devant elle une traînée de braise incandescente. Elle marche dessus, pieds nus, et les charbons ardents s'éteignent sous ses pas. A ce prodige, la foule pousse une immense acclamation, et les accusateurs, consternés, s'enfuient. Mais Richardis, d'une voix forte, adresse à son époux ces paroles mémorables : « Roi Charles, je vous ai prouvé mon innocence en passant par le feu. Par vous j'ai voulu sauver le royaume, mais il n'est plus rien de commun entre nous. Désormais j'appartiens à celui dont la beauté étonne le soleil et les étoiles et qui reconnaîtra ma fidélité mieux que vous. Adieu : vous ne me reverrez plus. Que Dieu vous pardonne comme je pardonne à mes accusateurs ! » Après quoi Richardis se retira dans son pays natal et y fonda l'abbaye d'Andlau. Charles, peu après, fut déposé par les Francs et mourut dans l'exil et la misère.

Telle la tradition de l'abbaye. Il est curieux de voir ce que l'imagination populaire a ajouté à la légende ecclésiastique. Richardis, accusée d'adultère par son époux, disent les chroniqueurs qui ont suivi cette variante, s'en

remit au combat singulier, qui était une autre forme
du *jugement de Dieu* dans les idées du moyen âge. Un
seigneur franc se présenta comme champion de la
reine, lutta en champ clos contre le calomniateur et le
terrassa. Sortie blanche comme neige de cette première
épreuve, la reine se remit à la tête du royaume et appela son défenseur auprès d'elle en le nommant son
chevalier. Les mauvais conseillers ne se tinrent pas
pour battus. Ils firent si bien que Charles le Gros, re-
tombé sous leur influence, accusa la reine et son chevalier d'une passion criminelle. Richardis, poussée à
bout, eut recours à l'épreuve du feu, plus encore pour
sauver la vie de celui qui l'aimait sans reproche que
pour se justifier. Après avoir traversé victorieusement
les flammes, elle renonça à la fois au trône et au monde.
Et, s'adressant à son chevalier, elle le pria de lui
chercher une retraite dans les Vosges, la plus sauvage
qu'il pût trouver. Le chevalier se mit en route vers les
montagnes. Il entra sous les forêts épaisses qui retentissaient alors du mugissement des aurochs et des loups.
Harassé de fatigue, il s'arrêta enfin dans une vallée
perdue où un ours buvait, avec ses petits, près d'un
torrent. « Voilà, pensa-t-il, une solitude assez profonde
pour ma reine ! » C'est là, dans le val d'Andlau, que
Richardis fit bâtir sa retraite : c'est là que s'élevèrent
plus tard l'église et l'abbaye d'Andlau. Le chevalier
devint le protecteur du couvent. Ce fut l'ancêtre des
seigneurs d'Andlau, qui ont pour armes une croix rouge
sur champ d'or, surmontée d'un heaume et d'un diadème. Le souvenir de cette tradition a été consacré par

la gracieuse statue qui surmonte la fontaine d'Andlau
et qui montre un ours humblement réfugié aux pieds de
la reine des Francs [1].

C'est ainsi que le peuple a transformé l'ascétique légende dans l'élan naïf de son cœur. Il a mis le chevalier
à la place de l'évêque, et, sans le savoir, il a rêvé l'amour
là où l'esprit monacal n'a vu que le renoncement à la
vie : beau rêve qui s'est desséché comme une rose parfu-
mée entre deux feuillets de la chronique poudreuse et
jaunie. Le chevalier est resté sans nom comme sans physionomie. Il ne nous apparaît que comme les combattants
des tournois, reconnaissables seulement à leur vaillance
et à leurs bons coups. Ceci nous amène à quelques réflexions générales sur les destinées du sentiment chevaleresque. La grande révolution qui s'accomplit dans la
conception de l'amour par la chevalerie n'a trouvé qu'une
expression imparfaite et rapetissée dans la littérature. La
chevalerie a imaginé le culte de la passion uni aux raffi-
nements mystiques de l'âme et de la pensée ; elle a cru à
la vertu s'engendrant dans le cœur par l'enthousiasme de

1. Les traditions ecclésiastiques sur Richardis ont été réunies
dans une monographie : *Sainte Richarde, son abbaye d'Andlau,
son église et sa crypte*, par Charles Deharpe. — Paris, typographie
Renou, 1874. — La critique historique trouvera à redire à cet ouvrage, mais il contient les documents les plus intéressants sur le
sujet. C'est aussi grâce aux soins et aux frais de l'abbé Deharpe
qu'a été élevée la jolie statue de Richardis par Grass qui orne la
fontaine d'Andlau. Sur le piédestal, on voit deux petites harpes
sculptées en relief. L'humble ecclésiastique qui a consacré sa vie et
sa fortune à la gloire de sa sainte n'a pas voulu que son nom figu-
rât sur le monument. Il n'y a fait qu'une timide allusion par les
deux harpes qui rappellent son nom, *Deharpe*. L'innocent jeu de
mots trahit à la fois la modestie du restaurateur de Richardis et le
sentiment délicat qui l'a guidé.

la beauté ; elle a rêvé la femme capable d'inspirer volontairement un tel amour. La légende de Richardis nous montre ce sentiment dans sa chasteté et son intensité primitives. Mais l'arbre a fleuri trop vite sans produire son fruit. Le moyen âge a conçu un idéal qu'il n'a pas su rendre poétiquement. Le type du chevalier primitif s'est affadi dans les mièvreries des troubadours, dans les longueurs assommantes des trouvères, pour tomber sous la risée des fabliaux. La chevalerie est morte, mais le sentiment chevaleresque a survécu, il a pénétré dans la conscience moderne. A mesure que la femme s'ennoblira, il renaîtra sous des formes inattendues. Le plus beau rôle est réservé à la femme dans la société. Ridicule et déplaisante lorsqu'elle singe le sexe masculin et se départ du charme discret qui, dès les temps de la Grèce, faisait son plus bel attribut, elle se grandira au rôle d'inspiratrice lorsqu'elle sera fidèle à ses qualités supérieures. A cet égard, il nous est permis d'espérer en l'avenir en songeant à notre passé. La France a produit trois femmes comme Héloïse, Jeanne d'Arc et Mme Roland, héroïnes de l'amour, de la patrie et de la liberté. Qu'il en renaisse de pareilles, et, malgré le scepticisme de notre temps, les chevaliers ne leur manqueront pas. Qu'il nous soit permis, en attendant, de rendre hommage à Richardis, la noble reine des Francs, qui, debout là-bas sur sa fontaine, semble songer dans son exil « au doux pays de France ».

IV

LA CATHÉDRALE DE STRASBOURG ET SES LÉGENDES

De la tour d'Andlau, où nous sommes placés, regardez cette pointe verticale qui raie au loin la plaine du Rhin. C'est la flèche de Strasbourg. La vieille cathédrale nous appelle, car elle aussi a sa légende étroitement liée à l'histoire de l'ancienne ville libre du moyen âge.

Peut-être faut-il avoir grandi à l'ombre du colossal édifice, pour se rendre compte de l'énorme morceau de passé qu'il contient et qui s'est pétrifié dans sa masse. Il faut avoir vu des générations innombrables de pigeons nicher sur l'épaule des vierges sages et des vierges folles, sous les voussures des portails ; il faut s'être extasié, enfant encore, devant l'horloge merveilleuse de Schwilgué, avec ses apôtres qui défilent devant le Christ et son coq qui chante à midi ; il faut avoir connu, comme des personnages de pierre, ces statues d'empereurs et de rois qui s'étagent dans les airs, et avoir appris plus tard qu'ils ont existé en chair et en os ; il faut avoir erré sur la toiture, parmi les animaux fantastiques des gargouilles et les anges des pinacles, puis plongé tout à coup le re-

gard par une lucarne dans l'intérieur de la nef sombre
où flamboie la grande rose; il faut avoir plané sur l'Alsace, à la hauteur vertigineuse des quatre tourelles, pendant que la tour vibre aux coups formidables de la cloche, et puis s'être endormi le soir au son de cette même
cloche mélancolique et patriarcale; il faut avoir fait
toutes ces choses-là pour comprendre que cette cathédrale
est à la fois un monde et une symbolique, un peuple et
une personne.

De toutes parts elle domine les toits pointus et serrés
de la ville de sa puissante ossature, de sa tour prodigieuse qui réduit à l'état de naines les autres églises. Les
siècles qui l'ont élevée y ont laissé l'empreinte de trois
ou quatre styles différents, depuis la crypte de Charlemagne, à travers les arcades byzantines du transept méridional, jusqu'au gothique surchargé du transept du
nord. Le chef-d'œuvre, c'est la façade du xiiie siècle,
une des merveilles de l'art ogival. Lorsqu'on débouche
de la place Gutenberg, elle vous écrase de sa hauteur,
vous éblouit de sa gigantesque floraison. Pour bien saisir le caractère de cette page grandiose d'architecture,
il suffit de la comparer à la façade de Notre-Dame de
Paris. L'église de la monarchie française est le chef-
d'œuvre de l'élégance et de la sobriété. Les trois étages
se superposent coupés par les bandes longitudinales.
C'est l'harmonie, la sagesse parfaite ; mais peu d'élan,
peu de mouvement ascensionnel. Regardez au contraire
la façade de la cathédrale de Strasbourg par un beau
soir d'été, quand le soleil couchant chauffe les tons rouges du grès bruni. Entre les trois forts piliers qui, d'un

seul jet, gagnent la plate-forme, la dentelle transparente de pierre étale une végétation immense. Quelle force d'arborescence et d'ascension ! La poussée des trois portails, l'élan des pilastres entraînent les chapiteaux, les tabernacles et des milliers de lancettes. Ogives sur ogives, colonnes sur colonnes, tout monte, tout flambe, tout fleurit ; au centre, s'étale la rose, cœur ardent de cette forêt de pierres ; au sommet, la flèche s'élance comme un lis.

L'intérieur est particulièrement sombre et mystérieux. On distingue vaguement dans la pénombre les grandes colonnes finement cannelées qui montent en croisant leurs nervures sous la voûte. Ce qui triomphe ici, c'est la peinture sur verre. Elle transfigure la cathédrale en ciel chrétien. Les larges baies à vitraux peints sont autant d'yeux qui regardent dans l'autre monde. Ou plutôt, c'est par ces ouvertures que le monde surnaturel darde dans le sanctuaire ses visions d'azur et de feu. Peu de cathédrales rendent aussi largement le vaste symbolisme de l'église catholique. L'histoire sainte et l'histoire profane, celle-ci sous forme de monarques, debout dans les lancéoles, se déroulent sur les ogives des nefs latérales. Plus haut, au-dessus de la clairevoie de la grande nef, brillent les vertus théologales, les martyrs, les saints, les vierges armées de lances et de flambeaux. C'est l'église triomphante au-dessus de l'église militante. Enfin, la grande rose de la façade rayonne à l'intérieur de toutes les couleurs de l'arc-en-ciel ; c'est la rose mystique, symbole de l'éternité.

Nous ne savons plus aujourd'hui les efforts qu'a coûtês l'achèvement de cet édifice : tout le pays y travailla pendant des siècles. La tradition a conservé le souvenir de l'année 1275, où l'évêque Conrad de Lichtemberg fit commencer la grande façade. Il obtint l'argent et les travailleurs à force d'indulgences. Avec un denier dans la caisse de Notre-Dame ou un bloc de pierre pour la cathédrale, on obtenait le pardon de tous les péchés. Aussi, comme on accourait ! Ceux qui n'avaient rien offraient leurs bras, se précipitaient à la corvée ; c'était un délire, une furie de travail. Pendant des années, la presse des chariots, traînant des pierres de taille depuis les carrières de Wasselone au faubourg de pierre, ne discontinua pas. Sur le chantier de construction, les prédications fanatiques se mêlaient au grincement des poulies, au hennissement des chevaux. Des milliers de poitrines se tordaient, criaient et râlaient sous le poids de la pierre. Mais le dôme grandissait et l'évêque pouvait le comparer « à une fleur de mai qui monte au ciel toujours plus haute et plus florissante ».

Que sont-ils devenus, les tailleurs de pierre, apprentis, compagnons, appareilleurs, les maîtres nombreux qui ont travaillé à la grande merveille ? Il ne nous reste que les statuts de leur corporation, dont la hiérarchie et le symbolisme ont servi de cadre aux francs-maçons. Leurs haines, leurs rivalités se sont fondues dans le vaste édifice où les démons sont terrassés par les anges. Ce peuple d'architectes et de sculpteurs ne nous a légué que son épopée de pierre. Si nous demandions à savoir quelque chose de leur vie, de leur destinée, de leurs passions, ils répondraient tous ces mots qu'on lit sur une pierre tombale du dôme : « Si tu demandes qui je suis, je te réponds : Ombre et poussière. » Quelques noms surnagent, mais ce ne sont guère que des noms. La légende les à tous confondus dans cette poussière des siècles où dorment tant de gloires éphémères, pour ne se souvenir que du maître qui a conçu « la glorieuse façade » et honorer en lui la pensée maîtresse de l'œuvre. Selon la légende de Cologne, la cathédrale de cette ville fut construite avec l'aide du diable, que l'architecte rusé frustra ensuite de son salaire. Celle de Strasbourg nous montre maître Ervin tenant ses plans devant lui et contemplant sa façade inachevée. L'esprit du mal vient le tenter et lui offre de tout finir en un clin d'œil. Ervin refuse et, confiant en Dieu, en appelle à la postérité. Aussitôt l'ange du Seigneur apparaît ; à son signe, la cathédrale s'achève et lance au ciel sa flèche aérienne. La légende du pays a célébré dans maître Ervin l'artiste d'inspiration téméraire et de calcul profond. En lui se personnifie ce génie maçonnique qui travaille courageusement à l'interminable *grand œuvre* et qui, sans en voir la fin, se fie à la justice divine.

On ne peut parler d'Ervin sans dire un mot de sa fille légendaire Sabine. Une tradition récente lui attribue les plus belles statues et la colonne des anges qui ornent le dehors et le dedans du transept méridional. Regardez par exemple les deux sveltes figures qui ornent l'entrée du portail roman : l'une représente l'ancienne et l'autre la nouvelle alliance ; la première tient un labarum brisé et baisse tristement la tête. On dirait vraiment qu'une main de femme a sculpté cette vivace image d'une mélancolie incisive. Mais il nous vient la réflexion que le portail et les statues sont d'un style antérieur à celui de la façade, que, par suite, la sculptrice n'a pu être la fille d'Ervin. — Il paraîtrait que la légende de Sabine est née d'une inscription trouvée au socle d'une statue aujourd'hui détruite. On y lisait ces mots : « *Gratia divinæ pietatis adesto Savinæ, de petra dura per quam sum facta figura*, ce qui veut dire : Que la grâce et la miséricorde de Dieu soient avec Sabine, par laquelle de pierre dure je fus faite statue. » On a conclu de là à l'existence d'une sculptrice de ce nom et comme la sculpture est fille de l'architecture, on lui a donné Ervin pour père. — Il n'est pas plus difficile que cela de démolir une légende. Non contents de ce triomphe, ces terribles savants ont observé que le nom de Sabine pouvait désigner la donatrice aussi bien que le statuaire ; et voilà Sabine qui s'évanouit tout à coup et rentre comme une ombre vaine dans la pierre d'où elle était sortie. Heureusement que la légende n'écoute pas les savants. Elle a ses raisons de croire, ses documents à elle, sa logique propre. On a composé sur Sabine toutes sortes de romans qui ne font que défigurer la simple et profonde conception du peuple. L'âme alsacienne a rêvé la vierge laborieuse, infatigable, absorbée dans son monde de pierre et rendant le dernier soupir au pied des statues auxquelles elle avait donné le meilleur de son âme et de sa vie. Nulle part peut-être, elle ne s'est mieux peinte elle-même. L'Alsace n'a ni le génie brillant de la France ni la subtilité métaphysique de la race qui a produit Hegel et Schiller, mais le génie plastique, la force et la persévérance au travail, une ténacité qui va jusqu'à la passion, une fidélité à toute épreuve aux affections de l'âme et à l'idéal une fois embrassé. Voilà pourquoi l'ombre charmante et fière qu'un coup de ciseau a fait sortir de la pierre ne mourra point. Elle s'est promenée dans toutes les imaginations et sa statue s'élève maintenant devant le portail du sud. N'essayez pas de nous persuader que la colonne des anges n'est pas de la fille d'Ervin. Bien des filles d'Alsace se sont reconnues dans Sabine qui a travaillé et qui a crû sans laisser faillir son espérance. Elle vit et vivra autant que le dôme.

Il est temps de jeter un regard sur la vieille cité qui se serre autour de la cathédrale et de rappeler les épisodes les plus caractéristiques de son histoire. On sait que Strasbourg fut dès les temps reculés une des villes libres les plus puissantes et les plus jalouses de sa liberté. La charte de commune de l'an 980 porte en tête ces mots : « Argentine a été fondée dans cette vue d'honneur que tout homme, tant étranger qu'indigène, y trouve la paix en tout temps et contre tous. » Ce principe d'indépendance est resté à travers les siècles l'esprit même de la cité. Mais, pour le maintenir, il fallut plus d'une guerre avec les princes d'Allemagne et de Bourgogne, avec les seigneurs et principicules d'Alsace, qui, du fond de leurs repaires des Vosges, jalousaient sa prospérité. La plus éclatante de ces victoires est celle que Strasbourg remporta en 1262 contre le seigneur de Geroldseck et qui marque la plénitude de son affranchissement municipal. Jusqu'alors, la ville avait vécu sous la protection de ses évêques, cherchant dans leur caractère religieux un gage de douceur et d'équité. Il se trouva qu'un jour l'évêque fut un hobereau de race, et la lutte s'engagea.

Walter de Geroldseck était un jeune seigneur hautain et despote, d'un orgueil sans frein. A peine sacré par l'archevêque de Mayence, il fit son entrée triomphale dans la ville. Ce n'était plus un évêque prenant possession de son diocèse, mais un souverain entrant dans sa capitale. Devant lui marchaient des hérauts d'armes qui portaient sur leur poitrine les armes de Geroldseck écartelées de celles de la ville, ce qui blessa au vif les habitants. Puis s'avançait l'évêque sur un magnifique cheval blanc, laissant voir son armure de chevalier sous le long manteau épiscopal. Derrière lui chevauchait toute la noblesse d'Alsace, chaque seigneur ayant derrière lui un écuyer et un page portant son pennon. Depuis Charlemagne, on n'avait vu pareille pompe. Installé à l'hôtel de ville, Walter voulut établir de nouveaux droits de péage et frapper les bourgeois d'impôts. Les magistrats lui représentèrent vainement que cela était contraire aux us et coutumes de Strasbourg. Il menaça la ville de l'interdit. Quand les magistrats transmirent cette nouvelle au peuple en assemblée publique, un seul cri s'éleva : « A l'arsenal ! » Les bourgeois prennent les armes, les corporations se forment en milices, les femmes sonnent le tocsin. Au nom de ses libertés, au nom de ses lois, tout le peuple de Strasbourg est debout et déclare qu'il n'acceptera pas un tel maître. L'évêque fut forcé de quitter la ville. Une fois revenu dans son château, Walter lança l'interdit sur Strasbourg, et chan-

geant sa mitre contre un casque, il appela toute la noblesse d'Alsace contre les bourgeois révoltés. La guerre
se termina par la mémorable bataille d'Hausbergen, où
une armée de tonneliers, de forgerons, de tanneurs et
de charpentiers mit en fuite les chevaliers bardés de
fer de l'évêque. On amena dans la ville les prisonniers,
les mains liées au dos avec les cordes qu'ils avaient attachées le matin à la selle de leurs chevaux « pour pendre,
disaient-ils, les manants de Strasbourg ». Walter, qui
combattit au premier rang, eut trois chevaux tués sous
lui et mourut de chagrin après sa défaite. C'est ainsi
que Strasbourg conquit sa liberté.

Les sentiments d'honneur, d'indépendance et de fraternité, qui se développèrent dans la petite république de
Strasbourg, grâce à sa constitution modèle et à la sagesse
de ses magistrats, ont donné lieu à plus d'un trait original. Le plus célèbre est le fameux voyage des Zurichois,
en 1576. La ville de Zurich, pour prouver son amitié à
sa féale amie la ville de Strasbourg, lui promit un cadeau
d'une espèce nouvelle. On fréta une barque où s'instal-
lèrent les premiers magistrats de la ville; en faisant force
de rames on gagna Strasbourg en un jour par la Lim-
matt et le Rhin. Quand les Zurichois débarquèrent sur
le quai, ils montrèrent aux Strasbourgeois étonnés ce
qu'ils venaient d'apporter : une marmite où fumait une
soupe encore bouillante. Idée singulière assurément et
quelque peu bourgeoise. Quoi! un voyage pour une soupe?
Cinquante lieues pour une bouillie de mil ? Mais on cesse
de rire en relisant les paroles historiques dont le vieux
magistrat accompagna ce présent patriarcal : « Ceci, dit-

il, n'est qu'un symbole. Si jamais, ce qu'à Dieu ne plaise, Strasbourg se trouvait dans la détresse, les Zurichois voleront à son secours avant qu'un plat de mil ait pu se refroidir [1]. »

Qui l'eût dit alors que ces paroles devaient se vérifier trois siècles plus tard et que cette scène joyeuse trouverait une tragique répétition ? Tout le monde se rappelle en Alsace que, pendant le siège de Strasbourg par l'armée allemande en 1870, une députation de la Suisse, conduite par les envoyés de Zurich, pénétra dans la ville et fit cesser la grêle des obus pour porter aide et secours aux assiégés. Les Zurichois ne pouvaient sauver la ville sœur de l'étreinte implacable de la Prusse, ils purent du moins panser quelques blessures et lui apporter ce qu'elle demandait avant tout : des nouvelles de la France ! Hélas ! elles étaient lugubres. La grande nouvelle encore inconnue des assiégés portait le nom fatal de Sedan. Elle frappa l'Alsace au cœur, mais elle ne put la faire douter de sa patrie. Si jamais elle a senti puissamment le lien moral qui l'attache à la France, c'est dans ces jours de désastres. Le malheur partagé est-il pour les peuples comme pour les individus un lien plus fort que la joie ? On le dirait. Car c'est alors et depuis que l'Alsace n'a cessé d'envoyer à la France les gages de son inviolable fidélité. La Suisse a compris ces sentiments et confirmé l'amitié des vieux jours par sa profonde sympathie. L'Alsace française ne l'oubliera pas.

1. *Voir* le récit de ce voyage dans l'intéressant opuscule : *le Grand Tir strasbourgeois de 1576*, par R. Reuss. Strasbourg, 1876.

Puisque nous voilà ramenés aux jours récents, comment prendre congé de la cathédrale sans rappeler les épisodes du siège, qui déjà font partie de sa légende ? L'histoire contemporaine prend ici une couleur fantastique. Voici comment un militaire français, le capitaine de vaisseau Dupetit-Thouars, raconte la première nuit du bombardement. « Le soir du 18 août, je m'étais rendu comme de coutume au Contades ; la nuit se faisait sombre et nous attendions, l'œil ouvert sur ces immenses masses de verdure. Tout à coup l'horizon s'illumina et une grêle de projectiles passant par-dessus nos têtes alla s'abattre sur la ville. Il en pleuvait de tous les côtés, et la distance des batteries était telle qu'on ne voyait que la lueur du coup et qu'il fallait prendre une montre à secondes pour se rendre compte qu'elles étaient à environ 3.000 mètres. Au silence qui régnait succéda une immense rumeur qui venait de la ville plongée encore dans l'obscurité ; puis des lueurs parurent, puis des flammes s'élevèrent de tous côtés, puis la flèche de la cathédrale, reflétant ces teintes fantastiques, commença à flamboyer, et au-dessus du fracas de l'artillerie, du crépitement de l'incendie, des voix qui s'appelaient, on entendit la note aiguë des enfants qui dominait tout le reste. Pour obtenir une capitulation et dans l'espoir de provoquer une pression de la population sur le commandant, les Allemands avaient commencé, selon leur propre expression, « la danse sanglante ». On sait comment les Strasbourgeois répondirent à cette invitation gracieuse. Écoutons maintenant comment un officier prussien décrivait huit jours plus tard l'aspect qu'offrait du dehors le bombardement parvenu à son apogée de splendeur : « De longues rues flamboyaient d'un bout à l'autre ; leur rouge clarté illuminait tout le ciel. Je me trouvais dans une batterie près du village d'Hausbergen. Les obus avec leur mèches traversaient l'air comme des comètes ; les bombes, répandant autour d'elles une lueur assez vive, décrivaient de grands arcs de cercle, puis tombaient lourdement sur le pavé et sur les toitures. Toutes les batteries prussiennes et badoises dressées autour de la ville tonnaient à la fois, et le fracas était si horrible que la terre tremblait positivement sous nos pieds. De tous les remparts on répondait énergiquement à notre feu ; une couronne d'éclairs environnait Strasbourg. Au point de vue purement militaire, c'était une nuit extrêmement intéressante... Quant au but spécial du siège, ce bombardement ne nous servit en aucune manière à l'atteindre, comme la suite des événements le démontra [1]. »

Voilà deux documents historiques sur ces nuits légendaires. Ce ne fut pas tout. Une nuit, on entendit cette clameur sinistre : « La cathédrale brûle ! » En effet, la toiture de la nef était en feu et la flamme léchait avec furie la base de la tour sans pouvoir l'entamer. A cette vue, qui ne se serait souvenu de la vieille légende ? La nuit de la Saint-Jean, disait-on autrefois dans les longues veillées d'hiver, les vieux artistes qui ont bâti la cathédrale se remuent sous leurs dalles. Alors sortent de leurs

---

1. *Geschichte des Krieges von Deutschland gegen Frankreich*, von Julius von Wickede. — Ce récit et celui qui précède sont empruntés au *Journal du siège par une réunion d'habitants et d'anciens officiers*. Fischbacher, 1874.

tombeaux les maîtres architectes, tenant en main le com-
pas et le bâton magistral, puis les bons tailleurs de
pierre portant le cordeau à la main, puis les sculpteurs
et les peintres-verriers. Tous se rencontrent sous la nef,
se saluent d'un air de connaissance et se secouent la main.
Ils s'agitent et chuchotent comme des milliers de feuilles
qui se frôlent. Par les escaliers, les galeries, l'immense
procession se répand et monte vers la tour. Une vierge en
robe blanche, le ciseau dans sa main gauche, le marteau
dans sa droite, marche en tête. C'est Sabine la sculptrice.
On la voit s'élever jusqu'à la pointe de la flèche et flotter
autour dans la lumière argentée de la lune. Au coup
d'une heure, ce peuple d'ombres se dissipe comme un
essaim de feuilles sous un coup de vent. — Ah! vieilles
ombres oubliées, artistes naïfs et enthousiastes, qu'eus-
siez-vous dit à la lueur de cet incendie, en voyant brûler
votre vieille cathédrale sous les obus de Germania? Que
diriez-vous surtout si vous l'entendiez réclamer à grands
cris les enfants de Strasbourg comme des frères? —
Pour tout Alsacien la réponse n'est pas douteuse. Vous
diriez : — Nous sommes avec nos descendants !

V

Comment l'Alsace allemande du moyen âge est-elle devenue l'Alsace française de la révolution ? Nous risquerions de ne pas comprendre l'énergie profonde de ce phénomène, si nous ne nous rendions pas compte de l'évolution intime qui l'a précédé. C'est l'âge de la réformation, c'est l'Alsace du xvie siècle qui nous en donne la clé. Le feu souterrain qui a rendu possible l'explosion de 1789, et par suite la fusion ardente avec la France, commence à couver alors.

Un coup d'œil rapide à cette époque nous suffira ; et nous ne quitterons pas la main conductrice de la légende, qui fréquente également les sommets déserts et les villes populeuses, les grandes routes et les sentiers défendus. Dans cet âge tourmenté du xvie siècle, elle évoque trois types nouveaux qui nous font passer brusquement des grandes lignes de l'art idéaliste aux formes convulsées du réalisme moderne. Ces trois types sont : le paysan révolté, la sorcière et le libre prédicant.

Tant que la féodalité avait été défensive ou conquérante, elle avait élevé les âmes, donné un moule nouveau à la société. Mais les institutions humaines perdent bien vite de vue leur idéal pour se corrompre sous l'action des passions. Le beau temps de la chevalerie était passé. Le tableau que nous offre la vie des seigneurs allemands, à la fin du xv⁰ siècle, est comme presque partout celui d'une sensualité effrénée dans une tyrannie sans miséricorde. Leur vie se passait en tournois, en banquets, en jeux de carnaval et en mascarades. Lorsqu'ils étaient las de leurs chasses, ils cherchaient querelle à leurs voisins. Pour payer leurs fous et leurs femmes, ils se faisaient faux monnayeurs, brigands. Les châteaux des Vosges, ces repaires imprenables, regorgeaient de chanteurs et de courtisanes. Nuit et jour on y entendait le son des fifres et les clameurs des fauconniers. Comme dit un contemporain, « chaque journée ivre envoyait sa fête et sa huée dans l'autre ». Et qui payait ce train ? Le pauvre serf, le malheureux paysan. Chétif et misérable, écrasé d'impôts, il agonisait sur la glèbe pendant que l'enfer hurlait sur la montagne. Pour lui prendre son dernier sou, on le traquait avec des chiens comme une bête fauve, on tombait à coups de fouet sur son dos amaigri. Les supplices contre les braconniers étaient terribles. Dans une oubliette on a trouvé un squelette humain entre des cornes de cerf et des défenses de sanglier. Quelquefois on laissait le prisonnier mourir de faim et de soif dans son cachot. La femme du paysan qui venait errer la nuit autour du donjon entendait le dernier râle du mourant s'exhaler dans une exécration contre ses bourreaux.

Contre un tel état de choses une ligue secrète se forma, dès le xv⁰ siècle, en Wurtemberg, et bientôt elle s'étendit dans les pays environnants. C'était une véritable jurande de paysans, qui s'intitulait *la confrérie du pauvre Conrad*. On se réunissait la nuit dans les bois. La confrérie avait son cérémonial, d'une ironie mélancolique et bizarre. Le chef admettait les affiliés par une poignée de main et leur offrait en partage les biens que possédait la confrérie *dans la lune*, des champs et des vignobles dans la forêt de la *grande manquance*, une retraite sur le *mont de famine*, un banquet *au val des mendiants* et un bail au château de *Nullepart*. Ils avaient un drapeau caché, où l'on voyait, sur fond bleu, le pauvre Conrad à genoux devant un crucifix. En 1514, l'impôt capital fut établi sur les victuailles. Le chef du Pauvre Conrad tint une assemblée dans un champ; il fit un cercle avec une pelle, puis il dit : « Je m'appelle, je suis et je reste le pauvre Conrad. Que celui qui ne veut pas donner le méchant denier entre avec moi dans le cercle. » Bientôt ils promenèrent leurs drapeaux dans les villes et allèrent porter leur requête aux seigneurs. Ceux-ci, pour dissoudre la ligue, usèrent de la menace et des tortures. Rien n'y fit. Les idées évangéliques et réformatrices donnèrent un singulier courage au pauvre Conrad; car il avait entendu dire aux prédicateurs que les enfants d'un même père ne pouvaient être esclaves les uns des autres, et ce prêche il l'avait mieux compris que le latin de l'église. Il rédigea douze articles, dont le premier réclamait l'abolition du servage. Les seigneurs refusèrent. Alors la révolte éclata générale et formidable. Le pauvre Conrad avait trouvé son symbole : un soulier de paysan. Ce soulier, hissé au bout d'une perche, devint le signe de la guerre au seigneur. Le serf, devenu homme, s'écriait : « Un soulier pour échapper à la glèbe; un soulier pour aller au bout du monde ; plus de charrue, une cuirasse ; plus de chaînes, une épée ! » Bientôt les couvents, les châteaux, les églises fumèrent. En Alsace, ce vaste soulèvement finit par le massacre de tous les révoltés. Mais la mémoire du peuple n'oublia pas l'image héroïque de ce paysan qui avait écrit sur sa bannière : « Que celui qui veut être libre suive ce rayon de soleil ! »

Si le Pauvre Conrad fut la révolte contre le seigneur, la sorcière fut la révolte contre le prêtre. L'Église avait été hautement civilisatrice tant qu'elle avait combattu la barbarie par la charité et la foi spiritualiste. Elle était devenue oppressive depuis qu'elle ne songeait plus qu'à régner en refoulant la raison et la nature, au lieu de faire régner les vertus chrétiennes. Elle avait conquis le monde par la douceur et l'abnégation ; au XVIe siècle, elle ne gouvernait plus que par la corruption et la terreur. Pour mieux effrayer, elle grandissait Satan et diminuait Dieu. La sorcière qui se jette dans les bras de Satan est ainsi l'œuvre de l'Église elle-même. C'est le réveil féroce des deux instincts d'Ève : sensualité et curiosité, que l'homme peut discipliner, mais non supprimer. Les représentants de l'Église d'alors se réservaient les jouissances de la chair et de l'esprit, qu'ils refusaient à leurs ouailles. Ils avaient confisqué la clé de ce monde et de l'autre. De là la sorcière effrénée qui court au sabbat, maudit Dieu et se vend au diable. Dans le duel horrible qui s'engage entre l'inquisiteur et la sorcière torturée, très souvent la victoire demeure à celle-ci, lorsqu'elle refuse de renier Satan son maître et proclame jusque dans les flammes les délices de l'enfer. L'Alsace a été particulièrement féconde en bûchers de sorcières, et le souvenir des orgies du sabbat est resté attaché à un grand nombre de montagnes. Outre la tradition populaire, les actes des innombrables procès de sorcellerie racontent les fiançailles et les noces avec le diable, les chevauchées à travers l'air, sur des balais, des fourches et des fagots d'épines, les hideurs de la messe noire et les frénésies de la danse infernale. Ici, comme ailleurs, dans toute cette fantasmagorie, il est impossible de distinguer l'hallucination de la réalité [1]. Mais il est un témoignage que nous pouvons rendre aux sorcières alsaciennes sans crainte de nous compromettre, c'est celui d'une fermeté particulière dans la torture et d'une fidélité remarquable à maître Satan. Ne leur en voulons pas trop ; les natures énergiques sont persévérantes dans le mal comme dans le bien. A ceux qui voudraient tirer de ce fait des conclusions fâcheuses pour le caractère alsacien, nous répondrions par ce mot de La Rochefoucauld : « On n'est pas vraiment bon quand on n'a pas la force d'être méchant. »

Ni le pauvre paysan, ni la malheureuse sorcière ne pouvaient créer un ordre de choses nouveau. Quelque juste que fût la révolte, leur protestation n'était que celle de la violence et de l'instinct déchaînés. La seule qui pouvait réussir était celle de la conscience, car c'est

1. *Voir* l'excellente monographie : *la Sorcellerie en Alsace au* XVIe *et au* XVIIe *siècles*, par Rodolphe Reuss. — Paris, Fischbacher.

de ce foyer lumineux que partent tous les mouvements qui changent la face de l'humanité. La réformation fut un de ceux-là. Le principe de la réforme est celui du christianisme lui-même ; il est aussi vieux que l'Église, et nous retrouverions ses analogues dans toutes les religions idéalistes. C'est toujours le retour de l'extérieur à l'intérieur, des œuvres mortes à la foi vivante, de la tyrannie du formalisme à la liberté du sentiment, de l'évangile éphémère de la lettre à l'évangile éternel de l'esprit. Joachim del Fiore répond à saint Paul et Luther à Jean Huss. Tous ils en appellent des prêtres au Christ. Le mot le plus hardi de Luther est celui-ci : « L'homme chrétien est libre; tous les chrétiens sont prêtres et de race royale. Tous ont le droit et le devoir de travailler au bien commun. » Ce mot dépasse de beaucoup son œuvre. Grand caractère, esprit limité et homme pratique, il eut l'étroitesse nécessaire pour fonder une nouvelle église. Mais l'esprit déchaîné souffla comme un ouragan. L'Allemagne se remplit de sectes de toute sorte, d'illuminés qui se vantaient de révélations immédiates, de ravissements et de visions. Des enfants et des femmes prophétisaient au milieu des convulsions et des gestes extatiques, quelques-uns d'entre eux avaient un don étrange de divination. Luther, inquiet, les entreprend, les prêche, les somme de faire un miracle. Ceux-ci lui répondent : « Comme preuve de notre mission divine, nous te dirons ce que tu penses en ce moment. Tu ressens pour nous un invincible attrait, et ta sympathie est si forte que tu es prêt à nous donner raison. » La chose était si vraie, et Luther en fut si effrayé qu'il déclara ces gens possédés de démons et de forces sataniques. Mais les idées allaient leur train, et la réforme se prêchait sur tous les modes. A cette époque, les libres prédicants apparaissent en Alsace. Ils appartiennent à toutes les classes : moines défroqués, savants fatigués de leur latin, nobles et roturiers. Ces inspirés vont de lieu en lieu, de pays en pays, comme des apôtres, prêchant en plein air, sous le grand tilleul, à la lisière du bois. Il faut nous figurer un de ces frères, debout sur un tronc d'arbre, au milieu de la lande, l'œil enflammé, le geste hardi, sa robe couverte de la poussière des chemins. Autour de lui, une foule de paysans agitée d'idées apocalyptiques, des joues pâles et des yeux étincelants. Les uns sont si habitués à l'esclavage qu'ils n'écoutent que courbés ; les autres, poings fermés, figures musculeuses pleines d'audace. Le frère prêche l'évangile et l'avènement de la justice. Il dit : « Je veux, avec l'excellent combattant du Christ Jean Huss, remplir les claires trompettes d'un chant nouveau... » Ces sermons finirent dans le sang des paysans. Mais la trompette avait sonné. Deux siècles après, un autre coup de trompe sonnera de l'autre côté des Vosges. Et cette fois toute l'Alsace l'entendra.

VI

LA RÉVOLUTION. — ROUGET DE L'ISLE. — KLÉBER

Si, prenant la révolution française à ses débuts, dans ses représentants les plus désintéressés, si, pénétrant sous la surface trompeuse des passions, un magicien de la pensée pouvait faire parler l'âme même de la nation française en 1789 et lui demander ce qu'elle a aimé, ce qu'elle a voulu, ce qu'elle a cru dans cette grande affirmation, elle lui répondrait sans doute : « La patrie par la justice et l'humanité par la patrie. » Les rois ont fait la France, et, pendant mille ans, l'idée de patrie s'identifia avec celle de la royauté. Le grand changement apporté dans la conscience nationale par le XVIIIe siècle fut que l'idée de patrie s'identifia, non plus avec la personne du souverain, mais avec un ensemble de principes, avec un idéal de justice et de liberté. Si, consultant la conscience alsacienne, nous nous demandons ce qui l'a rendue assez française pour opposer, depuis 1870, une protestation absolue à la conquête allemande, nous dirons que c'est cette idée nouvelle de la patrie qui a pénétré dans la moelle de ses os. Joignons-y le sentiment chevaleresque de la nation, qui, héritière des anciens preux, a toujours pris en main la cause des faibles et des opprimés avec une imprudence dangereuse et une générosité héroïque, — et nous aurons défini en peu de mots le lien indissoluble qui unit l'âme alsacienne à l'âme française.

Les passions et les intérêts gouvernent le monde à l'état ordinaire ; aux grandes heures de l'histoire, les idées et les sentiments prennent le dessus et poussent irrésistiblement les hommes vers un but supérieur. La France eut une de ces heures lorsque, après la prise de la Bastille, le grand mouvement des fédérations souleva la nation dans ses profondeurs. C'est l'heure de l'innocence et de l'illusion, du rêve fraternel. Illusion féconde, cependant, car elle créa une patrie pour tous. Dans les pays féodaux, l'homme se sentait attaché comme la glèbe au sillon natal ; il était la propriété du château ou de l'église, le prisonnier de sa ville, de sa province. Soudain il lève la tête, et, derrière les murs croulants de la Bastille, pour la première fois, il aperçoit la France. Alors l'homme donne la main à l'homme, la province à la province. Partout, hors des villes, au bord des fleuves, à ciel ouvert, des foules couronnées de fleurs, en longues processions, vont saluer cette France sur des autels de gazon. A ce moment trop court, toutes les classes sont unies dans un même sentiment. Plus de province, la patrie ! c'est le cri du Dauphiné. Il va de Bretagne en Languedoc et du Rhône au Rhin. L'Alsace y répondit avec enthousiasme, et sa réponse prouva que, dans les temps modernes, la nationalité est une chose de libre choix, un instinct moral au-dessus de la fatalité de la langue et des mœurs. Comme toutes les provinces, l'Alsace eut à souffrir de la tempête révolutionnaire, mais elle en sortit aussi passionnément française qu'aucune province de l'Est et du Nord. Parmi les faits de ce temps, qui ont laissé un écho légendaire dans la mémoire des Alsaciens, il faut placer tout d'abord la naissance de *la Marseillaise*, ce premier coup de clairon de la défense nationale, à la veille des guerres épiques qui durèrent plus de vingt ans. Cet épisode, popularisé par les historiens de la révolution, est connu de tous. Nous n'en rappelons que les traits essentiels.

Au printemps de 1792, l'Alsace se trouvait en état de défense sous les ordres du maréchal Luckner. La guerre avec l'Autriche était imminente. L'effervescence patriotique était grande à Strasbourg. Des bataillons de volontaires s'y organisaient sous la direction du maire, Dietrich. Dietrich était un de ces magistrats loyaux, fermes, dévoués, dont l'histoire de Strasbourg offre de nombreux exemples. Amoureux des lettres et des sciences, patriote ardent, convive animé et brillant orateur, il offrait le type de l'homme accompli du xviiie siècle. Son salon était le foyer du patriotisme alsacien. Le 24 avril, la guerre fut déclarée à l'Autriche. Dietrich offrit un banquet d'adieu aux volontaires, parmi lesquels se trouvait son fils aîné. Le lendemain, le bataillon de Strasbourg devait partir pour l'armée du Rhin. Les esprits étaient montés, la situation tendue. On avait le sentiment que, pour défendre la jeune liberté, on aurait contre soi toute la vieille Europe. Dietrich, après quelques paroles éloquentes adressées à ces jeunes gens, dont beaucoup n'avaient que quinze ou seize ans, exprima le regret qu'il n'y eût point un chant de guerre pour mener ces recrues au combat.

Rouget de l'Isle, jeune officier du génie, qui assistait au repas, était un gentilhomme du Jura. Sa physionomie, que nous connaissons par le médaillon de David d'Angers, avait plus de noblesse que d'énergie. Tout en lui annonçait une nature sérieuse et contenue. On le connaissait plutôt comme musicien que comme poète dans le salon des Dietrich, où il avait l'habitude d'accompagner sur le violon les filles du maire. Ce soir-là, excité par les paroles du patriote, frappé de la grandeur de la situation, chauffé par l'haleine brûlante d'une jeunesse exaltée, il rentra chez lui, et, d'un trait, composa l'air et les paroles de l'hymne auquel il doit l'immortalité. Lui-même n'a rien su nous dire de cette veillée, où il entendit la voix de la patrie s'élever dans son propre cœur et appeler tous ses enfants aux armes sous le tonnerre des canons ennemis. Chose frappante, dans tout le reste de sa vie, aucune parole, aucun acte ne le distingua de la foule. Mais, cette nuit-là, le génie d'une France nouvelle le prit pour clairon ; le souffle de toute une nation enfla sa poitrine ; les strophes enflammées en jaillirent avec cette mélodie superbe, au vol d'aigle, aux élancements sublimes. Elle est restée célèbre, la scène du lendemain, celle du poète déclamant et chantant pour la première fois son hymne à ses amis. Ce jour-là, il était transformé ; un dieu était en lui, eussent dit les anciens. La fille aînée de Dietrich accompagna, Rouget chanta.

« A la première strophe, dit Lamartine, les visages pâlirent; à la seconde, les larmes coulèrent ; aux dernières, le délire de l'enthousiasme éclata. La mère et les filles, le père et le jeune officier se jetèrent en pleurant dans les bras les uns des autres. L'hymne de la patrie était trouvé [1].

Étrange et lourde destinée de ce chant! Ni Dietrich ni Rouget de l'Isle n'imaginaient tout ce à quoi servirait l'hymne improvisé dans le plus pur enthousiasme de la patrie, ni ce qu'ils allaient devenir eux-mêmes dans la tourmente de la révolution ! *Le Chant de l'armée du Rhin* (c'est ainsi que le poète le nomma et c'est sous ce titre qu'il parut) dut s'appeler *la Marseillaise*, parce que les Parisiens l'entendirent chanter d'abord par des Marseillais. Il était dirigé contre l'étranger ; mais, avant de mener à la victoire les volontaires de Valmy, de Jemmapes et de Fleurus, il devait retentir, le 10 août, à l'assaut des Tuileries. L'hymne de la défense nationale devint aussi l'hymne de la Terreur. Il a eu la destinée des dieux, qui est d'être invoqués à la fois par la vertu et par le crime, de planer tour à tour dans la nue et d'être traînés dans la boue. O ironie des choses humaines! deux ans plus tard, Rouget de l'Isle, accusé de royalisme, était poursuivi à travers les Alpes par des bandes qui lui chantaient sa *Marseillaise* en demandant sa tête. Quant à Dietrich, libéral, mais fidèle à la constitution qu'il avait jurée, il expia sur l'échafaud son courage et sa fer-

---

1. Pour les rectifications et les détails sur l'histoire de *la Marseillaise*, voir la monographie : *le Chant de guerre pour l'armée du Rhin*, par Le Roy de Sainte-Croix. Strasbourg, Hagemann, 1880.

mté. Rappelons ses dernières paroles ; elles témoignent
à la fois de la noblesse admirable de son caractère et de
la grandeur de l'époque : « Si je péris, écrit-il à ses enfants, cette injustice vous accablera de douleur. Mais
imitez votre père ; aimez toujours votre patrie. Vengez-
moi en continuant à la défendre avec la plus intrépide
bravoure. » Pour nous, souvenons-nous que, dans la
pensée de son auteur et de ceux qui l'ont salué les premiers, *le Chant de l'armée du Rhin* fut l'hymne de la
défense nationale. Lui donner un autre rôle, c'est l'avi-
lir et le profaner. Odieux dans les guerres civiles, il n'a
été noble et grand que dans la bouche de nos armées
qui défendaient notre sol. Le jour où on pourra le chanter de nouveau dans la cité qui l'a vu naître, la république aura justifié les espérances de la patrie ; mais tant
que la statue de Strasbourg portera un crêpe, *la Marseillaise* ne devrait retentir qu'au son d'un tambour
voilé.

La légende de l'Alsace française est toute militaire.
Elle se rattache à ces beaux types des jeunes généraux
qui ont commandé tour à tour et combattu côte à côte
dans l'armée du Rhin : Hoche, Marceau, Kléber, Desaix
sont restés dans le souvenir des Alsaciens comme les
incarnations de la patrie, les images vivantes de la
France qui, dans cet âge terrible, mais héroïque, ravit
son cœur et subjugua son âme. Gloires pures au ciel
sanglant de la révolution, ces quatre figures n'ont fait
que grandir dans la perspective de l'histoire. Elles ne
perdent rien à être regardées de près. Bonaparte, en
leur succédant, les a comme éclipsées et reculées à l'ar-

rière plan par sa légende prodigieuse, par ses exploits fulgurants. Il dompta la France et terrifia le monde ; l'histoire n'a pas encore effacé de sa pierre le point d'interrogation de Manzoni : *Fu vera gloria? Ai posteri l'ardua sentenzia.* Les quatre héros auxquels nous ramène la légende de l'Alsace n'eurent point le génie universel, souverain, du vainqueur d'Austerlitz et d'Iéna ; ils possédèrent en revanche des qualités qui furent toujours étrangères au despote : l'abnégation, la candeur superbe des âmes pures, une sorte de foi primordiale et naïve en la patrie, en un mot, l'enthousiasme.

Hoche, qui eut la gloire de reprendre les lignes de Wissembourg et de sauver l'Alsace en 1793, est le type du brillant capitaine, du soldat généreux. Sorti du peuple, nature active, infatigable, il dut faire lui-même son éducation. Il devina la grande guerre avant Napoléon et la mit en pratique. Avec cela, il eut le beau don de l'ardeur, de l'expansion. Nul mieux que lui ne savait communiquer le souffle, électriser les troupes. Il remonta des armées complètement désorganisées et les rendit capables de vaincre. A Frœschwiller, — car, chose triste à répéter, c'est là même où nous fûmes battus en 1870 que nous étions restés les maîtres en 1793, — il mit les canons autrichiens aux enchères et les offrit 150 livres pièce à ses soldats. « Adjugés ! » répondirent les grenadiers ; et les canons furent enlevés à la baïonnette. Quand Hoche parut en Alsace, ce fut un éblouissement. « J'ai vu le nouveau général, écrit un officier ; son regard est celui de l'aigle, fier et vaste ; il est fort comme le peuple, jeune comme la révolution. » On peut dire que

les succès de Hoche viennent d'une grandeur et d'une
égalité d'âme qui se soutiennent dans toutes les circonstances. Son langage a parfois la vulgarité soldatesque et
l'emphase du temps. Mais il est impossible de découvrir
en lui un sentiment qui ne soit pas parfaitement élevé et
noble. Il ne sut ni haïr ses ennemis, ni envier ses rivaux.
Il dédaigna de se venger de Saint-Just, qui avait voulu
le perdre; il salua Bonaparte avec enthousiasme, à cette
première campagne d'Italie qui frappa le monde d'admiration, et l'appela : frère d'armes. Peu avant sa mort,
à Wetzlar, il devina l'ambition du vainqueur d'Arcole
et laissa échapper ce mot : « S'il veut se faire despote, il
faudra qu'il me passe sur le corps. » Comme on rappelait
ce mot à Napoléon, à Sainte-Hélène, il répondit : « Il se
serait soumis, ou je l'aurais brisé. » — Le dominateur
de l'Europe eût brisé cette épée, peut-être; mais cette âme,
non. Et peut-être que l'esprit modéré de Hoche eût su
conserver cette rive gauche du Rhin que le génie effréné
de Napoléon perdit après avoir tenu le monde sous sa main.

Parmi les lieutenants qui combattirent sous Hoche à
Landau, se trouvait Desaix. Le gentilhomme de l'Auvergne eut les vertus austères du passé; son courage était
silencieux. Au temps des croisades, il eût été templier ou chevalier de l'ordre de Saint-Jean de Jérusalem.
Sous la première république, il devint le modèle du général de brigade, prouvant en toute occasion que le bon
soldat n'est fait ni d'entraînement ni de colère, mais de
sang-froid et d'intrépidité. En Égypte, où il se vit face
à face avec les mameluks, il organisa ces fameux carrés
d'infanterie qui, dans les batailles de l'Empire, résistèrent

si bien aux charges de cavalerie. Desaix eut la modestie dans la force, l'énergie dans l'abnégation. Il rechercha toujours le second rang et s'y conduisit comme au premier. Il est resté cher aux Alsaciens à cause de sa fameuse défense du fort de Kehl. Il s'y jeta avec une petite troupe, et, n'ayant pas de canons, commença par en prendre aux Autrichiens. Exténué par la famine, et menaçant de se frayer une route à travers les assiégeants, il obtint de se retirer avec les honneurs de la guerre. Quand les Autrichiens entrèrent dans le fortin, ils ne trouvèrent que des tas de terre. Leurs canons avaient tout démoli, mais les assiégés étaient sortis les armes à la main. Frappé mortellement à Marengo, au début de cette première grande bataille qu'il fit gagner au premier consul, et craignant que sa mort ne décourageât les siens, il dit simplement à ceux qui l'emportaient : « N'en dites rien. » Lorsqu'aujourd'hui nous voyons son monument commémoratif sur la route de Strasbourg à Kehl gardé par un factionnaire allemand, nous sommes tentés de nous écrier à notre tour : « Ne le lui dites pas. »

Le monument de Desaix, qui rêve tristement entre les peupliers du Rhin, nous fait penser à celui de son ami Kléber debout sur la place d'armes de Strasbourg dans sa fière attitude. Ce bronze est le chef-d'œuvre de Grass, un artiste alsacien de haute distinction, et Kléber est le fils chéri de Strasbourg. L'Alsace a donné nombre de braves soldats à la France ; celui-ci est son héros. « Tout, dans cette figure, dit son biographe Desprez, est large et plein, les traits forts, les yeux grands, la bouche grande, les couleurs hautes, les cheveux épais et bouclés ;

la vie y circule abondante et à l'aise. » Le fait qui décida de sa carrière le peint tout entier. Il était architecte à Belfort. La révolution éclatait. Les officiers de Royal-Louis, ne voulant pas reconnaître les nouveaux magistrats, marchèrent contre eux avec leurs troupes. Voyant cela, Kléber, le sabre en main, couvre les magistrats de son corps, harangue les soldats en soldat, arrête l'insurrection. Peu après il fut nommé adjudant-major dans le deuxième bataillon du Haut-Rhin. Tel nous le voyons dans cette circonstance, tel il fut toujours : brave, impétueux, emporté pour la justice et toujours prêt à la défendre, à lui tout seul, de sa large poitrine. Il ne trouvait toute sa lucidité que dans le danger. Aussi aimait-il à s'y jeter. Au siège de Mayence, en Vendée, sous les Pyramides, au mont Thabor, il se ressemble partout, superbe dans l'attaque, fougueux dans la résistance, l'idole du soldat et l'honneur du champ de bataille, où seulement il devient lui-même. Cette riche nature avait la nonchalance et les réveils du lion. Il a passé à la postérité dans l'attitude de sa statue, avant la bataille d'Héliopolis. Il vient de recevoir la lettre de lord Keith ; il la froisse d'une main, de l'autre il saisit son sabre et, se rejetant en arrière, il répond à l'insolence de ses ennemis par ce défi : « Les armes que vous demandez, venez les prendre ! »

Un jour, — c'était dans la terrible guerre de Vendée, — Kléber, dans un bivouac, au milieu d'une lande de genêts, vit venir à lui un jeune officier qui se trouvait sous ses ordres. Beau visage, encadré de longs cheveux bruns : les traits fins, l'expression fière ; et sur cette noble physionomie flottait, comme un voile, la mélancolie des âmes délicates. Cet exalté voulait faire la connaissance du général et venait à lui, tout frémissant d'enthousiasme. Kléber, inquiet, préoccupé du lendemain, lui répondit d'un ton bourru : « Vous avez eu tort de quitter votre service. » L'officier, qui se nommait Marceau, se retira froissé. Le lendemain, on se battait. Soudain, Kléber voit Marceau charger les Vendéens à la tête des hussards mayençais avec tant d'impétuosité qu'il disparaît au milieu des ennemis. Il le croit perdu et se met à jurer comme un Turc contre le jeune imprudent. Enfin Marceau revient, les yeux flamboyants. Alors Kléber court à lui, et, le serrant dans ses bras : « Pardon ! dit-il, hier, je ne vous connaissais pas. Maintenant, soyons amis ! » Ils le furent pour la vie, et il n'est rien de plus confortant dans les annales militaires que cette amitié scellée de tant de hauts faits, entre deux natures si diverses, mais unies dans un même enthousiasme. Kléber était violent ; Marceau avait l'âme tendre et susceptible. Malgré cela, ils ne se brouillèrent jamais. Leur tâche en Vendée était difficile, semée d'embûches. Les jacobins les soupçonnaient souvent, le comité de salut public menaçait leurs têtes. Ils se soutinrent réciproquement et se signalèrent dans cette campagne par des actes de générosité envers les royalistes vaincus. Une fois, ce sont des enfants qu'ils trouvent dans la forêt et qu'ils emportent dans leurs bras ; une autre fois, c'est une jeune fille noble qu'ils font évader à grands frais.

Leur amitié fut ainsi comme un beau rayon de lumière qui les guidait, à travers la sombre époque de la Terreur et les épreuves de la guerre, vers l'humanité qu'ils rêvaient. La Sambre et la Meuse les revirent combattre ensemble. Puis le sort les sépara sans désunir leurs cœurs. Marceau périt à Altenkirchen, dans cette mémorable retraite où il se montra plus héroïque qu'on ne peut l'être dans une victoire. Quand son cercueil passa le Rhin, les Autrichiens voulurent lui rendre hommage. La fureur de la guerre s'arrêta un instant devant la majesté de cette mort. Les canons tonnèrent sur les deux rives du fleuve et les armées ennemies, réconciliées pour un jour, saluèrent à son départ la grande âme du héros de vingt-sept ans. Kléber tomba peu après, en Égypte, sous le poignard d'un musulman fanatique. Son corps est revenu reposer dans sa ville natale, sous sa statue, non loin du monument de Desaix. Le hasard a réuni, à Coblentz, les restes de Marceau et de Hoche dans une même tombe. Ainsi les trois héros sont ensevelis près du Rhin. Cette rive gauche, qu'ils avaient conquise et que nous avons perdue, ils sont seuls à la garder encore ! Leurs monuments solitaires y sont les souvenirs muets, mais ineffaçables, de cette France à laquelle ils crurent plus qu'à eux-mêmes et pour laquelle ils sont morts.

VII

Trois quarts de siècle nous séparent de ces grands jours. Ce temps a suffi pour compléter la fusion entre l'Alsace et la France. Commencée dans l'élan de 1789, continuée dans l'armée et sur les champs de bataille, cette union s'est affirmée depuis, dans tous les domaines de l'industrie, des sciences, des arts et des lettres. Si l'Alsace a toujours tenu à son originalité, elle n'en avait pas moins l'instinct de son unité croissante avec l'esprit et l'âme française. Un signe remarquable que cette unité avait pénétré dans les couches profondes de la population alsacienne, ce sont les romans nationaux de MM. Erckmann-Chatrian, dont l'œuvre considérable nous donne un tableau véridique de la vie populaire en Alsace depuis une centaine d'années. Dans leurs romans d'avant 1870, on voit percer, à côté du patriotisme français le plus sincère, l'espérance d'une entente pacifique entre les deux races, dont l'Alsace française aurait pu être le trait d'union. Beaucoup d'amis de la paix partageaient alors cette illusion généreuse. Ils ignoraient les rancunes séculaires savamment entretenues par la Prusse et l'appétit vigoureux de nos voisins. Comment le trait d'union est-il devenu un fossé de sang que des siècles peut-être ne suffiront pas à combler ? C'est ce qu'il ne nous appartient pas de dire ici. Mais nous ne pouvons clore le cycle des grandes légendes de notre pays sans donner un regard au champ de bataille où son destin se jouait en l'année 1870. Quelque douloureuse que soit notre tâche finale, il nous faut traverser ces lieux où l'Alsace et la France se sont perdues sans se dire adieu. Si ce souvenir est fait pour réveiller nos tristesses, il peut aussi raviver toutes nos espérances.

Niederbronn est une petite ville située à l'entrée d'un défilé des Vosges qui conduit par Bitche à Metz. De larges collines ondulées s'appuient aux flancs sombres des Vosges et forment le vallon de la Sauer. En suivant la route de Niederbronn à Frœschwiller par Neeweiler, on longe la ligne des hauteurs occupées le 6 août 1870 par l'armée française. C'est le champ de bataille de Wœrth, de funeste mémoire. Dès les premiers pas, il s'annonce par des signes funéraires qui rompent la paix des champs et font des taches sinistres sur le vert des prairies. Ce sont des tertres surmontés de petites croix de bois, où pendent des couronnes d'immortelles et de feuillage flétri. Là sont confondus par centaines Allemands et Français, zouaves, troupiers, Prussiens et Bavarois, entassés pêle mêle après la lutte suprême, acharnée. Puis viennent de petits monuments, des enclos funèbres, des marbres, avec des noms connus et inconnus. On s'arrête, on lit, on cherche, et l'on reprend sa route d'un pas plus lourd. Nous voici dans le village de Frœschwiller, où se dressent les deux églises reconstruites, l'une par l'Allemagne, l'autre par la France. Elles ont beau être des asiles de paix ; debout, l'une en face de l'autre, elles semblent se défier encore. Sur l'autre versant, devant le village, en redescendant la pente, les croix se multiplient. Parfois ramassées au coin d'un bois, elles font penser à une lutte sauvage, corps à corps ; plus loin, elles s'échelonnent dans un chemin creux et reproduisent encore, par leur rangée inquiète, une colonne de tirailleurs. On respire mal, on presse le pas. De distance en distance s'élèvent des croix, toujours des croix. De tous côtés, aux montées, aux descentes, elles surgissent et s'étendent à perte de vue. La campagne assombrie se transforme en un immense cimetière. Et, tandis que tous ces morts dorment le grand sommeil sous les arbres doucement agités par la brise, la fièvre de leur dernier combat nous monte au cœur et la sueur nous ruisselle au front.

Arrêtons-nous sur la hauteur d'Elsasshausen. Nous sommes au centre de la ligne française. Le maréchal de Mac-Mahon avait établi son quartier-général à ce poste très exposé. On montre le noyer d'où il suivait les péripéties du combat avec son état-major. D'ici, on domine le vallon de la Sauer, le regard embrasse tout le champ de bataille, et le combat revit pour nous. — Il était une heure de l'après-midi : les Français occupaient encore toute leur ligne ; Frœschwiller et Wœrth étaient en flammes ; la canonnade et la fusillade retentissaient sur un espace de plus de deux lieues. Mais l'arrivée simultanée du prince royal et du général vonder Thann sur le lieu de l'action devait changer la fortune du combat. Cette nouvelle venait d'arriver à l'état-major. Une forêt de casques et une mêlée effroyable sur le pont de Guns- tett prouvaient que l'aile droite était débordée et forcée de se replier sur Niederwald. C'est alors qu'eut lieu la fameuse charge des cuirassiers dits « de Reichshoffen », restée légendaire en Alsace et connue du monde entier. Le commandant en chef les lança pour couvrir son aile droite. La brigade Michel, postée à Eberbach, reçut l'ordre de reprendre Morsbronn. Ce fut sans doute un spectacle vertigineux pour ceux qui le virent, que ces trois régiments partant et se précipitant, ventre à terre, à travers tout un corps d'armée répandu en pelotons et en essaims de tirailleurs sur une étendue d'une lieue dans le vallon de la Sauer. Suivant le cri de leurs officiers, penchés sur le cou de leurs chevaux, sabrant ce qu'ils trouvaient sur leur passage, ils balayèrent les champs sous les feux et la mitraille du 11e corps. Mais à mesure qu'ils avançaient dans cette furieuse cavalcade de la mort, on voyait chevaux et cavaliers s'abattre dans leurs bonds prodigieux. Ils furent peu nombreux, ceux qui sortirent de cette fournaise, et qui, par la route montante, pénétrèrent dans Morsbronn sous la fusillade plongeante des Bavarois embusqués à toutes les fenêtres des maisons. Leurs corps s'entassèrent dans ce village, qu'ils avaient reçu l'ordre de reprendre et où ils ne purent que mourir !

Après cet essai infructueux de protéger son aile droite, le maréchal dut se replier sur Frœschwiller. La bataille était perdue. Le centre, si âprement disputé depuis neuf heures du matin, allait être attaqué maintenant de trois côtés à la fois par des forces triples et quadruples, toute la masse de l'armée allemande victorieuse sur les ailes, qui, tournant les Français par leur gauche vers Niederbronn et Reichshoffen, tentait déjà de nous couper la ligne de retraite. Dans cette extrémité, pour éviter un plus grand désastre, le maréchal ordonna une seconde charge à la dernière réserve de cavalerie dont il disposait. Est-il vrai ou apocryphe, ce bref et poignant dialogue qui l'a, dit-on, précédée ? On se le racontait dans l'armée française et je l'ai entendu répéter en Alsace. Si ce n'est pas de l'histoire, cela ressemble beaucoup à la vérité. Le maréchal de Mac-Mahon s'élança vers le général Bonnemain, en lui criant : — « Général, chargez sur la droite avec toute votre division. Allez ! — Maréchal, c'est à la mort, vous le savez ? — Oui, mais vous sauverez l'armée. Embrassez-moi et adieu ! » Le général partit au galop, la masse s'ébranla et disparut dans un gouffre de fumée et de feu. — Ah ! ces beaux, ces fiers cuirassiers ! la fleur de la jeunesse virile, à la longue crinière, à la poitrine luisante, au regard intrépide, que de bonnes payses leur avaient jeté des bouquets, que de nobles jeunes filles leur avaient souri d'une fenêtre comme à l'espoir de la patrie ! Que sont-ils devenus ? Ils dorment sous la terre. Ils ont sauvé l'armée !

C'est assez évoquer le passé... c'est trop se souvenir !... Nous touchons à la fin de notre pèlerinage. Pour l'achever, allons saluer la colline où reposent ces braves. En sortant du village de Morsbronn, on gagne le sommet d'un vignoble. Sur la hauteur s'élève une pyramide de grès dont la base est flanquée de quatre boules de fer et qui domine la plaine. C'est le monument consacré aux cuirassiers dits de Reichshoffen. Sur les deux côtés sont inscrits les noms d'une série de régiments français. Sur la façade est gravée l'inscription suivante :

MILITIBUS GALLIS

HIC INTEREMPTIS DIE 6 AUGUSTI 1870

DEFUNCTI ADHUC LOQUUNTUR

EREXIT PATRIA MŒRENS

Découvrons-nous en présence de cette pierre qui regarde l'Alsace et que dore le soleil couchant. Car ceci est encore la France, et ceux qui sommeillent autour ne sont pas des vaincus. Ils ont passé le mauvais pas et remporté la grande victoire. *Defuncti adhuc loquuntur !* Les morts parlent encore ! Il nous semble, en effet, que leur voix sort du monument et nous dit : « Oui, la France est ici : elle est en nous qui veillons, comme elle est en ceux qui espèrent. Si vous voulez reconquérir ce que vous avez perdu, soyez non des enfants, mais des hommes. Les nations périclitent par la légèreté, par la mollesse, par l'égoïsme ; elles vivent par le sérieux, par la discipline et le dévoûment. Le marbre dont se bâtit le temple invisible de la patrie se nomme conscience et volonté. Cette divinité auguste n'a de refuge inexpugnable que dans les âmes fortes, où vit le culte du passé avec la foi en l'avenir. Elle peut se voiler ou disparaître dans les tempêtes de l'histoire, mais elle renaîtrait du néant même, par les œurs fermes et par les grands courages. »

II

LA GRANDE-CHARTREUSE

ET LA LÉGENDE DE SAINT BRUNO

Stat crux dum volvitur orbis.

LA GRANDE-CHARTREUSE

ET LA LÉGENDE DE SAINT BRUNO

1889

Il y a une sorté de révélation historique immédiate et
surprenante dans tous les lieux où l'homme a fait sa
demeure. Leur vue, aidée d'un livre ancien, d'un trait
de légende presque oubliée, parfois d'une simple inscription, évoque dans notre âme, ébranlée de vibrations
subtiles, non seulement les scènes du passé, mais encore
l'âme même des peuples et des individus, et par cette
âme les motifs secrets des actions humaines, les raisons
profondes des événements.

Grands et petits aspects de la nature, côtes maritimes,
plaines plantureuses et montagnes inhabitées; villes,
églises, châteaux délabrés, palais somptueux ; tombeaux
inconnus, douteuses effigies exhumées du sol, ruines à
moitié recouvertes de l'uniforme manteau de verdure
dont la fière Cybèle recouvre avec nonchalance sa propre
nudité et les travaux lilliputiens de la fourmilière humaine, — toutes ces choses ont leur puissance spéciale
d'évocation et en quelque sorte leur langage propre.

Dans tous les pays, sous toutes les zones, la nature imprime son sceau à la race, et la pensée la plus rebelle subit ses lentes et sûres influences. Mais il y a des lieux uniques, des paysages d'une originalité grandiose, où c'est au contraire un homme ou un groupe élu qui choisit un coin de nature comme symbole d'une pensée et lui imprime son sceau pour les siècles. Là, le paysage devient véritablement l'expression d'un état d'âme, et la mystérieuse harmonie entre l'homme et la nature atteint toute son intensité, parce que son cadre devient l'illustration pittoresque de son plus intime sentiment, de ses plus hautes aspirations.

Tel est le charme de la plupart des sanctuaires antiques et modernes, temples, acropoles, couvents, monastères, lieux de pèlerinage consacrés par de séculaires adorations. En eux se résument et se racontent des chapitres entiers de l'histoire de l'âme humaine. Il y a là beaucoup de rêve, beaucoup de souffrance et beaucoup de pensée pétrifiée. Si chaque été nous ramène des villes à la mer, aux bois, aux montagnes, c'est pour y chercher l'oubli de nos fatigues, de nos misères, de nos tristesses, et redemander un peu de force aux éléments éternellement jeunes de la terre. Mais si, d'aventure, nous visitons ces hauts lieux, ne serait-ce pas par un secret désir de revivre les émotions d'êtres plus grands que nous-mêmes par la douleur, par la volonté ou par l'espérance, peut-être aussi de descendre un peu plus avant dans notre propre cœur avec la lampe vacillante de l'éternelle Psyché ?

A diverses époques de ma vie, j'ai éprouvé cette invincible attraction que la solitude des cloîtres exerce sur le cœur troublé ou sur la pensée inquiète. Mais ce qui m'a frappé et ce qu'aucun livre ne m'avait fait comprendre, c'est l'espèce de révélation psychique instantanée et d'extension du rayon visuel en histoire que peuvent nous donner ces vieux sanctuaires, dont le site, la construction et les souvenirs, subitement évoqués, ressuscitent parfois, en une minute visionnaire, l'image du fondateur.

J'eus cette impression souveraine pour la première fois, il y a de longues années, en Italie, au sanctuaire de François d'Assise, en Ombrie ; et peu après, non loin de Naples, à celui de saint Benoît, au Monte-Cassino. — Je crois voir encore la douce colline d'Assise, la plaine ombrienne, de végétation élégante et si sérieuse, baignée de tons chauds au crépuscule, et bordée d'une ceinture de montagnes d'un violet foncé, dont le velours semble savourer, après le coucher du soleil, la pourpre cramoisie et l'orange incandescent du ciel, comme les âmes méridionales s'embrasent de passion ou de mystique amour. J'ai toujours devant les yeux la sombre crypte d'où émergent, lumineuses, les peintures du Giotto, anges et moines d'un dessin aigu et d'une extatique beauté. Là, je compris tout à coup le cœur de François d'Assise, cet enthousiaste de charité et d'amour universel, qui donna une impulsion si puissante au sentiment religieux du moyen âge et, par suite, à l'art de la Renaissance. — Je n'ai pas oublié non plus la pyramide du Mont-Cassin, entourée de l'âpre cirque des Apennins, et couronnée de son majestueux couvent comme d'une forteresse de science et de prière. Pendant la nuit de juin que je passai, dans un ravin, au pied du monastère, des essaims de lucioles ardentes tourbillonnaient comme des écharpes de lumière dans les buissons, amoureuse réponse aux scintillements de la voie lactée et du firmament, dont la coupole s'agrandit à mesure que l'on monte. J'étais plongé alors dans l'ivresse de la beauté antique et de ses mystères séducteurs. J'aurais donné toutes les églises pour un marbre du musée de Naples, et tous les couvents de la terre pour voir évoluer un chœur d'Eschyle ou de Sophocle. Et pourtant, — en cette nuit, — au milieu d'une foule d'autres émotions, je compris la grandeur de saint Benoît, qui, au vi[e] siècle, se retira sur cette montagne, siège d'un ancien temple d'Apollon, pour y fonder l'ordre des Bénédictins. Invinciblement, je vis se dresser devant moi la figure du moine doux et intrépide, devant lequel le terrible roi des Goths Totila, le conquérant de l'Italie, tremblait comme un enfant.

Depuis les sensations intenses et révélatrices d'Assise et du Mont-Cassin, l'envie me hantait de voir la Grande-Chartreuse, le plus célèbre couvent de la France, manifestation extrême de la vie monacale et du renoncement ascétique au moyen âge. L'automne dernier, j'ai réalisé ce désir ancien. — J'essaierai de rendre ici l'impression grandiose que j'ai reçue d'un des plus fiers paysages des Alpes dauphinoises et de l'un des plus curieux monuments de notre passé. Involontairement peut-être s'y mêleront quelques pensées sur l'âme contemporaine, suscitées par les souvenirs des lieux environnants, ou quelques réflexions sur la crise religieuse et philosophique que nous traversons. Elles pousseront au hasard de la route, comme ces innocentes campanules qui tantôt se cachent dans l'herbe folle, tantôt s'accrochent aux rochers surplombants. Quiconque voyage, ouvre les yeux et laisse courir sa pensée. C'est un moyen pour chacun de nous d'échapper à son présent, de remonter son passé ou d'aller au-devant de son avenir. Et ce qu'on fait si volontiers pour soi-même, ne serait-il pas plus intéressant encore de le faire pour cette âme collective, vaste et multiple, mais non moins réelle, identique et une, de tout un peuple, — surtout pour celle de sa patrie!

I

D'AIX A LA GRANDE-CHARTREUSE

C'est d'Aix-les-Bains que je suis parti pour visiter la Grande-Chartreuse. Rapide voyage dans un décor changeant de montagnes, qui, d'un rendez-vous du *high-life* le plus actuel, vous jette en quelques heures dans la plus sauvage solitude et vous dépose au fond d'un cloître dont l'atmosphère morale est restée celle du XIe siècle.

« La petite ville d'Aix, toute fumante, toute bruissante et toute odorante des ruisseaux de ses eaux chaudes et sulfureuses, est assise par étages sur un large et rapide coteau de vignes, de prés et de vergers. » Ce croquis coquet de Lamartine fait comprendre à lui seul qu'Aix a dû être depuis longtemps un endroit fashionable. De fait, il l'est depuis le IIIe siècle, du temps où Pompéius Campanus érigea à sa famille, en guise de tombeau, l'arc d'ordre ionique qui se voit près de l'établissement thermal. Elles sont vides, les huit niches où le patricien de Rome avait placé les urnes et les images de sa femme et de ses enfants, venus pour se guérir, — et pour finir ici. Aujourd'hui Aix, avec sa Villa des Fleurs, son cercle, son théâtre, ses illuminations et l'orchestre de Colonne,

est une des stations balnéaires les plus huppées. La vie
élégante et galante y côtoie, avec l'insolence du faux
bonheur, les malades sans espoir qui se traînent sous
les feuilles tombantes des peupliers. Sans espoir ? Heureusement, ils en ont toujours ! Car cette vie des bains,
avec sa paresse flâneuse et ses contrastes excitants,
berce également les rêves prêts à s'éteindre et les espérances qui ne veulent pas mourir. Le soir, les habitués du Boulevard bourdonnent autour de la maison de
jeu, qui brille comme une ruche de lumière. Cette vie
bruyante frôle à peine le lac du Bourget, qui dort
là tout près, dominé par les pentes sévères de la dent
du Chat. Il n'en est pas troublé dans sa solitude ; une
tristesse vivante y plane toujours. Aujourd'hui que le
siècle finissant interroge ses origines, il se ressouvient
avec émotion du poète qui le charma d'abord [1]. Grâce
à la magie de ses vers, ce paysage mélancolique aura
toujours le don d'évoquer ce poète et la femme immortalisée par lui. Dans l'histoire de la poésie, le lac du
Bourget s'appelle le lac de Lamartine. De ses anses perdues, de son miroir limpide s'est élancé vers des régions
inexplorées le génie lyrique de la France au xixe siècle.
Les Grecs, qui honoraient les poètes comme des demi-
dieux, auraient peut-être consacré ce souvenir, en sculp-
tant dans une des grottes du rivage la Muse de Lamartine, sous la figure de cette jeune femme passionnée, qui
se traîne comme une ombre ardente cherchant la vie
éternelle dans « les pages de la vingtième année » :

1. *Voir* le beau livre de M. de Pomairols : *Lamartine*, étude de
morale et d'esthétique.

« Son regard, dit celui qui fut aimé de la belle mourante, semblait venir d'une distance que je n'ai jama[i]s
mesurée depuis dans aucun œil humain. » Les ducs de
Savoie ont leurs monuments dans l'abbaye de Haute-
Combe. Assise sur son promontoire comme un sarcophage blanc, elle projette son ombre violette sur les flots
bleus. Mais elle a passé sur ce lac sans y laisser une
trace, la pâle Muse, l'Amante mystérieuse qui fit vibrer
dans cette grande âme le sentiment de l'Infini dans l'A-
mour !

Ces pensées tristes me poursuivaient tandis que, par
une chaude matinée de septembre, la voiture m'emme-
nait loin du lac, par Chambéry, dans la vallée de l'Hière,
vers Saint-Laurent-du-Pont. Vallée souriante entre de
hautes montagnes. A gauche, la cascade du Couz agite
son panache dans une entaille de rochers. Plus loin, se
creusent des carrières de gypse et de marbre. Le torrent,
où frétillent les truites, roule clair sur des pierres noires
entre des bouquets d'aulnes. Les hameaux s'égaient de
gazons ondulés et de marronniers touffus, paysage encore
semblable à celui des Charmettes, cadre favori du jeune
Rousseau âgé de seize ans, rêveur, sentimental et fripon,
en quête d'amourettes ou en servage de Mme de Warrens.
Ici tout parle encore de vie planoureuse, de travail non-
chalant, de bonne humeur savoisienne. Mais bientôt le
pays devient plus sévère. Déjà se dresse à gauche une
haute chaîne de montagnes qu'accidentent les cimes de la
Cochette et du mont Othéran. Ce massif est celui de la
Grande-Chartreuse. Il occupe de Chambéry à Grenoble
un ovale de dix-huit lieues de pourtour et constitue un

système complètement isolé au milieu des Alpes. D'épaisses forêts, des pentes abruptes, des précipices l'environnent de partout. De la vallée du Grésivaudan, comme de Voreppe et des Échelles, il a l'aspect d'une muraille inaccessible. Cette altière circonvallation, forteresse naturelle contre le monde extérieur, était prédestinée à devenir le cloître des cloîtres, la retraite des moines les plus austères, ou des plus tristes, des plus désabusés parmi les naufragés de la vie.

Aux confins de la Savoie et du Dauphiné le paysage prend subitement des aspects chagrins de lande inculte. Les rochers s'élèvent à droite sur un plan incliné. Une végétation irrégulière de buissons et de petits sapins rabougris y moutonne. Les lignes mouvementées du sol ont des ondulations inquiètes, de brusques cassures. On dirait que la nature se convulse et se fait méchante aux approches du grand désert. Tout à coup la route s'encaisse. Un guide vous fait entrer dans des grottes de stalactites travaillées par les eaux. On les traverse, une chandelle à la main, sur une galerie de bois. A dix mètres de profondeur, on aperçoit le lit de cailloux où le torrent s'amène en temps d'orage. Les eaux ont creusé de profondes cavernes dans ces roches calcaires. Chapelles, églises ou chambres de torture? L'imagination hésite devant ces figures étranges pétries par l'eau fantasque dans les entrailles de la terre : têtes d'enfants, bustes de chevaliers à visière baissée, formes agenouillées sur les parois ou tordues en pendentifs à la voûte. Eh quoi ! les éléments ont-ils aussi leurs cauchemars ? Les eaux glaciaires qui mugissaient emprisonnées dans ces

cavernes à une époque préhistorique avaient-elles le pressentiment des scènes étranges et des horreurs de l'histoire, puisqu'elles ont ébauché ces fantômes douloureux
de pierre dans leur travail furieux à travers les siècles ?
En sortant de la grotte, la passerelle collée au roc au-
dessus d'un abîme rejoint la route romaine achevée par
Charles-Emmanuel. Disparues les visions diaboliques du
monde souterrain. Voici riant au grand soleil le village
des Échelles et les coteaux fertiles de l'Isère. On gagne
le Dauphiné en franchissant le Guiers-vif, et, au bout
d'une demi-heure, on atteint Saint-Laurent-du-Pont.
C'est un village de pauvre apparence, avec ses maisons
à galeries de bois percées de lucarnes, ses toits à pentes
rapides, à angles aigus, recouverts d'ardoises, qui rappellent les chalets de l'Oberland bernois. Près de là, un
torrent maussade sort d'une étroite fissure qui s'ouvre
au milieu de montagnes énormes. C'est le Guiers-mort,
ainsi nommé parce que la grande chaleur le met à sec.
Il semble rouler avec lui la tristesse des lieux sévères
d'où il descend, tandis que le Guiers-vif qu'il va rejoindre rit et chante gaîment. Telle la sauvage entrée de la
gorge qui mène à la Grande-Chartreuse.

Deux rochers fièrement dessinés surgissent du lit
même du torrent. C'est le vestibule du désert que fermait
autrefois un mur fortifié. Plus d'un homme pris par la
vocation de la vie érémitique a dit un dernier adieu à
tous les biens terrestres en franchissant ce seuil. Aujour-
d'hui on y entre librement par une route carrossable. A
peine y a-t-on pénétré qu'on tombe sous le charme d'un
grandiose enchantement. Les plus superbes forêts de

France tapissent de haut en bas la gorge étroite et profonde. On dirait que le désert déploie ici toute sa splendeur végétale pour mieux attirer le pèlerin dans son austère prison. Il a jeté sur le puissant relief des montagnes un grand manteau de velours vert, que le hêtre égaie de sa note vive, et où chatoient les nuances variées du charme, de l'érable et du frêne. Plus haut, les sapins sombres escaladent en bataillons serrés les pentes abruptes jusqu'aux crêtes de rochers inaccessibles, dont la ligne saccadée monte dans le ciel par bonds téméraires. L'effort ascensionnel de ces montagnes parle de la puissance de l'esprit, tandis que leur flore arborescente témoigne de la beauté et de l'inépuisable fécondité de la nature. Les rares disciples du renoncement qui prennent cette route pour chercher un asile suprême dans la Grande-Chartreuse peuvent voir une dernière image des séductions et des tentations de la vie dans ces fleurs attirantes qui poussent sous bois : la digitale cramoisie, le trolle jaune et l'orchis capricieux ; ils peuvent saluer une dernière fois les chimères décevantes dans le cytise qui balance sa pluie d'or sur les escarpements, dans la rose sauvage qui s'effeuille sur les précipices.

Au pont de Saint-Bruno, le paysage devient encore plus imposant et prend soudain un caractère religieux. La haute montagne qui ferme l'horizon figure une immense cathédrale blanche, hérissée de flèches et de clochetons noirs. Car d'épaisses sapinières recouvrent ses cimes. Au pied de ses contreforts, ondoie un océan de forêts qui roule ses vagues dorées en cataractes de verdure jusque dans le lit du ravin où le torrent gronde encaissé à une profondeur vertigineuse.

La rampe longe maintenant le mur perpendiculaire de la montagne. Tout à coup une roche aiguë de forme pyramidale se dresse au beau milieu de la gorge comme pour intercepter le chemin. C'est la seconde porte du désert, plus hautaine, plus menaçante que la première. La croix de fer qui la surmonte semble dire au voyageur : « Vous qui entrez, laissez toute espérance. Quiconque franchit ce seuil, ne revient plus sur ses pas. »

La route se glisse par une fente entre la montagne et la roche de l'Aiguillette. On monte encore pendant une heure, puis on tourne à gauche. Voici enfin la Grande-Chartreuse, entourée de forêts épaisses et comme enserrée dans un cirque de hautes montagnes. Étagée sur une prairie inclinée, elle ressemble à une petite ville fortifiée, avec ses longs bâtiments parallèles, ses campaniles, ses toits d'ardoise, ses clochetons en trapèze qui ont la forme de grands capuchons et son mur d'enceinte rectangulaire. Mais de cette ville il ne sort ni rumeur, ni voix ; c'est la cité du silence et de la mort. Ce silence est renforcé par la sévérité des forêts et la majesté triste des montagnes environnantes. La blancheur grise des roches calcaires, qui prennent le soir une teinte bleuâtre, et le noir foncé des sapins qui les couronne achèvent cette impression de cimetière grandiose et naturel. C'est ici que bien des lassés de la vie sont venus s'ensevelir vivants. Au-dessus du couvent, sous de grands hêtres, quelques frères en robe blanche complètent le tableau.

Le chemin montant contourne la peu accueillante forteresse des moines. On frappe à la porte du nord, seule entrée de la Grande-Chartreuse. Le frère portier l'entre-bâille et vous dévisage. Sous sa cuculle blanche, c'est une bonne face de mouton humain, le regard vide, étonné, d'une docilité résignée. Après avoir traversé le porche, on se trouve dans la cour intérieure. Même nudité hostile que la façade du dehors. Pas un banc pour s'asseoir ; ni arbuste, ni herbe, ni fleur ; un terrain noirâtre. Deux jets d'eau qui retombent dans leurs vasques de pierre grise animent seuls cette cour. On monte quelques marches et l'on se trouve à l'entrée d'un corridor de 139 mètres, auquel viennent aboutir toutes les galeries qui mettent en communication les diverses parties du monastère. Au réfectoire, on est reçu par un frère convers à figure jeune. Il porte le cilice blanc comme tous les chartreux. La tête est rasée, la barbe noire, les yeux bruns et doux, le geste humble. Cette soumission parfaite dans ce jeune homme vigoureux, à joues roses, a quelque chose de touchant parce qu'elle semble indiquer un complet renoncement. Malheureusement, la règle monastique efface ou refoule l'individualité humaine. Elle lui imprime souvent une sorte de bonté mécanique, où l'on ne sent plus ce qui donne tout leur prix aux choses de l'âme : la spontanéité.

Un frère vous fait voir l'intérieur du couvent. Cette visite a quelque chose de saisissant. Elle introduit l'observateur attentif et impressionnable au fin fond de la vie et pour ainsi dire de l'âme d'un chartreux. Un froid glacial tombe de ces longs corridors voûtés et vides, crépis de blanc. Dans l'un d'eux se trouve une galerie d'anciennes peintures à l'huile aux tons noircis représentant les chartreuses du monde entier. Il y en a plus de trente, et de presque tous les pays. Partout, les hommes ont éprouvé le besoin de se construire de semblables forteresses pour se barricader contre les tentations ou les cruautés de la vie. La Grande-Chartreuse a fait souche de solitudes. Elle a semé sur tous les continents ces thébaïdes où le temps n'est plus. La salle du chapitre général avec la statue colossale en marbre gris de saint Bruno accentue cette expression d'austérité. Les portraits des généraux de l'ordre depuis sa fondation font le tour de la frise du plafond. Sous leurs regards convergents se rassemble tous les trois ans le chapitre général des chartreux. Voici qui donne une idée de la discipline sévère de l'ordre. Le chapitre une fois assemblé, tous les supérieurs de maisons, y compris le révérend père supérieur général de la Grande-Chartreuse, demandent leur démission. Cela s'appelle *demander miséricorde*. Cette discipline de fer qui brisa les individualités a produit des effets remarquables. On a obtenu la vertu au prix de la mort. Les historiens monastiques sont d'accord sur ce point que, depuis huit siècles, il n'y a jamais eu chez les chartreux ni relâchement de mœurs, ni corruption d'aucun genre. Ils ont pu dire : *Cartusia nunquam reformata quia nunquam deformata.* Il est juste d'ajouter que, ces moines ne s'étant point mêlés au monde, leur action sur lui a été nulle. Ils n'ont vécu, ou plutôt ils ne se sont mortifiés que pour eux-mêmes.

Mais nous voici au cœur même de la cité du silence. Le grand cloître forme un trapèze allongé sur un plan

incliné du nord au sud, et coupé par deux galeries trans-
versales entre lesquelles se trouve le cimetière. Un long
couloir monte en pente douce, à perte de vue, avec ses
arcades gothiques du xiie siècle. La voûte pose gracieu-
sement sur des pendentifs à fleurons incrustés dans le
mur. Ses fines ogives se resserrent et se perdent dans la
fuyante lumière d'un demi-jour grisâtre, à l'infini. Est-ce
la route du ciel, rêvée par de naïves légendes ? Est-ce un
fantastique décor, le chemin taillé dans le roc, qui conduit au temple du Saint-Graal ? Non, ce n'est qu'un cimetière d'âmes, une sépulture pour ceux qui en ont assez
de la vie. Car voici, à gauche, échelonnées à distances
égales, de petites portes peintes en brun. Elles conduisent
aux cellules des pères. Une chaîne de fer avec une poignée
pend à la porte ; c'est la sonnette pour appeler dans les
cas exceptionnels. Dans le mur, d'un mètre d'épaisseur,
un guichet fermé par une plaque de fer. C'est par là
qu'on passe, une fois par jour, la nourriture aux pères
chartreux. Car ils mangent seuls comme ils vivent seuls,
sauf la promenade hebdomadaire en commun et les
offices de jour et de nuit. Sur chaque porte, il y a un
écriteau avec une lettre et une devise latine. La lettre in-
dique l'initiale du nom de chaque père. La devise est
celle choisie par lui en entrant dans l'ordre et en prononçant ses vœux. Comme une inscription tombale, elle
résume et clôt une destinée. Pour le monde extérieur,
cette pensée sans signature est tout ce qui reste d'un
homme. Ces devises ont toutes la couleur morale particulière à la vie contemplative, qui rappelle les teintes mé-
lancoliques des étoffes passées. J'en ai retenu quelques-

unes : *Qui non reliquit omnia sua non potest esse
discipulus tuus. — Sobrii, simplices et quieti.* — Et
celle-ci qui exprime si bien l'esprit de la vie érémitique:
O beata solitudo, o sola beatitudo !

Dans le clair-obscur de ces galeries, le charme de la
vie solitaire s'insinue pour un instant dans le cœur. On
se souvient de ces vers du Tasse, qui, après une vie orageuse d'amour malheureux et de persécutions sans nombre, trouva la paix finale dans un couvent près de Rome,
et qui célébra ainsi son mélancolique bonheur :

> Nobil porto del mondo e di fortuna
> Di sacri e dolci studi alta quiete,
> Silenzi amici, e vaghe chiostre, e liete !
> Laddove e l'ora, e l'ombra occulta, e bruna.

Oui, ils doivent être consolants, pour certaines âmes,
« les silences amis » du cloître ; elle est douce, « l'heure
et l'ombre occulte et brune » où s'égrènent une à une
les grandes souffrances, où les souvenirs ineffaçables
s'estompent dans la rêverie! Mais le cœur se serre lorsqu'on pénètre dans une des cellules inoccupées qui servent de retraite aux pères. Ce sont comme autant de
petites maisons séparées qui se composent de deux pièces
éclairées par trois fenêtres, et dans lesquelles on a ménagé un oratoire et un cabinet d'étude. Au-dessous se
trouvent un bûcher et un atelier de menuiserie, enfin un
petit jardin qui forme la séparation des cellules entre elles.
Le mobilier du cabinet d'études, qui sert en [même
temps de dortoir, se compose d'un lit à paillasse, d'une
table, d'un fauteuil, d'un crucifix, de quelques livres et

d'un sablier. Ce qui attriste, ce n'est point cette pauvreté, mais l'étroitesse de l'horizon qui enferme le regard et la vue de ses habitants. Les chartreux plantent eux-mêmes ces misérables jardinets. Quand on lève la tête, on voit se dresser à une hauteur colossale la formidable muraille de rochers du Grand-Som. La partie supérieure du couvent touche presque à sa base. On se trouve là comme au fond d'une fosse gigantesque, formée par cette prodigieuse cassure de la montagne soulevée et déchirée du haut en bas. Le soir, avant de s'endormir, le chartreux peut voir la lumière chaude caresser et dorer ces rochers immenses qui dominent sa retraite, tandis que lui-même est déjà plongé dans l'ombre grise. Il peut voir rougir et flamboyer au soleil couchant ce sommet — qui regarde les horizons où il ne marchera plus !

Involontairement la pensée du visiteur interroge les vies humaines qui sont venues s'échouer ici. Elle voudrait connaître les émotions, les déceptions, les espérances qui ont pu amener, en notre temps, des êtres humains à s'enfermer là. Les vocations spontanées pour la vie contemplative sont rares à notre époque. On s'imagine donc qu'il faut de grandes souffrances ou de grands dégoûts pour produire de tels renoncements. Il y a actuellement trente-cinq pères à la Grande-Chartreuse. Parmi eux se trouve, m'a-t-on dit, un général russe du nom de Nicolaï, qui aurait obtenu du tsar la permission de terminer ses jours ici. Le fait est d'autant plus curieux que le général a dû passer de l'église grecque à l'église latine pour satisfaire cette fantaisie religieuse ou poétique. Cela prouve une fois de plus l'étrange fascination que la Grande-Chartreuse a exercée de tous temps sur certains hommes. Il en est un autre exemple contemporain qu'on m'a conté en Savoie. On ne m'a dit que les simples faits, mais ils sont assez suggestifs. A la suite de circonstances que j'ignore, un ingénieur des ponts et chaussées avait perdu sa femme. Il était jeune encore et devait se remarier. Mais cette mort subite avait jeté sur son esprit un voile de mélancolie qui l'éloignait du monde sans l'en détacher complètement. C'est alors qu'il fut chargé de construire la route actuelle qui conduit à la Grande-Chartreuse. Cette œuvre lui donna une énergie nouvelle. Il s'y consacra tout entier et vint habiter le pays. Il résolut de vaincre la montagne dont les roches perpendiculaires semblent défier les travaux de l'art. Les terrasses s'échafaudèrent, les rampes furent maçonnées. Pendant plusieurs étés, les détonations, répercutées comme de longs roulements de tonnerre par tous les échos de la montagne, annoncèrent à ses rares habitants qu'on faisait sauter les portes du désert et que la civilisation se frayait une route jusqu'à la Grande-Chartreuse. Les gros quartiers de roc roulèrent les uns après les autres dans le Guiers-mort. Mais à mesure que l'ingénieur brisait le roc indocile et que sa route ébréchait la gorge, il se sentait étrangement attiré et enveloppé par ces forêts profondes et ces cimes altières. Il faut croire que, sous leur silencieuse incantation, il s'enfonçait graduellement dans un passé perdu et que ce passé revivait jour par jour, heure par heure, dans ce cadre grandiose. Il s'était promis de rentrer dans le monde, de recommencer la vie. On l'at-

tendait là-bas avec impatience. Mais quel fut l'étonnement de ses amis lorsqu'ils apprirent subitement que l'ingénieur s'était fait chartreux! — La montagne qu'il
avait violée s'était-elle vengée en l'emprisonnant? La
vieille forêt l'avait-elle englobé dans sa sombre magie,
et, comme ce moine de la légende, avait-il entendu
chanter sous ses branches le dangereux petit oiseau de
l'Éternité? Ou bien la morte l'avait-elle envoûté dans
le couvent? — Allez demander la réponse aux. portes
muettes de ces cellules. Vous n'y lirez que ces mots:
O beata solitudo! O sola beatitudo !

HISTOIRE DE SAINT BRUNO

Il faut aller voir la chapelle de saint Bruno perdue dans sa forêt pour comprendre l'âme de ce moine du xie siècle, de ce pur contemplatif, de ce fanatique de solitude, qui fonda l'ordre des chartreux.

Lorsqu'on sort de la Grande-Chartreuse, la vue embrasse le magnifique amphithéâtre du Grand-Som, du Petit-Som et du Charmanson. Ces cimes abruptes forment l'extrême limite de la gorge, sauvage couronne murale du désert. Des mamelons boisés s'étagent les uns par-dessus les autres à la base de ces sommets. Le chemin montant s'enfonce sous la haute futaie des hêtres qui deviennent de plus en plus gigantesques. Au bout de trois quarts d'heure, on débouche dans une clairière où se trouve la petite église de Notre-Dame-de-Casalibus, bâtie sur l'emplacement de l'ancien couvent. A deux cents pas, au fin fond du ravin, au plus noir de la forêt, une petite chapelle se dresse sur un rocher à pic. Appuyé d'un côté à la montagne, inaccessible des trois autres, ce bloc carré s'avance en forme de promontoire escarpé. Trois ou quatre sapins sortent du

rocher même et projettent leur ombre sur la façade
blanche et nue de la chapelle, qui n'a que trois fenêtres
romanes et une seule porte avec un petit péristyle de
deux colonnes. Au pied du rocher jaillit une fontaine claire et abondante. La tristesse de cette chapelle
est rehaussé e par la noire forêt de sapins qui se hérisse
tout autour, qui la surplombe et l'ensevelit en quelque
sorte sous ses ombres épaisses. Le fond du ravin est com-
blé d'énormes quartiers de rochers détachés des som-
mités voisines, débris d'une montagne entière qui s'est
écroulée ici en des temps préhistoriques. Depuis des milliers d'années, les lichens et les fougères ont habillé ces
décombres d'une robe de verdure, et l'armée des sapins a poussé dessus en colonnes serrées. Mais leur
sauvage irrégularité témoigne encore de l'antique désastre.

C'est dans cette sinistre solitude, c'est au fond de cet
abîme que saint Bruno vint se retirer avec ses six compagnons, vers l'an 1070, pour fonder la confrérie qui
devint l'ordre des chartreux. Entrez dans la pénombre
de la chapelle, et vous verrez peints à fresque sur les
murs latéraux les six disciples du saint. Le clair-obscur
prête à ces peintures médiocres une étrange vitalité.
L'un des frères, au visage jeune, vous suit d'un long
regard triste. Il a l'air de chercher encore le maître
absent qui dut abandonner les siens dans ce désert pour
obéir aux ordres du pape.

Voici en peu de mots la vie de ce personnage
peu connu. Ce n'est pas une légende, mais de l'histoire, et de ces faits sommaires ressortent assez clai-

7

rement les traits principaux de sa physionomie [1].

Saint Bruno naquit à Cologne en l'an 1035 de parents nobles. Ame tendre et mystique, il aima dès son enfance les livres saints, la nature et la solitude. Studieux, intelligent et précoce, on le voyait dès l'âge de dix ans courbé sur les missels et les parchemins enluminés dans la collégiale de Saint-Cunibert. Il avait, comme les madones que peignirent plus tard les maîtres de Cologne, des yeux candides couleur de véronique et un de ces fronts bombés qui semblent gonflés d'un trop-plein de pensées et de sentiments inexprimables. La bouche ferme et sévère indiquait la force de la volonté, et la maigreur extrême du visage un ascétisme précoce. Au milieu de ses compagnons, il ressemblait à un lis du paradis, tombé dans un buisson d'épines. Ce lis ne devait s'épanouir qu'au désert. Bruno devint chanoine à Cologne. Il étudia ensuite la théologie à Reims et la philosophie à Tours sous le fameux Béranger, chanoine de Saint-Martin. Ces écoles jouissaient alors d'une renommée européenne. Fort savant, doué d'une éloquence suave, entraînante, Bruno semblait destiné à fournir une brillante carrière ecclésiastique. A la mort de Gervais, archevêque de Reims, la voix publique le désigna pour lui succéder. « Nous le préférions à tous, dit un auteur du temps, et à juste titre. Il était doux, humain, savant, éloquent, riche et puissant. Mais lorsque tous les suffrages paraissaient lui

---

1. Ces faits sont tous empruntés à un excellent livre fait d'après les meilleures sources: *la Grande-Chartreuse*, tableau historique et descriptif de ce monastère, par Albert Duboys, ancien magistrat. Grenoble, 1845.

être favorables, il se détermina à tout abandonner pour suivre Jésus-Christ. » Bruno, pour se soustraire au redoutable fardeau qu'on voulait lui imposer, s'enfuit secrètement de Reims.

Quelles sont les causes qui ont déterminé cette vocation ? Quelles crises la précédèrent ? Dans les vies de presque tous les saints, il y a de formidables tentations. Ce n'est pas ce qu'elles ont de moins intéressant, car c'est presque toujours la femme qui y joue le premier rôle, et les moyens qu'emploient les lutteurs du désert pour lui échapper sont péremptoires. Tous ils appliquent instinctivement le mot de Napoléon : « La seule victoire en amour, c'est la fuite. » Quand cela ne sert de rien, ils usent contre leur propre corps des moyens les plus barbares. Dans sa grotte de Subiaco, saint Benoît, pour ne pas céder au désir d'aller rejoindre certaine dame romaine dont le souvenir le poursuivait trop, se roula dans un buisson d'épines jusqu'à ce que son corps ne fût plus qu'une plaie. Zoé, courtisane d'Alexandrie, se mit en tête de séduire le jeune saint Martinien. Elle se rendit au désert déguisée en vieille mendiante et se fit héberger dans la cellule du saint. Mais le matin elle parut devant lui demi-nue, éblouissante et parée. Le saint eut le vertige ; il allait céder, quand tout d'un coup il se mit les pieds dans un feu allumé. Il y resta, jusqu'à ce qu'il roulât par terre en hurlant, ce qui, dit la légende, attendrit et étonna tellement la courtisane, qu'elle se convertit [1]. — Les biographes ne rapportent rien de pareil

1. Montalembert, *les Moines d'Occident.*

de saint Bruno. Il ne semble avoir connu aucune des trois grandes tentations : la femme, l'orgueil et l'ambition. Le rêve d'échapper au monde et de réaliser la vie divine dans la solitude le hantait depuis ses jeunes années. « Souvenez-vous du jour, écrit-il à son ami Raoul de Vert, où j'étais avec vous et Fulcius dans le jardin contigu à la maison d'Adam, dans laquelle je demeurais alors. Nous eûmes un entretien sur les faux plaisirs et sur les richesses périssables de la terre, ainsi que sur les délices de la gloire éternelle, et nous fîmes la promesse et le vœu d'abandonner le siècle au plus tôt et de revêtir l'habit monastique. »

Les horreurs du xie siècle vinrent renforcer cette naturelle inclination. On sortait des terreurs de l'an 1000, mais le siècle de grâce ne valait guère mieux que la fin du monde tant redoutée. Pestes, famines et guerres ravageaient cette époque. Guerre entre le roi de France et les barons féodaux ; guerre entre le pape et l'empereur d'Allemagne ; guerre acharnée dans l'Église même. Papes et antipapes s'excommuniaient réciproquement. Les mœurs étaient d'une brutalité, d'une violence extrêmes. Les évêques se faisaient nommer à prix d'argent ; ils soudoyaient des bandes armées qui enfonçaient et pillaient les maisons de leurs rivaux. Beaucoup d'entre eux vivaient avec leurs femmes ou leurs concubines et distribuaient les prébendes à leurs enfants. Pour imposer le célibat aux prêtres, Grégoire VII dut lancer contre eux le peuple fanatisé par les moines. Des scènes affreuses s'ensuivirent. On vit des prêtres arrachés à leur église avec leurs femmes et leurs enfants et massacrés dans la rue par la foule. — On comprend que de tels spectacles aient poussé des âmes tendres comme celle de Bruno à la solitude absolue.

Il partit donc avec six compagnons fidèles. Comme lui, ils avaient renoncé à tous les biens terrestres; comme lui, ils cherchaient une retraite inaccessible pour vivre de la vie cénobitique. Mais ils errèrent long-temps sans savoir où poser leur tête. « Or, en ce temps, disent les biographes de Bruno, Hugues, évêque de Grenoble, qui avait suivi autrefois les leçons de Bruno de Reims, eut une vision. Il fut transporté, en esprit, pendant les ténèbres de la nuit, au milieu des monta-gnes de Chartreuse. Là, dans des clairières entourées de sombres forêts et surmontées de rochers menaçants, au sein d'un désert sillonné par les avalanches, il lui sembla que le Seigneur se construisait un temple ma-gnifique. En même temps il crut voir sept étoiles bril-lantes s'arrêter sur le faîte de cet édifice et le revêtir d'une pure et mystérieuse lumière. Le lendemain, Bruno et les six pèlerins qui l'accompagnaient vinrent se jeter aux pieds de l'évêque de Grenoble. « Fuyant les scan-dales et la corruption d'un siècle pervers, nous avons, dirent-ils, été attirés vers vous par la renommée de votre sagesse et de vos vertus. » Bruno, reconnu et ac-cueilli avec le plus vif intérêt par son ancien disciple, ajouta : « Recevez-nous dans vos bras ; conduisez-nous à la retraite que nous cherchons. » Hugues, ému d'un pareil spectacle, releva et embrassa son maître et ses compagnons. Il leur fit une réception pleine de charité, et il comprit alors que l'apparition des sept étoiles était le présage divin de leur arrivée, et qu'elle indiquait le lieu où ces émules des Hilarion et des Antoine devaient arrêter leurs pas et fixer leur séjour. Néanmoins, Hugues voulut éprouver la fermeté de leur résolution par la peinture fidèle du lieu que, d'après sa vision de la nuit précédente, le ciel paraissait leur destiner pour demeure. — Vous ne trouverez là qu'un site affreux, un repaire de bêtes féroces. De toutes parts ce sont des forêts immenses, des montagnes qui élèvent leurs sommets jusque dans les nues. La terre, couverte de neige pendant la plus grande partie de l'année, ne produit aucune espèce de fruit. Le silence des bois, le bruit des torrents, souvent grossis par les orages ou les avalanches, tout y excite la tristesse, tout y inspire l'effroi. Pensez-y bien : pour y fixer à jamais votre demeure, il faut une grâce de Dieu toute particulière. — Un pareil tableau, loin de les décourager, ne fit que leur donner plus d'ardeur. Il leur parut que la Providence leur avait choisi une solitude telle qu'ils la désiraient. Quelques jours après, l'évêque de Grenoble conduisit lui-même les nouveaux anachorètes dans le lieu désigné par l'apparition des sept étoiles. Ils cheminèrent à travers les forêts et les précipices jusqu'à un endroit sauvage, surtout alors, et où sont accumulés d'énormes fragments de rochers brisés. C'est là qu'il les laissa après leur avoir souhaité toutes les bénédictions du ciel pour leur sainte entreprise [1].

Après le départ de l'évêque, Bruno et ses compagnons se bâtirent des cabanes de bois avec des branchages et

1. Duboys, *la Grande-Chartreuse.*

disposèrent un oratoire dans une espèce de grotte. Souvent, dit Mabillon, Bruno se retirait encore plus avant dans la forêt, cherchant les endroits les plus reculés et les plus sauvages pour s'y livrer à la méditation et à la contemplation des choses divines. Il faut croire que cette vie, qui ressemblait à la plus rude expiation, avait un charme intense pour le maître comme pour les disciples, et que ce complet repliement de l'âme sur elle-même et sur son monde intérieur procurait à Bruno des visions et des sensations exquises. Car l'évêque de Grenoble venait quelquefois partager leurs exercices spirituels pour se reposer de ses labeurs et y trouvait tant de réconfort et de joie qu'il tardait à rentrer dans son diocèse. Les sept solitaires formaient une heureuse famille. Ils avaient réalisé leur rêve. Leur ciel rayonnait de l'âme du maître, de sa douceur, de sa tendresse. Son mysticisme avait une couleur toute féminine. Il parlait du Christ à peu près comme sainte Thérèse : « C'est dans la solitude et le silence du désert, disait-il, qu'on apprend à regarder le divin époux de ce regard qui va jusqu'au cœur. »

Ni lui, ni ses disciples ne devaient jouir de leur bonheur jusqu'à la fin de leur vie. Un de ses anciens élèves devenu pape sous le nom d'Urbain II l'appela auprès de lui en 1089 pour l'aider de ses conseils dans la lutte contre l'empire, et, connaissant l'amour excessif de Bruno pour la vie contemplative, son horreur du monde, il lui ordonna formellement, en sa qualité de chef de l'Église, de se rendre sur-le-champ auprès de lui. L'âme angélique de Bruno désapprouvait secrètement les moyens violents dont se servait le pape pour assurer sa domination politique et spirituelle ; il était dégoûté du monde et de l'Église ! mais il était bon catholique, il dut obéir. On se figure les adieux déchirants de Bruno quittant ses compagnons aimés, la tristesse du maître cachée sous une apparente sérénité, et la désolation des disciples qui le virent disparaître pour toujours entre les colonnes de la lugubre forêt. Au bout d'un an, les malheureux, ne pouvant plus supporter leur isolement, se mirent en route pour l'Italie et passèrent les Alpes pour rejoindre leur maître à Rome, à la cour du pape. Quand Bruno vit arriver sa petite famille spirituelle comme un navire désagrégé cherchant son pilote, son cœur s'émut. Il la reçut avec joie, mais il la réprimanda de sa faiblesse et réussit à lui persuader de retourner dans le désert du Dauphiné pour y fonder l'asile des naufragés de la vie. Il ne cessa de correspondre par lettres avec ses disciples, et cette correspondance servit après sa mort à rédiger les règles de l'ordre. S'intéressant peu aux affaires de l'Église, il obtint du pape de fonder une autre chartreuse en Calabre et devint sur la fin de sa vie le conseiller de Roger de Normandie, fils de Tancrède et conquérant des Deux-Siciles. Ce rude batailleur s'était pris pour ce moine d'une amitié et d'une admiration sans limite. Peu avant sa mort, le comte Roger crut avoir de Bruno une apparition miraculeuse, qui, disait-il, lui avait sauvé la vie. Le fait est rapporté par Roger lui-même dans une charte authentique. Roger assiégeait Capoue. Un Grec nommé Sergius se vendit au prince de Capoue moyennant une grosse somme d'argent et lui promit de le faire pénétrer dans le camp de Roger pendant la nuit. L'heure de la trahison approchait. Roger dormait d'un profond sommeil lorsqu'il eut la vision suivante : « Un vieillard d'un aspect vénérable m'apparut tout à coup ; ses habits étaient déchirés, ses yeux étaient pleins de larmes. Je lui demandai la cause de sa douleur, il ne fit que pleurer encore davantage. Enfin, sur ma demande réitérée, il me répondit en ces termes : « Je pleure un grand nombre de chrétiens et toi-même, qui dois périr avec eux. Mais lève-toi sur-le-champ, prend ses armes, et peut-être Dieu te sauvera, toi et tes soldats. » Pendant que j'entendais ces paroles, je croyais reconnaître les traits de mon vénérable Bruno. Je m'éveille aussitôt, terrifié par cette vision, et prenant mon armure, je crie à mes hommes d'armes de monter à cheval et de me suivre... » Sergius fut fait prisonnier, et Roger prit Capoue. Quand plus tard il raconta à Bruno sa vision, « le saint répartit humblement que ce n'était pas lui que j'avais vu, mais bien l'ange du Seigneur qui est chargé de protéger les princes en temps de guerre. »

Les auteurs du récent et curieux livre anglais *Fantasms of the living* (fantômes des vivants), qui ont recueilli les récits d'une foule d'apparitions contemporaines et authentiques, verraient dans ce fait une télépathie semi-consciente. — Le docteur Karl du Prel, le savant et judicieux auteur de la *Philosophie der Mystik*, y trouverait l'action du moi supérieur et latent sur la conscience ordinaire pendant le sommeil ; tandis que brahmanes et kabbalistes affirmeraient la projection du corps astral du saint voyant, opérée par sa volonté consciente et précise. — Mettant à part tout merveilleux et toute interprétation occultiste, cette tradition prouve le singulier ascendant que le fondateur de la Grande-Chartreuse avait pris sur l'âme du rude guerrier normand. — Saint Bruno mourut peu après, en Calabre, à l'âge de soixante et onze ans, l'esprit fixé sur l'ermitage enfoui dans les montagnes du Dauphiné, où il avait trouvé la paix et où ses disciples devaient continuer sa tradition.

Saint Bruno occupe une place à part dans l'histoire du monachisme. Toutes les grandes affirmations de la volonté humaine servent à élever le niveau moral et intellectuel de l'humanité ; toutes intéressent également le psychologue et le penseur. Le mysticisme des saints est de ce nombre. Mais l'humanité réserve justement ses respects et ses adorations pour ceux qui, tout en s'élevant à la sainteté, ont brûlé de la flamme ardente de la charité active, et qui, non contents de trouver le bonheur en eux-mêmes, n'ont cessé de prendre part aux souffrances et aux luttes de tous les hommes. Tels saint Benoît, saint François d'Assise et beaucoup d'autres. Saint Bruno n'a guère songé qu'à son propre salut et à celui d'un petit groupe d'élus. Il représente, parmi les saints, le quiétisme parfait qui se désintéresse du monde et du gros de l'humanité. Comme les ordres sont toujours restés fidèles à l'esprit du fondateur, les bénédictins et les franciscains ont joué un rôle dans l'histoire de la civilisation, les premiers par la science, les autres par la charité et par l'intimité de leur sentiment religieux. Les chartreux, malgré leur austérité, n'ont eu aucune influence sur le monde laïque. Leur patron est un pur contemplatif; son mérite est d'avoir fondé un refuge pour les désespérés, pour les vaincus de la vie. Il a été nommé justement *l'étoile du désert*.

III

Au moment où je revenais de la chapelle de saint
Bruno, les grandes ombres de la nuit descendaient dans
la vallée. Au réfectoire, un frère ou un domestique du
couvent sert un repas frugal aux étrangers. C'est la maigre pitance des chartreux, trait de couleur locale qu'on
regretterait de ne pas voir s'ajouter à tous les autres.
Les rares visiteurs décidés à affronter une nuit au couvent
sont assemblés autour d'une lampe fumeuse pour ce
souper. Ils subissent fatalement l'influence de ce milieu
triste. La nappe en toile grossière, le plafond bas, les
murs nus, ornés de quelques rares tableaux de sainteté
encadrés de noir, tout est rigide et monacal. A peine
échange-t-on quelques paroles. On sent que la gaîté scan-
daliserait ici jusqu'aux chaises, et la mélancolie des ha-
bitations est contagieuse. Le repas fini, je regagne ma
chambre, au premier étage, par un long corridor froid.
Cette chambre est une vraie cellule de moine. Une chaise,
une table, un lit dur, un prie-Dieu surmonté d'un crucifix forment tout l'ameublement. Un pas sonore et ré-
gulier arpente le couloir; c'est le frère qui allume les

lampes. Puis un silence sépulcral tombe sur le couvent. Il n'est interrompu que par la cloche de l'église voisine, sonnant les quarts d'heure, mesures glaciales du temps.

Et je m'endors sous cette impression, avec un sentiment d'écroulement de toute la vie et d'enveloppement dans ce morne silence. A minuit, le frère portier vient vous réveiller pour assister à l'office de nuit. On traverse un long corridor à peine éclairé et, par une porte latérale, on pénètre dans la tribune de l'église. Elle est plongée dans une obscurité profonde. Une seule lampe à huile, suspendue à la voûte, brûle au fond du chœur, comme un lumignon dans un caveau. Bientôt on voit arriver les pères avec de petites lanternes sourdes. Ils se glissent comme des ombres, avec leurs grands manteaux blancs, — se rangent dans les stalles et commencent à chanter leurs psaumes sur un mode lent et grave, avec des voix fortes et sonores. Ces litanies sont d'une monotonie effrayante. Souvent la même phrase musicale, de six ou sept notes, se répète cinquante ou cent fois. Quelquefois un silence interrompt le chant et l'on entend, dans les ténèbres complètes, les génuflexions des pères. L'effet de cette psalmodie et de cette mise en scène est extrêmement lugubre. On dirait des ombres qui célèbrent gravement l'office de leur propre mort.

Quand on songe que les chartreux font cela toutes les nuits de l'année, sans exception, de minuit à deux heures du matin, on est étonné de la puissance de mortification innée à la nature humaine. Tandis que j'écoutais ces litanies interminables et que grandissait en moi l'impression sinistre de ce culte, fatalement mon esprit poursuivait la raison psychique et métaphysique de ce genre d'ascétisme qui, sous des formes diverses, se retrouve dans toutes les religions. Y a-t-il, dans l'économie morale de l'humanité et dans l'action réciproque des milieux, une loi d'équilibre qui fait que certaines vertus sont, par cela seul qu'elles existent, le contrepoids des faiblesses et des crimes des autres? L'abnégation a-t-elle par elle-même une puissance de rayonnement et de purification ? Ces vers d'un poète aujourd'hui complètement oublié [1] chantèrent dans ma mémoire. Ils donnent, sous une forme poignante, l'explication philosophique du chartreux :

> Ils sont nés sans désirs, pour parler sans paroles.
> Leurs formes sont des mots, leurs corps sont des symboles.
> Inutile et muet, le moine doit montrer
> Que l'espoir à lui seul peut faire vivre un homme;
> Il accepte, vivant, de devenir fantôme
> Et de vaincre la tombe avant que d'y rentrer.

Les litanies continuaient; mes pensées prirent un autre cours. L'église des chartreux est séparée, par une haute cloison, en deux parties, dont l'extérieure est réservée aux frères et l'intérieure aux pères. Cette cloison est surmontée d'une croix noire. A mesure que j'écoutais ces chants et que je fixais cette croix, le christianisme m'apparaissait par son côté le plus sombre. Je sentais plus vivement le contraste entre les aspirations de l'es-

---

1. Jules Boissé. Il fonda un journal au quartier latin, il y a une vingtaine d'années, et faillit se faire chartreux lui-même.

prit moderne et le dogme ossifié de la religion, qui est
encore celui du moyen âge. L'esprit du siècle s'est éloigné d'une religion qui se pose en adversaire de la science,
de la raison, de la beauté dans la vie, et qui n'offre à
l'âme humaine aucune démonstration éclatante de cet
au-delà dont elle a soif, de ce monde divin qu'elle lui
promet sous des formes mythologiques et enfantines. —
D'autre part, la science matérialiste d'aujourd'hui con-
tentera-t-elle jamais les invincibles aspirations de l'âme
vers une vie meilleure ? Elle est même incapable de donner à la vie présente sa sanction et sa dignité, puisqu'elle
nie ou ignore le principe divin dans l'homme et dans
l'univers ! — Cette chapelle sombre, cette messe lugubre,
cette croix noire émergeant des ténèbres, me parurent
alors les symboles du double pessimisme de la religion
et de la science de notre temps, dont l'une dit : « Crois
sans comprendre ! » et l'autre : « Meurs sans espérer ! »

Je rentrais dans ma cellule, poursuivi par ces pensées
noires et par la psalmodie des pères. Je n'eus pas le temps
de me rendormir. Car j'avais l'intention de faire l'ascension du Grand-Som avant le lever du soleil, et j'avais
donné rendez-vous pour deux heures du matin au guide
qui devait m'attendre avec un mulet à la porte du couvent.

Quel bonheur de respirer l'air frais de la nuit en sortant de ces murs ! Je ne sais pourquoi, en quittant ce
tombeau d'hommes vivants, et en présence du paysage
d'une beauté fantastique et toute nouvelle sous son aspect
nocturne, je me sentis envahi par un sentiment tout
païen de la nature, vague instinct de sa puissance ori-

ginaire, éternelle et bienfaisante, qui nous saisit à certaines heures. C'est ce que les anciens appelaient le souffle des dieux. La lune sortait en ce moment des sombres échancrures du Grand-Som. Telle elle devait sortir des montagnes de la Thessalie, pendant la célébration des mystères orphiques. Son rayon argentait les deux jets d'eau dans leur vasque, et leur babil semblait, dans la cour silencieuse du monastère, la jaserie railleuse de deux nymphes de la montagne s'entretenant des secrets du dieu Pan. « Le temps est beau ; en avant ! » dit le muletier. « En avant ! » dis-je, enfourchant la mule, et nous voilà partis. Jamais la magie de la lune ne m'avait paru plus ensorcelante. Jamais je n'avais mieux senti ce pouvoir magnétique qu'elle exerce sur tous les êtres vivants et qui consiste à dégager les forces latentes de l'âme et de la nature. Rêves anciens, espérances nouvelles, aspirations cachées, elle éveille tout cela de ses caresses subtiles. On dirait qu'elle pompe l'âme des fleurs, des animaux et des hommes dans sa pâle rosée. Et cette puissance évocatrice semble aller jusqu'à l'âme flottante de la vieille terre. Car sous les mirages lunaires revivent plus facilement en nous les images du plus lointain passé. Lorsque Hécate, la muette magicienne du ciel, plonge ainsi son regard curieux dans le secret des montagnes et des bois, serait-on surpris d'entendre le cri d'Évohé ! des bacchantes antiques, qui erraient la nuit sur les hauteurs du Cithéron pour réveiller Dionysos, et avec lui toutes les puissances de la vie ? S'étonnerait-on d'entendre la voix stridente des druidesses invoquant l'âme des ancêtres sur les rochers de la vieille Gaule ? Non, car ces vieux cris oubliés traversent involontairement l'âme silencieuse, la nuit, dans les vieilles forêts, avec tous les désirs inassouvis et toute la soif de l'au-delà. — « O moines résignés, qui avez peur de la nature et de vous-mêmes, qui, las de ce monde, voulez attendre en paix l'éternité, sans curiosité comme sans désir, vous avez raison de craindre la lune plus que le soleil. Ce n'est pas trop de vos barreaux et de vos murs froids comme un cercueil pour vous séparer de ses incantations. — Chantez vos tristes litanies, et puissiez-vous dormir en paix ! — Mais toi, changeante Hécate, sois favorable au voyageur hardi. »

Je murmurais involontairement cette prière peu orthodoxe, tandis que ma mule cinglée par le fouet du guide grimpait à vigoureux coups de sabots la route caillouteuse qui conduit à la chapelle de saint Bruno. La lune apparaît par moments entre les troncs serrés. Un fleuve d'argent fait irruption dans le bois sinistre. Puis tout rentre dans l'obscurité. On traverse des clairières où les arbres semblent des fantômes gigantesques assemblés en cercle sous le gris noir du ciel. Quelquefois un vent chaud passe sur la forêt. Alors elle sort de son immobilité sépulcrale, et, dans un grand frisson, chaque arbre retrouve sa plainte et son gémissement.

Près de la petite église de Notre-Dame de Casalibus, sous un hangar ouvert à tous les vents, brûle un feu. Un pauvre homme assis sur un fagot s'y chauffe. Il n'a pas d'autre demeure et passe là toutes ses nuits. Il vit des aumônes que lui donnent les visiteurs de la chapelle de saint Bruno et cueille une petite fleur jaune que lui achètent les chartreux pour la fabrication de leur liqueur. Cette image d'abandon et de misère, à l'endroit même où saint Bruno trouva le bonheur suprême dans la contemplation, avait quelque chose de tragique. Le sentier, qui monte en lacets à travers le bois, devient de plus en plus raide. La mule bondit comme une chèvre sur les roches aiguës, et le muletier, qui court devant avec sa lanterne pour éclairer la route, ressemble à un gnome. Enfin nous sortons de la forêt dans la fraîcheur de l'air alpestre. Devant nous s'ouvre une ravine escarpée, étroit couloir qui grimpe sur le col entre le Grand-Som et le Petit-Som. Çà et là des touffes d'arbres, des quartiers de roc ; des deux côtés, d'énormes pyramides blanches, contreforts des sommets. Au haut du col, des aboiements sonores nous accueillent et nous voyons accourir de grands lévriers camarguais, maigres, efflanqués, fidèles gardiens du troupeau. Nous voici au chalet de Bovinant, blotti dans une entaille, entre les deux sommets. Ici l'on quitte le mulet pour continuer l'ascension à pied. Avant de poursuivre, nous faisons halte dans le chalet. Un pâtre provençal, venu ici pour la saison d'été veille près d'un grand feu allumé dans l'âtre et offre aux voyageurs du café bouillant dans un pot de terre. Dans cette solitude alpestre, il a l'air de rêver à sa blanche masure de Provence qui grille au soleil, aux chevaux qui bondissent dans la Camargue, à la farandole qu'il regardait, le soir, en savourant une figue dorée.

Mais en avant vers le sommet ! Car la lune s'est dérobée dans les brumes de l'horizon et la dernière étoile s'est noyée dans l'aube blanchissante. Il faut partir pour atteindre la cime avant le lever du soleil. Le second guide, un beau gars dauphinois, au visage souriant et aux joues roses, me précède. Sa physionomie, d'une santé et d'une innocence parfaites, est comme rafraîchie par l'air vierge des sommets qu'il fréquente journellement dans cette saison. Nous attaquons les pentes obliques du gazon qui conduisent aux corniches de la crête. Et tandis que nous montons, de plus en plus étranges et sauvages surgissent les sommets d'alentour. Déjà, on domine les grandes montagnes, déjà on plane, dans l'espace. Vallées, forêts et ravines, tout s'est englouti dans un entonnoir sombre, et voici qu'on émerge sur la vieille ossature du globe, à fleur des cimes. Des vagues profondeurs, les dents ébréchées des Alpes dardent leurs pointes dans le jour naissant. Les plus basses, encore plongées dans les ténèbres, sont toutes noires, d'autres se teignent de lueurs violettes, les plus élevées ont la couleur blafarde de l'aube. A mesure que grandit l'aurore, on démêle les chaînes de montagnes, et ces pics audacieux, sur lesquels l'œil vertigineusement plonge d'en haut, ressemblent à une armée de Titans arrêtée dans son ascension vers le ciel et frappée de stupeur devant le Dieu du Jour. Cette vue magnifique empêche de voir les abîmes qu'on côtoie. Par de nouvelles pentes gazonnées et une vive arête, on atteint enfin le sommet. Depuis peu, les chartreux y ont planté une croix de marbre blanc. Un vent furieux balayait la cime ce matin-là. En se tenant à la croix et en se penchant, on aperçoit, au fond du gouffre, le couvent de la Grande-Chartreuse, situé juste au pied de la muraille de mille mètres qu'on vient de gravir en la contournant. De cette hauteur, le couvent ne paraît plus qu'une miniature en carton. On en distingue cependant toutes les parties. Les cellules des pères forment autant de maisonnettes adossées à la forêt.

Mais le soleil se lève de l'autre côté, derrière les Alpes, et le magnifique panorama se débrouille à ses rayons. Au premier plan, le massif de la Grande-Chartreuse, véritable forteresse aux hautes circonvallations, aux tranchées profondes, dont on occupe ici le donjon central. Au nord, la pyramide du Nivolet, la vallée de Chambéry et le lac du Bourget, qui dort au pied de la Dent-du-Chat, comme une flaque d'eau grise au bord d'un talus. Plus loin, la chaîne des Alpes se déroule, du Mont-Blanc au Mont-Viso, en étages irréguliers, avec ses pics formidables et ses glaciers étincelants. A l'ouest, s'étale à perte de vue, comme un tapis de verdure, la plaine du Lyonnais, traversée par le Rhône. Les montagnes du Forez, du Vivarais et celles de l'Auvergne se perdent en lignes indécises dans le vague de l'horizon. Par les jours clairs, on distingue comme une légère ondulation la colline de Fourvières. C'est Lyon, la cité industrieuse et mystique, la ville de saint Potin, de saint Martin et de Ballanche, assise, comme dit Michelet, sur la grande route des peuples, belle, aimable et facile. C'est par cette large vallée que César entra dans les Gaules avec ses légions ; c'est dans cette cité qu'Auguste fonda le premier centre gallo-romain et que la Gaule vit ses premiers martyrs chrétiens. Depuis lors, que de flux et de reflux des peuples dans cette vallée ! Les barbares, les croisades et l'armée reconquise du moderne César, à son retour de l'île d'Elbe, et le choc de la France et de l'Allemagne dans la dernière invasion ! Les Alpes seules n'ont pas changé. C'est toujours la terre austère et dure, la Cybèle du nord, aux innombrables mamelles blanches, mère des fleuves et dédaigneuse des nations, qu'elle regarde passer dans son immobile majesté.

La croix blanche dominait ce superbe horizon, et le soleil levant l'enveloppait d'une rose lumière. — Pourquoi ne pus-je m'empêcher d'y voir une contre-partie rayonnante de la croix noire qui s'était dressée devant moi pendant l'office de nuit, au chant lugubre des pères, dans l'église des chartreux ? Cette croix noire m'était apparue comme le signe funèbre d'une religion trop étroite pour l'esprit moderne et en quelque sorte matérialisée dans ses symboles incompris, dans la lettre de son dogme. — La croix blanche, au contraire, qui étend ses bras sur cette cime des Alpes, éclairée par le soleil d'Orient et qui regarde l'Occident, — me parut le symbole joyeux d'un christianisme élargi, le signe de cette religion universelle et éternelle de l'Esprit qui ouvre hardiment toutes les sources de la connaissance et s'écrie : lumière ! plus de lumière encore ! lumière par le dedans ! lumière par le dehors ! Dieu est partout où il y a de la lumière ! La vérité naturelle, intellectuelle, et spirituelle est une. Elle peut s'éclipser dans les ténèbres de l'âme aveuglée par les fumées de la matière ; elle en ressort radieuse chaque fois que parle la vraie conscience de l'humanité, chaque fois que l'âme s'éveille à sa vie supérieure et remonte à sa propre sphère.

Oui, la croix monte sur les sommets ; non pas la croix noire, non pas la croix romaine qui signifie obéissance passive, domination des intelligences et des cœurs par un pouvoir absolu et sans contrôle ; mais la croix blanche, la croix universelle des purs mystiques, des sages anciens qui signifie : libre régénération des âmes par l'intelligence des vérités spirituelles, règne de Dieu sur la terre par la reconnaissance et la manifestation des principes intellectuels dans les institutions sociales et religieuses. Certes, l'humanité traverse, en ce moment, au point de vue philosophique, religieux et social, la plus pénible des crises. Les doutes actuels sont gros de tempêtes. Les dogmes ont péri dans leur sens littéral et traditionnel sous les coups des sciences naturelles. Un vent de négation a passé sur les plus hautes intelligences de l'époque pour descendre de là dans les couches inférieures de la société. Et cependant, pour celui qui sait écouter les voix intérieures de l'âme collective, surprendre les courants magnétiques qui font osciller la boussole de la pensée, il y a dans les couches profondes de l'humanité et dans la science elle-même une fermentation qui fait pressentir une rénovation religieuse et philosophique. On est loin de connaître la grande Inconnue : l'Ame ; mais on ne la nie plus ; on lui rend hommage en l'étudiant ; on devine la preuve de sa réalité dans les faits d'ordre purement psychique, autrefois niés, aujourd'hui constatés. La science a touché l'Invisible ! La jeunesse le pressent et en frémit d'un frisson nouveau. Comme l'a dit finement M. Eugène-Melchior de Vogüé, cet observateur sympathique de la génération nouvelle : « tous ces jeunes sceptiques sont des chercheurs qui rôdent autour d'un mystère. » Reconnaître qu'il y a un grand mystère à pénétrer, que l'âme humaine en est à la fois le centre et la clé, c'est le commencement de la sagesse et l'un des pôles du sentiment religieux.

N'est-ce pas encore un signe remarquable du temps présent que ce retour de l'esprit européen vers les antiques doctrines de l'Orient comme à la source vénérable des vérités transcendantes ? Tous les grands orientalistes ont eu l'instinct de l'unité intérieure des religions. Et cette unité primordiale n'est-elle pas la promesse d'une synthèse possible de la science devenue religieuse et de la religion devenue scientifique ? Le christianisme contient la fleur même des traditions religieuses par la doctrine et l'exemple de son fondateur, qui prouva que l'homme possède le divin en lui-même et peut le développer. Et ce christianisme transformé, élargi, mis en communication vivante avec les autres traditions sacrées de l'humanité, n'est-il pas destiné par la logique du développement historique à devenir le centre équilibrant de cette religion diversifiée dans ses manifestations cultuelles, mais une dans son fond ? On s'est beaucoup moqué de ces kabbalistes du xvie siècle qui prirent le nom de Rosecroix. Ils avaient choisi pour symbole de leur ordre une croix autour de laquelle rayonnait une rose flamboyante dont les cinq pétales représentaient la force du Verbe divin manifesté dans le monde et les dix rayons ses puissances multiples. Pour qui comprend le langage des symboles, ces prétendus rêveurs avaient une vue claire des besoins religieux de l'humanité moderne. Oui, il faut faire fleurir la Rose sur la Croix ! Si la Croix signifie la sagesse et la force par la conscience de l'amour, la Rose signifie la vie par l'épanouissement de la science, de la justice et de la beauté. Et voilà ce que les hommes exigeront désormais de leurs guides. Longtemps ils se sont contentés des grandes affirmations de la foi et de la promesse du ciel. Aujourd'hui, ils veulent des preuves et des réalisations terrestres. Ils ne reconnaîtront pour maîtres que ceux qui sauront les leur donner.

Saluant ainsi la Croix blanche venue du fond de l'Orient et du fond des siècles sur ce sommet des Alpes, j'admirais la persistance des symboles dans l'histoire et la puissance de leur langage secret. Cette Croix, bien plus ancienne que le christianisme, ne signifiait-elle pas déjà le divin et la vie universelle pour les antiques Aryens ? N'est-ce pas elle aussi qu'on retrouve sur les monuments sacrés de l'Égypte comme signe de l'initiation suprême et comme emblème de la victoire de l'esprit sur la matière ? Par son sacrifice sublime, Jésus lui a donné un nouveau sens moral et social, celui de l'amour et de la fraternité universelle. Mais, est-ce une raison pour oublier le sens intellectuel, scientifique et métaphysique de ce signe immémorial ? N'est-ce pas plutôt dans la réunion de toutes les hautes idées qu'il a représentées dans le cours des âges que résident sa force et son universalité ? Et je me disais : Puisse l'antique et toujours nouvelle Vérité de l'Esprit vainqueur de la Matière remonter sur les sommets intellectuels de notre époque ! Puisse-t-elle faire rayonner sur les jeunes générations sa Rose de lumière et de beauté ! Puisse-t-elle éveiller cette charité qui naît de l'intelligence

profonde des choses et cette intelligence sublime qui naît
de la vraie charité ! Puisse-t-elle proclamer, au-dessus
de nos dissensions, avec une certitude grandissante, la
foi de l'âme immortelle consciente d'elle-même et l'unité
spirituelle du genre humain !

Quand je redescendis vers la Grande-Chartreuse par
le col de Bovinant, le soleil ardent plongeait dans la
gorge désolée. Plus de sorcellerie lunaire ; la forêt avait
perdu son sinistre aspect. Sapins et hêtres ruisselaient
de lumière, comme des candélabres géants aux feuillages
d'or. Des milliers d'insectes bourdonnaient dans leurs
ramures vigoureuses. J'eus envie de me reposer un instant
de l'air glacé d'en haut et de me réchauffer aux rayons
vivifiants du soleil. Je m'assis dans la mousse, sous de
vieux hêtres, non loin de la chapelle de Saint-Bruno. Sur
un arbre mort, fracassé par la tempête, écorché par la
pluie, se promenaient de brillants coléoptères : le carabe
purpurin, la féronie gracieuse et la cantharide violacée.
Quelle ardeur de vie dans la vieille forêt qui pousse ses
légions drues sur les décombres de la montagne ! Autour
de moi fleurissaient aussi quelques retardataires de l'été,
pâle et délicate flore des cimes, le liondent de montagne,
le chèvrefeuille bleuâtre, la patience des Alpes, la triste
soldanelle et la stellaire graminée. Avec quel bonheur
l'esprit se repose dans l'infiniment petit de la nature,
après les vertiges de l'infiniment grand, pour retrouver
là encore le mystère parlant de la vie, la même secrète
harmonie entre l'âme et les choses ! Ces fleurs ravissantes
sont le dernier effort de la végétation sous l'âpre vent des

Alpes. On dirait que, dans leur courageuse ascension vers les cimes, elles ont, elles aussi, l'aspiration douloul reuse vers la lumière plus large et plus intense. Les pauvres frileuses se font plus petites, mais aussi plus exquises près de l'aride nudité des sommets. N'en est-il pas ainsi des sentiments humains aux approches des derniers problèmes ? — Les cimes nous ouvrent les horizons inconnus; elles font courir dans nos veines le grand frisson de l'infini. Mais ces douces filles du sol, qui nous sourient les premières quand nous reprenons la route pierreuse de la vie, nous enseignent, de leurs yeux tendres et tristes, — la patience et l'humilité.

III

LE MONT SAINT-MICHEL

ET SON HISTOIRE

> Alors il y eut un combat dans le ciel. Michel et ses anges combattaient contre le dragon, et le dragon combattait contre eux avec ses anges.
>
> *(Apocalypse XII, 7.)*

> Immensi tremor Oceani.
>
> *(Devise des chevaliers de St-Michel.)*

> La France est une personne.
>
> (MICHELET.)

LE MONT SAINT-MICHEL

ET SON HISTOIRE

(1890)

… Un sifflement aigu de locomotive. Je me réveille
en sursaut ; il fait nuit encore. J'ouvre la fenêtre du wa-
gon et je respire avec délice la fraîcheur calmante du
paysage normand. Le train coupe au vol de grandes plaines vides, de vastes espaces inhabités. Les rideaux d'arbres, les chênes tordus par le vent, les bouleaux frisson-
nants profilent de noires chevelures sur le ciel étoilé.
Pacages sur pacages. Des villes somnolentes apparaissent
vaguement sur les collines, avec leurs fins clochers comme
de vieilles fileuses endormies. Le train dépasse Vire,
Saint-Sever, Villedieu. L'aube commence à poindre. Déjà
l'inquiétude de la végétation et la couleur venteuse du
ciel annoncent le voisinage de l'océan. La rosée blanche
qui vient des plages marines couvre les pâturages de
longues bandes, et jette les lambeaux de sa robe déchirée
sur les constellations pâlissantes. Dans une combe noyée
de brume, les arbres effarés émergent comme des îlots
d'un étang. Les étoiles s'éteignent. La Grande-Ourse

plonge de sa partie inférieure dans la mer des vapeurs comme un chariot enlizé dont on ne voit plus que le timon.

Avranches. Il fait grand jour. Elle est majestueusement assise sur sa haute colline en pente douce, la capitale de l'Avranchin, antique refuge de la tribu gauloise des *Ambivareti*, exposée au vent de mer et au choc des invasions, conquise et reconquise par les ducs de Normandie et de Bretagne, par les rois de France et d'Angleterre, mais qui depuis Charlemagne jusqu'à nos jours a conservé son caractère primitif de gravité épiscopale. De son promenoir planté d'ormes séculaires, de son Jardin des Plantes, on domine, comme de la pointe d'un promontoire, un des plus beaux paysages de France. La vallée de la Sée et de la Sélune forme tout autour un océan de verdure plantureuse. Au loin, les grèves jaunâtres dessinent la ligne sinueuse d'un golfe. Ce golfe en croissant se termine par deux pointes, Granville au nord, au sud Pontorson. C'est la baie normande, sauvage et bleue, *the blue savage norman bay*, comme l'appelle un poëte anglais. Au milieu du golfe, d'un gris chatoyant ou d'un violet sombre selon la marée, se dresse comme un château fantastique, sur un récif noir et pointu, le Mont-Saint-Michel, que les gens du moyen âge appelaient la merveille de l'Occident. Vu à cette distance, voilé de brume et comme perdu dans la mer, il ressemble plutôt à un *menhir* colossal qu'à une construction humaine. L'estuaire du Couësnon, qui sépare la Bretagne de la Normandie, trace maintenant son lit sablonneux à gauche du Mont. Autrefois, il passait à droite. Aussi, Bretons et Normands se sont-ils disputé le rocher porteur du sanctuaire et séjour de l'archange protecteur de la France. Les Bretons disaient :

> Le Couësnon, dans sa folie,
> A mis le Mont en Normandie.

Les Normands ripostaient :

> Si bonne n'était Normandie,
> Saint Michel ne s'y serait mis.

Mais le Couësnon et saint Michel ont beau avoir donné raison aux Normands, sur la terrasse d'Avranches on se sent déjà en pays celtique. Le regard est attiré par ces côtes fuyantes, la tristesse infinie de la mer vous arrive avec la brise océanique, et comme une vague perdue vous monte au cœur un premier souffle de sa liberté sauvage et de son immensité. Et puis, ces tronçons de colonnes, débris d'une vieille cathédrale, rassemblés en un tas de pierre comme un *caïrn*, ce petit portail à mine gallo-romaine, ce dolmen artificiel et jusqu'à cette superbe végétation exotique, épicéas et cèdres touffus, tout cela sent plus la Bretagne que la Normandie. Le nom caressant des deux rivières, la Sée et la Sélune, n'a-t-il pas lui-même quelque chose de délicieusement païen ? N'est-il pas comme un dernier écho des forêts sonnantes de la Gaule druidique ? Les archéologues du pays prétendent qu'il vient du nom de *Sènes* que les Gaulois donnaient à leurs druidesses, ces magiciennes capricieuses et violentes qui prétendaient habiter les fleuves, commander aux tempêtes et gouverner le cœur des hommes par les éléments. Et de fait, elles leur ressemblent, les deux rivières tortueuses, aux reflets de couleuvre, qui se glissent par leurs estuaires vers les grèves perfides, où l'on s'enlize, sans qu'on sache où l'eau douce se change en l'onde amère, où finit la terre et où commence l'océan.

Mais hâtons-nous vers le but. Le chemin de fer nous a menés jusqu'à Pontorson, jolie petite ville normande à l'embouchure du Couësnon. Nous quittons enfin la voie ferrée pour nous engager sur la nouvelle chaussée qui conduit au Mont isolé dans sa solitude marine. Quelques fermes bordent encore la route. Mais insensiblement les arbres disparaissent, la végétation paludéenne des cristes-marines commence. On entre dans la région des dunes et des sables qui s'étendent, luisants comme un miroir jaunâtre, jusqu'à la pleine mer. Droit devant nous, au bout de la chaussée, se découpe sur le bleu sombre de l'océan le Mont-Saint-Michel, pyramide violette qui se termine en flèche par la tour de l'église. A mesure qu'on approche, se détachent les constructions et les édifices qui composent un ensemble unique d'étrangeté et de grandeur, fragment intact du moyen âge. La fière forteresse est ceinte vers le bas d'un ourlet de remparts garnis de tourelles dont la mer mouille le pied. Un amas de maisons accotées au roc, accrochées les unes aux autres comme des nids d'hirondelles, s'étagent sur les flancs du Mont. C'est la ville des Montois qui, du XIIe au XVe siècle, regorgeait de pèlerins, de chevaliers et de soldats. Elle n'abrite plus aujourd'hui que de rares familles de pêcheurs. Peintres et touristes y passent en automne comme des oiseaux voyageurs. La vieille abbaye domine ce fouillis de masures de ses puissants contreforts et de ses tours crénelées. Plus haut encore, et pour couronner le tout, la basilique ajoure sa nef légère, ses arcs-boutants et sa tour. L'aérienne cathédrale semble avoir été portée là miraculeusement, pour défier les vents et les flots. Roc, ville, château-fort, forment une masse homogène, d'une seule poussée hardie. En présence de ce magnifique morceau d'architecture et d'histoire, nous revient le mot de Vauban en face du dôme de Coutances : « Qui donc a jeté ces pierres dans le ciel ? »

La chaussée aboutit au mur plein de l'*Avancée*, ouvrage extérieur qui protège le Mont. On le suit sur une passerelle et on pénètre dans la forteresse par une porte à mâchicoulis. Dès l'entrée, la vieille histoire de France nous saisit. Elle ne nous lâchera plus, pour nous conduire, pas à pas, jusqu'aux temps modernes. Dans la première cour, au-dessus d'une porte à herse de fer, un lion de pierre pose sa griffe sur l'écusson abbatial où des saumons nagent sur fond ondé. Cette porte mérite son nom de porte du roi. Ce lion figure bien la royauté en France ; car ses débuts, son apogée et son déclin ont suivi d'assez près la naissance, la splendeur et la décadence du Mont-Saint-Michel. La porte des *Michelettes* tient son nom de deux pièces de canon abandonnées par les Anglais dans le siège fameux du XVe siècle. Nous voici dans l'unique rue de la ville qui se déroule en spirale sur le flanc de la montagne et gagne l'abbaye par des escaliers en rampe. Après maints degrés et détours, nous voici dans la salle des gardes. Ses fiers arceaux, sa voûte spacieuse nous transportent en plein monde féodal, religieux et guerrier. Par cette fenêtre gothique à trèfles, les archers du seigneur d'Estouteville guettaient, sous Charles VII, les mouvements de l'armée anglaise, et, la flèche sur l'arbalète, attendaient l'assaut. La façade romane de la basilique évoque devant nous les Normands convertis au christianisme, exprimant d'abord leur génie solide et mesuré en architecture. Le tympan du portail nous ramène jusqu'aux temps mérovingiens, à la fondation du sanctuaire au seuil duquel nous nous trouvons. Ce tympan, d'un caractère archaïque et naïf, représente saint Michel apparaissant à saint Aubert endormi, au moment où l'archange lui enfonce son doigt dans le crâne et lui commande d'élever une église sur le rocher païen. L'intérieur de la basilique est triste. Les échafaudages d'une restauration commencée et interrompue masquent la beauté des nefs, la hardiesse des piliers. Le chœur grandiose, en style ogival, ne diminue pas cette impression de ruine et d'abandon. Malgré les bannières de pèlerinages qui l'entourent, la statue de saint Michel, dans le croisillon du transept, a plutôt l'air de pleurer sur la décadence de son culte que de terrasser son dragon. Ce n'est qu'une pâle effigie du saint Michel qui vivait autrefois dans les imaginations et armait des milliers de bras pour la croisade ou pour la guerre contre l'Anglais.

Il faut monter par l'escalier du clocher et gagner la plate-forme extérieure, sur le toit plombé d'une nef latérale, si on veut retrouver la mystique envolée que donne le gothique flamboyant et la pensée apocalyptique qui inspira les constructeurs du merveilleux édifice. De cette

terrasse, qui fait le tour de la grande nef sur la toiture
des bas côtés, on jouit d'un superbe coup d'œil sur la
baie de Saint-Michel. Elle forme un triangle dont la
pointe s'enfonce dans l'intérieur des terres. Trois rivières
en sillonnent les sables comme des canaux étincelants. La
côte normande, la côte bretonne s'étalent en un cercle
qui n'a d'autre limite que le ciel. Montons plus haut
encore. Grimpons l'escalier en dentelle pratiqué sur le
rampant de l'arc-boutant, et gagnons la balustrade supérieure du comble appelée le *Grand tour des fous*. De
ce sommet, le Mont-Saint-Michel tout entier apparaît
comme un plan en relief. D'un côté, il dessine la ligne
sinueuse de ses remparts ; de l'autre, il découpe les aspé-
rités de ses récifs mordus et déchirés par les vagues, et tient
serrés entre ses murs ses jardins profonds et sa bourgade
rabougrie. M. Le Héricher, l'un de ceux qui ont le mieux
étudié et décrit le Mont-Saint-Michel, compare le massif
du château et de l'église, vu de ce faîte, « à un gigantesque
échiquier fouillé par un ciseau puissant, où le grand
escalier représente le roi ; la tourelle des corbeaux, la
reine ; la flèche, la tour. » On est suspendu dans l'air,
on plane, au bord de l'abîme, sur l'immense océan. En
temps d'orage, les tourelles, tourellettes et aiguilles
gothiques de l'église, aperçues ainsi à vol d'oiseau, avec
leurs animaux sculptés, chiens, dragons et guivres,
ressemblent à une sombre forêt rongée par toutes ces
bêtes fantastiques. Mais vienne une claire journée d'automne, et qu'un brouillard s'étende au ras des flots, il iso-
lera la cathédrale de sa base et la portera mollement dans
les airs. Alors elle reluira en plein azur comme ces villes

mystiques qui flottent entre terre et ciel, dans les peintures des primitifs.

Mais depuis longtemps l'aérienne cité a perdu sa couronne, j'entends la pyramide architecturale qui formait sa fleur la plus haute et la plus épanouie. Autrefois, une flèche élancée surmontait la tour. Cette flèche transparente et découpée en roses portait sur sa pointe la statue colossale et dorée de saint Michel. qui montrait la direction des vents en tournant sur son pivot. On l'apercevait de loin en loin, au milieu de l'orage, et son épée flamboyante semblait défier la foudre. La figure du protecteur du sanctuaire était le couronnement du Mont, son symbole parlant, l'image visible de sa raison d'être historique et religieuse. L'incendie de 1594 a décapité l'édifice en faisant écrouler la flèche avec l'archange. Au commencement de ce siècle, le télégraphe a remplacé saint Michel sur la tour et plus d'une fois ses bras gesticulateurs ont porté de Normandie en Bretagne la nouvelle d'un changement de gouvernement. Aujourd'hui le fil électrique qui passe ailleurs a remplacé le télégraphe. Un fer tordu s'échappe comme un serpent de la ravine d'une falaise, se perd sous le sable de la plage, traverse l'océan et ressort en Amérique. N'est-ce pas l'un des symboles [les plus éloquents de l'humanité nouvelle et de ses pouvoirs ? Ceci a tué cela. Le câble transatlantique s'est subtitué à l'archange. Ne le méprisons pas. L'idée transmise autour du globe avec la vitesse de l'éclair ; la matière à ce point domptée ; l'agent vital de l'atmosphère, de l'âme terrestre, l'électricité, qui, condensée en foudre, a tant de fois incendié cette église, fracassé ce clocher, le fluide redoutable et capricieux savamment domestiqué et devenu le messager docile de la pensée humaine : voilà certes une victoire dont saint Michel n'aurait pas à rougir. Mais elle sera plus difficile à remporter, l'autre victoire que symbolise l'archange terrassant le dragon, la victoire de l'esprit sur la bête humaine. Car si nous voulons connaître le véritable sens de saint Michel, il faut le demander à ce profond penseur, à ce hardi symboliste qui l'a fait entrer dans le ciel chrétien, à l'auteur de l'*Apocalypse*, qu'une exégèse matérialiste a le tort de prendre à la lettre, au lieu de l'interpréter selon l'esprit. Pour le prophète de Pathmos, l'ange Mikaël représente la force active de la sagesse spirituelle. Sa victoire dans l'humanité doit amener, selon lui, le triomphe de la « Femme revêtue du soleil », c'est-à-dire, dans le sens ésotérique des symboles, de l'Intuition divine, rayonnante d'Amour. Alors la Jérusalem céleste, ou la cité de Dieu, descendra sur la terre ; en d'autres termes, l'harmonie divine se réalisera dans l'organisation sociale.

Ils l'ont rêvée, ils l'ont cherchée, cette Jérusalem, les docteurs, les moines, les architectes, les sculpteurs du moyen âge, — et l'ont vainement attendue. — Et comme la cité céleste ne descendait pas des nues, ils l'ont fait monter vers le ciel en pierres vives, avec leurs colonnettes fleuries, leurs arceaux enchevêtrés, leurs volutes et leurs clochetons. Redescendons l'escalier du clocher, retraversons l'église et entrons au cloître. C'est un bijou de fine architecture normande du XIIIe siècle [1]. La galerie qua-

---

1. Achevé en 1228, le cloître a été restauré de 1877 à 1888 par M. Corroyer, avec un goût parfait.

drangulaire est formée par une triple rangée de colonnettes isolées en faisceaux, couronnées de voûtes ogivales
d'une délicatesse exquise. Le tuf, le marbre, le granitelle
et le stuc de coquillages broyés entremêlent leurs teintes
brunes, roses et blanches dans cette colonnade. Le trèfle
et l'acanthe, le chardon, le chêne et le lierre en fouillent
les chapiteaux. C'est une élégante forêt de pierre, chatoyante de clair-obscur, ajourée de rosaces lumineuses.
Sur quelle base a-t-elle poussé, de quel piédestal est-elle
sortie? Nous sommes ici au troisième étage de la Merveille, à côté du dortoir des moines, au-dessus de la
salle des Chevaliers, à cent mètres au-dessus du niveau
de la mer. Regardez par les fenêtres du couchant,
ouvrez une des petites lucarnes latérales à vitraux peints,
partout vous verrez la mer, toujours la mer, à peine
un bout de côtes ou le triste îlot de Tombelène, et puis
l'immense océan. Vers le soir, le cloître prend des teintes
d'opale. On dirait vraiment alors qu'il fait partie d'une
cité féerique émergée des flots, couronne d'une Jérusalem
mystique, temple vierge creusé dans une perle transparente.

Mais savons-nous ce qu'elle renferme de larmes, de
soupirs, d'indicible mélancolie dans le ciment de ses
pierres? La légende du Mont veut que le sculpteur de
cette colonnade, appelé Gaultier, ait été un prisonnier,
enfermé je ne sais pourquoi dans le monastère. Il sculpta
ce cloître pour se consoler et on lui promit la liberté
pour récompense. Mais quand il eut achevé son œuvre,
il était devenu fou et se jeta dans l'abîme béant, à côté
de sa merveille. Cette légende n'est-elle pas l'histoire de
tous les grands artistes? Ils ont fait cette gageure d'en-

fermer un rêve d'infinie beauté dans l'ingrate matière.Et
le rêve est là vivant pendant qu'ils travaillent à l'œuvre.
Mais, avec le dernier coup de ciseau, le rêve a disparu,
le ciel sourit dans son insondable immensité, — et l'abîme
n'est pas loin.

La salle des Chevaliers nous montre de nouveau la
face guerrière du Mont, la face sombre aussi. Chose
curieuse, et dont nous dirons plus tard la raison, elle ne
rappelle aucun souvenir glorieux de la royauté, aucune
grande scène de notre histoire. Malgré ses quatre nefs,
ses énormes piliers ronds, elle est lugubre. Triste et
vide, elle ne se souvient que des longues files de détenus
qui ont travaillé ici à leurs métiers. De là nous pénétrons
dans les parties intérieures et ténébreuses du Mont.
Nous circulons dans un dédale d'escaliers, de corridors,
de caveaux bas. Voici la crypte ·des Gros-Piliers, qui
soutient le chœur de la basilique ; voici les oubliettes du
château et du couvent. Voici le cintre bas où Louis XI
fit mettre, dit-on, la cage qui enfermait le cardinal La
Balue et où Louis XIV relégua le gazetier Dubourg,
qui l'avait insulté. Voici enfin les cachots *du grand
exil*, véritables trous d'où l'on ne sortait guère vivant,
et ceux *du petit exil*, où l'on demeurait quelques jours.
Barbès y fut enfermé pendant vingt-quatre heures après
sa tentative d'évasion. Les minces rayons de lumière
qui filtrent dans ces couloirs obscurs y jettent des tons
roux. La souffrance, la révolte, le désespoir concentrés
de plusieurs âges suintent de ces cachots taillés dans le
roc. On y respire une vapeur d'angoisse et de colère.
Triste revers de la basilique et de la cathédrale que ces

noires entrailles du Mont-Saint-Michel. Par la logique intrinsèque des choses, on comprend la malédiction qui pèse sur lui, on comprend qu'il soit mélancolique, écimé et abandonné, depuis que le vieux sanctuaire est devenu prison et parfois chambre de torture. En sortant de là, on se sent assailli par dix siècles d'histoire, mêlée confuse d'ombres illustres et inconnues, dont chacune semble redemander la vie et le jugement au grand soleil de la justice et de la vérité.

Redescendu sur la plage, je m'assis au bord de la chaussée où les pêcheurs amarrent leurs barques. Derrière moi, l'ombre gigantesque du Mont se projetait sur la baie jusqu'à l'horizon. Devant moi, le soleil descendait sous un grand rideau de nuages ; les grèves plates s'étendaient à perte de vue, et l'océan, changeant de couleur comme un caméléon sous le mouvement des nuages, avait pris une teinte fauve striée de lueurs verdâtres. Un singulier personnage s'arrêta devant moi. Les pieds et la tête nus, vêtu de loques et d'une vareuse violette, il laissait flotter au vent une véritable forêt de cheveux bruns. Immobile, il me regardait de ses yeux bleus et vagues. Une tête d'Antinoüs, mais sans expression. Une chevelure épaisse, inextricable et remplie de poussière, dont les tire-bouchons traînaient avec une sauvagerie voulue sur ce beau visage basané, au regard étrange, éternellement absent. Un innocent, pensai-je. Voyant qu'il m'intéressait, il mit le point sur la hanche, comme pour me faire admirer sa pose. « Qui êtes-vous ? lui dis-je.
— Marchand de coquilles et modèle d'atelier. Tous les peintres qui viennent ici font mon portrait. Voulez-vous

que je pose pour vous ? — Je ne suis pas peintre, malheureusement. — Voulez-vous faire le tour du Mont sur les grèves ? je vous conduirai. — Avec plaisir. — Il faut nous presser ; car la mer arrive. Avec moi pas de danger. Je connais tous les trous et je marche sur la tangue comme sur un plancher. »

Déjà nous courions sur les cailloux. Une fillette de dix ans, plus déguenillée encore que l'innocent, vint se suspendre à sa main. C'était une petite pêcheuse de coques. Munie de son sac de filet, l'œil effaré et perçant, elle paraissait voleter comme une mouette sur les roches et les mares. Du bas des falaises on pouvait mesurer maintenant toute la hauteur de la Merveille avec trois étages, masque sombre de la forteresse qui regarde le large et l'Angleterre. Chemin faisant, l'innocent m'énumérait tous les tableaux pour lesquels il avait posé, et il ajoutait avec un tranquille orgueil, en étendant ses bras et en baignant ses haillons dans le soleil couchant: « On me vend dans le monde entier. » Au tournant d'un récif, j'aperçus l'îlot de Tombelène doré par un dernier rayon du jour. Cet îlot m'attirait pas son aspect singulièrement sauvage et désolé. « Qu'est-ce que cela ? demandai-je à l'innocent. — C'est Tombelène. » Et de sa voix qui rappelait le clapotement des vagues sur les galets, le vagabond commença à marmotter une histoire embrouillée. La vieille légende s'était modernisée dans sa tête. Un marin avait enlevé la fille d'un général, du nom d'Hélène. Ils avaient vécu sur cet îlot pendant les guerres de la révolution. La demoiselle étant morte, on l'avait enterrée là. Il résuma sa science dans cette étymologie,

qui paraissait le faire rêver beaucoup : « Tombelène !
Tombe d'Hélène ! » La petite pêcheuse de coques avait
trouvé des moules, qu'elle déterrait dans la lise, et pour
marquer son plaisir, elle fredonnait triomphalement sur
une mélodie primitive de son invention :

> Beau marinier, qui marines,
> Vive l'amour !
> Apprends-moi à chanter,
> Vive le marinier !
>
> Entrez dans mon navire,
> Vive l'amour !
> Je vous l'apprendrai,
> Vive le marinier !

Entraînée par la pêche et par sa chanson, la petite courait sur les lises, l'innocent après elle, et moi après l'innocent. Cependant le crépuscule tombait, la mer râlait
au loin. Je me retournai : le spectacle était devenu imposant. Entre le ciel et l'océan gris, une barre rouge mar-
quait le soleil disparu. Un grain glissait obliquement
sur Cancale, d'où quelques voiliers pêcheurs s'échappaient avec la marée montante. Dans le ciel brouillé
s'ouvrait une de ces crevasses éblouissantes, une de ces
trouées d'azur que les marins appellent *œil de Dieu*. Le
Mont-Saint-Michel se profilait en noir sur ce fond blafard.
Sanctuaire, forteresse et prison ne semblaient plus qu'un
écueil sauvage au milieu des flots, un nid de goëlands.
Où êtes-vous, âmes nombreuses qui avez soupiré sous
les crépuscules, dans cette prison de granit ? Maximilien
Raoul compare le vieux Mont, vu depuis les grèves, à

un cercueil gigantesque dont le luminaire fume encore dans l'obscurité. Oui, cercueil d'un passé mort. Mort vraiment? Non, rien ne meurt tout à fait, ni dans l'âme des individus, ni dans celle des peuples; mais tout se métamorphose. Il vit mystérieusement en nous, ce passé celtique, chrétien, chevaleresque et révolutionnaire. Il vit dans nos passions, dans nos luttes, dans nos aspirations latentes, dans nos mélancolies incompréhensibles; il entre dans la substance même de nos pensées. Les races sommeillent; elles n'oublient pas. Elles ont de profondes ressouvenances et des réveils surprenants. L'âme d'une nation se compose de tout ce qu'elle a vécu dans le cours des âges, et dont le sphinx de l'avenir se réserve la synthèse.

— « La mer vient, rentrons, » me dit l'innocent.

Son œil vague et sans sourire n'avait rien perdu de son calme. Son attitude avait toujours la même majesté de mendiant et de modèle. Seulement il me prit gravement la main pour me conduire. Je ne voyais pas venir la mer, mais un grondement lointain annonçait l'approche du mascaret. En avançant je m'aperçus que les flaques d'eau augmentaient et que la tangue devenait plus molle. L'eau paraissait sourdre du fond des sables et j'enfonçais parfois jusqu'aux genoux. Tout à coup, une lame longue, plate, imperceptible, vint lécher nos pieds de sa frange d'écume. D'où venait-elle ? De l'horizon. C'était l'océan lointain qui nous saluait. « Pas de danger, jamais de danger avec moi, » me dit l'innocent, qui me prêta son bras d'Hercule pour me maintenir en équilibre sur la lise mouvante. Puis, son idée fixe le reprenant, il recommença son interminable histoire, où revenait sans cesse le refrain mystérieux : « Tombelène ! Tombe d'Hélène ! » Quant à la petite pêcheuse, elle riait de mon embarras. Sa sabrette pleine de coques, elle bondissait sur les lames grandissantes, comme un pétrel, et continuait sa chanson :

> Quand la belle fut dans le navire,
>   Vive l'amour !
> Elle se prit à pleurer,
>   Vive le marinier !

> Et qu'avez-vous, la belle,
>   Vive l'amour !
> Qu'avez-vous à pleurer,
>   Vive le marinier !

En quelques minutes, nous atteignîmes le granit solide du Mont-Saint-Michel. Une heure après, les lames battaient contre le rempart de l'Avancée, et bientôt la mer envahissante, avec sa ceinture de vagues, eut changé le Mont solitaire en île.

Depuis, ces images marines, mêlées aux ombres du château et de l'abbaye, m'ont hanté. Souvent mes pensées voyageuses sont revenues au Mont-Saint-Michel, « au péril de la mer », comme à un observatoire immobile au milieu du flux et du reflux des temps. J'ai glané dans les livres, j'ai feuilleté de vieilles chroniques, et l'histoire du Mont m'est apparue comme un reflet coloré, comme un raccourci symbolique de la grande histoire de France. J'ai tâché de fixer en quelques visions rapides les scènes et les personnages, de diverses époques, que ces lectures ont évoqués devant moi. Il m'a semblé qu'il s'en dégageait un aperçu sommaire sur la formation de l'âme celtique et française à travers les siècles.

I

ÉPOQUE GAULOISE. — LE MONT BÉLÉNUS. — LES DRUIDESSES
DE TOMBELÈNE

Dans les temps celtiques, la baie de Saint-Michel ne ressemblait pas à ce qu'elle est aujourd'hui. Un bois épais s'étendait sur une partie des grèves actuelles. Les bouquets d'arbres qui forment un nid de verdure sur l'escarpement du Mont sont un dernier reste de cette forêt. Tout au bout, entre l'océan des chênes et celui des flots, se dressait la pyramide granitique qui devint plus tard le Mont-Saint-Michel. Les druides l'avaient consacré au dieu solaire et le nommaient *Tom Bélen*. Après César les Romains conquérants de la Gaule lui conservèrent cette dénomination et l'appelèrent *Mons Tumba* ou *Tumulus Beleni*. Une caverne s'ouvrait dans les flancs du roc. On s'y trouvait comme dans un temple circulaire soutenu par des monolithes bruts. C'était le *Neimheidh* ou sanctuaire des aïeux, tirant son nom d'un patriarche immémorial, ancêtre des Gaëls et des Kymris. Là, dans le demi-jour de la crypte, reluisaient des faisceaux de javelots, des piles de casques, dépouilles de vaincus, trophées de victoires gauloises, des lingots d'or, des brace-

lets de guerriers. Dans le fond, on voyait, rangés en de-
mi-cercle, les étendards de diverses tribus celtiques, aux
ailes bariolées, veillant comme des génies attentifs sur le
trésor. Un collège de neuf prophétesses appelées *Sènes*
habitait ce sanctuaire défendu par la forêt sacrée et le
sauvage océan. Sur ce rochers et aux alentours, les druidesses célébraient leurs rites, leurs mystères, leurs sacrifices. Les marins qui affrontaient la mer venaient les
consulter dans cette caverne. C'est là qu'elles rendaient
leurs oracles, qu'elles vendaient à prix d'or ces flèches
magiques en bois de frêne, à pointe de cuivre, barbelées
de plumes de faucon, qui étaient censées détourner les
orages, et que les Gaulois lançaient dans la nue quand
grondait la foudre. Les Sènes répandaient une terreur
mystérieuse. On les appelait des fées, c'est-à-dire des
êtres semi-divins, capables de révéler l'avenir, de revêtir
diverses formes d'animaux, de circuler invisibles dans
les rivières, de voyager avec le vent.

Comme la plupart des religions anciennes, la religion
druidique avait deux faces : l'une extérieure, populaire et
superstitieuse ; l'autre intérieure, secrète et savante. Le
culte des druidesses en représentait la face populair et
passionnelle. La science et la tradition des druides en
constituaient la partie profonde et philosophique. Les
témoignages des plus grands politiques, historiens, voyageurs, naturalistes et philosophes de l'antiquité sont
d'accord sur ce point, et contredisent absolument ceux
d'entre les modernes qui ne veulent voir dans les druides
que d'habiles sorciers, exploiteurs de la crédulité populaire. César dit « qu'ils étudiaient les astres et leurs ré-

volutions, l'étendue du monde et des terres, la nature
des choses, la force et la puissance des dieux immor-
tels ». Il ajoute que, pour les affaires d'état, ils se ser-
vaient de l'alphabet grec ; mais qu'ils considéraient
comme un sacrilège de confier leurs préceptes à l'écriture,
ce qui implique nécessairement l'idée d'une doctrine secrète. Diodore de Sicile leur attribue la doctrine pytha-
goricienne. Il les appelle « des hommes qui connaissent
la nature divine et sont en quelque sorte en communication avec elle. » Ammien Marcellin dit que, « s'élevant
au-dessus des choses humaines, ils proclamèrent les âmes
immortelles ». Pline les nomme « les mages de l'Occident ». Cicéron vante la science du druide Divitiac qu'il
hébergea longtemps à Rome.

Qu'était-ce donc que cette doctrine des druides ? Elle
a survécu par fragments dans les triades bardiques, dans
quelques vieilles traditions du pays de Galles, de l'Irlande et de la Bretagne. Ses grandes lignes reparaissent
dans le mystère des bardes bretons [1]. « Les âmes, disaient les druides, sortent de l'abîme de la nature, où
règne l'implacable fatalité ; mais elles émergent dans
Abred, le cercle des transmigrations, où tous les êtres

---

1. Traduit par Adolphe Pictet ; Genève, 1854. On en a contesté
l'authenticité On a prétendu que ces triades étaient une fabrication
de théologiens du XVIᵉ siècle, comme on a prétendu que les livres
d'Hermès n'avaient rien d'égyptien, que la kabbale juive était une
invention d'un rabbin du XIIIᵉ siècle. Qu'une teinte chrétienne se
soit répandue avec les siècles sur la tradition orale des bardes, cela
est certain. Mais les idées fondamentales qui en constituent la
charpente et la raison d'être, à savoir la transmigration des âmes
et la doctrine des trois mondes, n'ont rien à faire avec la théologie
chrétienne du moyen âge. Elles ne peuvent venir que des druides et
par eux de la grande tradition ésotérique de l'antiquité.

subissent la mort et progressent par la liberté ; enfin,
elles atteignent *Gwynfyd,* le cercle du bonheur, où tout
procède de la vie éternelle, où l'âme retrouve son génie
primitif et recouvre la mémoire de ses existences précé-
dentes. Quant au cercle de Dieu, *Ceugant,* océan de
l'infini, il enveloppe et contient les trois autres, les soutient de son souffle, les pénètre de sa vie. » Sous sa forme
originale, cette conception rappelle la grande doctrine
des Mystères. Elle dut venir aux druides d'une initiation
égyptienne ou orientale. Mais ce qu'il y a d'essentielle-
ment celtique et occidental dans la doctrine des druides,
ce qui la marque au coin de la race, c'est le sentiment
énergique de la personnalité humaine, c'est son affirmation croissante à mesure qu'elle monte dans les éblouis-
sements de la lumière divine. Ce génie propre, qui fait
que chaque âme ne ressemble à aucune autre et poursuit un archétype qu'elle atteindra dans le cercle du bonheur, c'est-à-dire dans son ciel, druides et bardes l'appellent Awen. L'Awen, c'est l'étincelle divine de chaque
être, c'est l'inspiration du barde, c'est le génie du prophète. Sa poursuite ardente précipite la course des grandes âmes à travers les existences, elle devient la raison
d'être de la vie, la torche de Gwynfyd allumée dans l'a-
bîme ténébreux d'Abred. Individualité et universalité,
sentiment de l'humain et du divin, liberté et sympathie
sont les deux traits originaux du génie celtique, le plus
vibrant, le plus compréhensif, le plus humain des génies.
Ils se retrouvent dans la doctrine des bardes, écho de la
sagesse druidique : « Trois choses, disent-ils, sont primitivement contemporaines : l'homme, la liberté et la

lumière. » Dans cette hardie triade, les ancêtres de Ver-cingétorix et de Taliésinn ont résumé, comme dans une fanfare, le génie de toute leur race.

L'origine des druides remonte dans la nuit des temps, à l'aube crépusculaire de la race blanche émergeant de ses forêts humides. « Les hommes des chênes sacrés » furent ses premiers sages. Car l'ombre de certains arbres versait la sagesse, leur murmure l'inspiration. Les drui-desses sont peut-être plus anciennes encore, s'il faut en croire Aristote, qui fait venir le culte d'Apollon à Délos de prêtresses hyperboréennes. Les druidesses furent d'abord les libres inspirées, les pythonisses de la forêt. Les druides s'en servirent originairement comme de sujets sensibles, aptes à la clairvoyance, à la divination. Avec le temps, elles s'émancipèrent, se constituèrent en collèges féminins, et, quoique soumises hiérarchiquement à l'autorité des druides, elles agissaient de leur propre mouvement. Il est probable qu'elles favorisèrent l'insti-tution des sacrifices humains qui fut la grande cause de décadence du druidisme. Cette aberration sanguinaire, commune à tous les barbares, fut poussée à l'excès par l'héroïsme même des Gaulois qui trouvaient un plaisir sauvage à défier la mort, à se jeter sous le couteau par bravade. L'horrible institution trouvait un excitant plus dangereux encore dans l'idée singulière qu'on faisait joie aux ancêtres en leur dépêchant les âmes des vivants, et qu'on gagnait ainsi leur protection. Les druides avaient leurs collèges au centre de la Gaule; les druidesses ré-gnaient seules dans les îles de l'Océan Atlantique. Leurs règles variaient selon les collèges. A l'île de Sein, elles étaient vouées à une virginité perpétuelle. A l'embouchure de la Loire, au contraire, les prêtresses des Namnètes étaient mariées et visitaient leurs maris furtivement, à la nuit close, sur des barques légères qu'elles conduisaient elles-mêmes. Ailleurs encore, dit Pline, elles ne pouvaient révéler l'avenir qu'à l'homme qui les avait profanées. En somme, les druidesses représentaient la religion de la nature, livrée à tous les caprices de l'instinct et de la passion. D'étranges lueurs sillonnaient ces ténèbres, éclairs de voyantes ou rayons perdus de la vieille sagesse des druides.

Au Mont-Bélénus, elles avaient substitué au culte mâle du soleil celui de la lune qui favorisait leurs maléfices, leurs philtres et leurs incantations. Elles s'y livraient la nuit sur l'îlot aujourd'hui appelé Tombelène. Là, le marin téméraire, qui osait approcher avec le flux, voyait quelquefois des rondes de femmes demi-nues agitant des flambeaux. Mais on racontait que, si l'étranger était assez fou pour aborder, l'ouragan chassait son embarcation au large et que d'effrayantes visions le poursuivaient au loin sur les eaux.

Et pourtant le chef gaulois, qui méditait une guerre lointaine, était tenté d'aborder là. Car souvent, malgré les présents donnés aux neuf Sènes, malgré les coupes d'argent, les colliers de corail et ces beaux bracelets en or tordu, orgueil des guerriers, malgré l'oracle solennel prononcé dans le Neimheidh par l'aînée des prophétesses, il n'avait obtenu que de vagues prédictions. La seconde vue était rare, le délire sacré se perdait, et les jalouses druidesses étaient avares de leur science. Mais un

bruit courait parmi les tribus : « Quiconque forçait l'a-
mour d'une druidesse lui arrachait le secret de la destinée. » Grand sacrilège ! cent fois pour une, on y ris-
quait sa vie. Cette pensée aiguillonnait le Gaulois, ouvrait toutes grandes les ailes de son désir. N'avait-il pas
vu de simples colons tributaires tendre la gorge au couteau pour quelques cruches de vin qu'on distribuait li-
béralement à ses amis avant de mourir ? Lui-même n'a-
vait-il pas exposé son corps blanc et nu, dans la fête
des lances, pour voir couler son sang rouge comme une
parure ? N'avait-il pas, au mugissement des trompes
d'airain, aux notes stridentes du bardit qui ébranle l'air
comme une tempête, poussé son cheval hennissant et ca-
bré au milieu des légions romaines ? Un nouveau frisson secouait son corps quand, par une nuit noire, il di-
rigeait sa nacelle vers l'îlot de Koridwen, où des torches
mouvantes annonçaient la présence des neuf Sènes et
leurs danses magiques. Ces flammes errantes au bord
du grand océan annonçaient la limite de deux mondes,
l'île du Trépas. Là le guettait l'Amour ou la Mort !.. Non,
ses aïeux n'avaient pas frissonné ainsi, à l'escalade du
temple de Delphes, quand la foudre tonnait dans la
gorge noire d'Apollon !

Sur l'îlot, au milieu d'un cercle de pierres, se mou-
vaient en ronde, et torches en main, les neuf Sènes. Elles
étaient vêtues de tuniques noires, bras et jambes nus,
les unes avec des faucilles d'or au flanc, les autres avec
des carquois d'or remplis de flèches sur les épaules,
toutes couronnées de verveine. Elles tournaient autour
d'un feu surmonté d'un vase de cuivre, où écumait l'eau,

et y jetaient des herbes et des fleurs. Dans ce vase, elles élaboraient leurs philtres et invoquaient Koridwen avec des interjections courtes et haletantes.

Quelquefois donc, au milieu de leurs cérémonies, les prêtresses voyaient s'avancer dans leur cercle un guerrier au casque coiffé d'ailes d'aigle, son épaisse chevelure d'une teinte enflammée roulant en grosses tresses sur son dos, le regard fier, le bouclier quadrangulaire et l'épée à la main. « Par Bel-Héol aux cheveux de flamme, qui réchauffe le cœur de l'homme, je demande asile aux prophétesses. Pour savoir ma destinée de l'une de vous, je donne ma vie en gage. Je la jette comme ce bouclier et cette épée dans le cercle des dieux ! » Affolées de stupeur et ramassées en un groupe, les Sènes écoutaient ce défi ; puis, avec un cri sauvage, une clameur stridente, elles se jetaient sur l'audacieux. Il se laissait faire en riant. En un instant il était désarmé, terrassé, lié par les neufs femmes changées en Furies : « Que la plus jeune fasse le sacrifice à Koridwen, disait la plus âgée des druidesses. » Car la loi des Sènes voulait que le profanateur mourût sur-le-champ. Dédaigneux, il chantait en les bravant : « Par Bel-Héol, frappez... je ne vous crains pas, frappez le fils du soleil, filles de la lune..., prêtresses de la nuit. Frappez ! et libre je partirai pour le grand voyage. Ma langue dira mon chant de mort au milieu du cercle de pierres ; mon sang coulera dans la corne d'or, sous la main de la femme. Avance,... la corne d'or dans ta main,... la main sur le couteau,... le couteau sur la tête !... »

Et le couteau brillait dans la main d'une femme éche-

velée sur ce beau corps palpitant, garrotté sur le roc.
Mais quelquefois le regard farouche de la druidesse, fasciné par celui de sa victime, se troublait d'un vertige inconnu ; son bras se glaçait ; le couteau tombait de sa
main. Dans son œil hagard, une immense pitié succédait
à la fureur sacrée. Alors, malheur à elle..., la sacrifica-
trice devenait la victime. L'homme avait vaincu. Livrée
au vainqueur, la druidesse devait mourir à sa place.
Ses compagnes poussaient un cri d'horreur, une malédiction terrible. Elles jetaient sur l'abandonnée l'ache et
la cendre en détournant la tête. Puis, elles s'enfuyaient
à la hâte sur leurs barques, rapides comme des mouet-
tes, saisies d'épouvante, en jetant dans la nuit des notes
aiguës avec l'écume de leurs rames.

Et pour trois jours, l'île de la Mort devenait l'île de
l'Amour! Trois jours, trois nuits de grâce, trois sourires
de lune nuptiale et funèbre, voilà ce que les Sènes im-
placables accordaient à leur sœur maudite et condamnée.
Libre au vainqueur d'effeuiller sa couronne de verveine,
d'arracher tout ce qu'il pouvait au cœur de la druidesse,
domptée par l'amour et vouée au suicide ou au supplice.
Plein de stupeur et d'un effroi sacré, il contemplait cette
fiancée muette, assise au bord de sa tombe, grâce redoutable, amère volupté que lui accordait Koridwen, la
déesse de la nuit. Dans quel abandonnement de tout son
être et de sa couronne défaite, il la voyait choir jusqu'au
fond de l'abîme, d'où elle rebondissait avec des étonne-
ments, des joies, des sursauts, et les affolements de la
mort imminente. Ah ! les guirlandes d'églantine effeuil-
lées dans la grotte basse, mouillée des flots, les longues

étreintes, les baisers, les murmures entrecoupés par le
battement rythmique de la vague! Souvent elle l'inter-
rompait au milieu des plus fous transports : « Tais-toi,
disait-elle, et laisse-moi écouter... Je sais ce que murmure la pointe des arbres et quels sont les divins souffles
qui parlent dans les troncs. Je veux te dire ce que m'ont
dit de toi les génies, pendant que je dormais là-bas,
dans la forêt, sous les bouleaux, où gémissent les harpes
suspendues dans les branches. » Et elle disposait par
terre toutes sortes de rameaux d'arbres noués avec des
feuilles de chênes. Elle formait ainsi les *rufnes* ou les
lettres magiques. Et, d'après ces signes amoureusement
entrelacés, elle prédisait au chef les jours, les batailles,
la destinée inévitable, le trépas heureux et prompt ou la
dure vieillesse et l'esclavage abhorré. La nuit, avec de
grands frissons, elle s'échappait de ses bras et courait au
sommet de l'îlot inondé de la clarté lunaire. Là, avec
des gestes austères et chastes, elle invoquait pour lui les
grands ancêtres des Gaëls et des Kymris, Ogham, Gwyd
et Teudad. Puis, excitée par l'odeur de la verveine frois-
sée, elle entrait en délire. Alors le Gaulois accroupi sur
la roche sentait avec épouvante et stupeur que le monde
des ombres lui disputait déjà cette femme qu'il pressait
tout à l'heure dans ses bras chauds et puissants. Car tandis que le nimbe lunaire semblait descendre sur l'île et
qu'une brume l'enveloppait, il comprenait aux mouvements de la druidesse, à ses cris d'effroi, à ses interjections suppliantes qu'elle s'entretenait avec des fantômes
invisibles pour lui, mais que les yeux grands ouverts de
la Sène voyaient glisser dans la brume. Ah ! Koridwen

se vengeait, lui reprenait sa proie! Fou de désir, d'inquiétude, de compassion, il arrachait la prophétesse à son
délire et l'entraînait dans la grotte profonde. Là, sur
le lit de feuilles de chênes frais et de bouleau parfumé,
après les larmes délicieuses, lentement versées et longuement bues, elle l'étonnait bien davantage, en lui confiant
les grands secrets de la sagesse des druides. Elle devenait plus belle et presque terrible, ses yeux le transper-
çaient comme deux poignards, quand elle lui révélait
les trois cercles de l'existence : *Annoufen*, l'abîme
ténébreux d'où sort toute vie ; *Kilk y Abred*, où les
âmes émigrent de corps en corps ; *Kilk y Gwynfyd*, le
ciel radieux où règne le bonheur, où l'âme recouvre sa
mémoire primordiale, où elle retrouve son *Awen*, son
génie primitif. Alors elle disait de ces choses étranges et
inquiétantes qui, huit siècles plus tard, tombaient encore
des lèvres du vieux Taliésinn et faisaient faire des signes
de croix aux moines hibernais dans le couvent de Saint-
Gildas : « La mort est le milieu d'une longue vie. Gwyd,
le grand Voyant, m'a poussée hors de la nuit primitive
avec la pointe d'un bouleau ; j'ai été marquée du signe
d'une étoile par le sage des sages, dans le monde primitif où j'ai reçu l'existence. Goutte d'eau, j'ai joué dans
la nuit ; feu, j'ai dormi dans l'aurore ; j'ai été primevère
dans la prairie, serpent tacheté de la montagne, oiseau
de la forêt. J'ai transmigré, sur la terre, avant de devenir voyante. J'ai transmigré, j'ai dormi dans cent îles ;
dans cent villes j'ai demeuré. Écoute les prophéties ; ce
qui doit être sera. »

Et la troisième nuit, elle devenait sérieuse, impassible,

visionnaire sous l'étreinte. Son âme déjà semblait absente. A la première lueur de l'aube, la druidesse elle-même pressait le départ du guerrier. Gravement, elle-même attachait à son cou, comme un talisman, le collier de coquilles consacrées. Elle-même allumait une torche de résine et la fixait à la barque longue et mince, creusée dans un tronc d'arbre, qui devait emporter le héros. Cette torche signifiait l'âme de la druidesse malheureuse, qui, chassée du sanctuaire de Bel-Héol, en proie aux tempêtes de la terre, devait, après les temps révolus, guider par delà l'océan le chef qu'elle avait aimé ! Redevenue la prophétesse inabordable, la mort solennelle dans les yeux, elle-même conduisait comme dans un rêve son époux dans la barque, et puis, poussant un cri terrible, la lançait sur les flots. Alors, le rameur emporté par le flux était poursuivi par un chant doux et sauvage qui venait du rivage de l'île : « Prends garde ! tu m'as possédée vivante ; morte je te posséderai et ne te quitterai plus ! Je serai dans l'orage, je serai dans la brise. Je vibrerai dans le rayon de lune, je palpiterai dans les ténèbres ! Fils de Bel-Héol, par Koridwen, je prends possession de toi !... Souviens-toi des prophéties ! Tu me verras dans la barque du départ... Ce qui doit être sera... »

Et la druidesse, assise sur son rocher, ne voyait plus qu'une torche dansant sur les flots, image de sa propre âme qui fuyait hors d'elle-même. Quand le flambeau avait disparu, elle vidait une coupe remplie du suc empoisonné de l'if mêlé de belladone. Aussitôt un sommeil lourd engourdissait ses membres, et d'épaisses ténèbres recouvraient pour toujours les yeux de la voyante. Lorsqu'au matin les Sènes, les rameuses jalouses accouraient sur leurs barques, elles ne trouvaient plus qu'un cadavre déjà glacé par la torpeur de la mort et la rosée du matin.

Aujourd'hui, Tombelène n'est plus qu'un îlot aride, élevé à quarante mètres au-dessus de la grève. Il a pour base des rochers abrupts dont les crêtes percent au sommet le sol sablonneux. On y voit quelques pans de murailles en ruine et une grotte naturelle au midi. Quand les chrétiens baptisèrent le *Tom Bélen* du nom de Saint-Michel, la pauvre île délaissée hérita de ce nom. Est-ce le vague souvenir des scènes étranges et sauvages des temps druidiques, transmis et travesti d'âge en âge ? Est-ce une fatalité attachée à ce lieu ? Est-ce le simple effet de sa mélancolie naturelle ? Toujours de tristes légendes y ont flotté. Les trouvères du moyen âge prétendirent que la nièce du roi de Bretagne Hoël avait été enfermée là par un géant et y était morte « dolente de grand doulour ». Ils disaient qu'on entendait autour de l'îlot « grands plors, grands sospirs et grands cris »· Plus tard, les paysans de la côte racontèrent qu'une jeune fille du nom d'Hélène, n'ayant pu suivre Montgommery, son amant, qui allait avec le duc Guillaume conquérir l'Angleterre, se laissa trépasser là quand elle eut perdu de vue, dans la vapeur de l'océan, le vaisseau qui emportait sa vie. D'où viennent ces bizarres traditions répétant toujours un fait analogue ? D'où vient enfin cet usage singulier qui subsistait parmi les pêcheurs normands il y a une trentaine d'années ? Lorsqu'on lançait une barque à la mer, on allumait une chandelle à la poupe et les pêcheurs chantaient :

> La chandelle de Dieu est allumée,
> Au saint nom de Dieu soit alizée,
> Au profit du maître et de l'équipage.
> Bon temps, bon vent pour conduire la barque,
> Si Dieu plaît ! si Dieu plaît [1] !

« La chandelle de Dieu » est une survivance du flambeau de Bélen qui brûlait dans les fêtes druidiques. En elle brille encore, — inconscient, — le symbole des âmes inextinguibles tordues par le vent sur la barque du destin, et vacille un pâle, un dernier ressouvenir de la druidesse mourante, — et oubliée.

1. Beaurepaire, *Étude sur la chanson populaire en Normandie*, 1856.

II

ÉPOQUE MÉROVINGIENNE. — SAINT MICHEL ET SAINT AU-
BERT. — LES NORMANDS ET LA RELIGION D'ODIN. —
TRIOMPHE DU CHRISTIANISME

Huit siècles s'étaient écoulés depuis la conquête de la
Gaule par César. Les légions romaines avaient éclairci
à coups de hache les ombres des forêts druidiques où le
soleil ne pénétrait jamais. Les derniers représentants de
l'indépendance gauloise, Sacrovir et Civilis, étaient morts
écrasés. Les druides échappés au massacre s'étaient en-
fuis au delà de la mer, en Bretagne, et les dieux de Rome
avaient remplacé les divinités celtiques. Mais un seul
Dieu visible et tout-puissant régna sous les Romains. Il
se nommait César Auguste, empereur et pontife suprême.
Sa statue triomphale, au masque dur couronné de lau-
riers, une tête de Méduse sur la poitrine, dominait toutes
les autres, dans les temples, les thermes, les amphithéâ-
tres et les cités de pierre, que voyaient pousser avec effa-
rement les bois chevelus de la Gaule. Ce Dieu s'appelait
tour à tour Tibère, Néron, Caligula; mais il signifiait
toujours la même chose : anarchie couronnée, déification
du pouvoir politique absolu. Comme une autre tête de

Méduse, ce spectre sinistre tuait la vie sociale, la liberté
de l'individu, toutes les nobles espérances autour de lui.
Puis, les Huns, les Germains étaient venus. Saxons,
Burgondes, Hérules, Ostrogoths avaient paru presque
des libérateurs après l'étouffante tyrannie du fisc et de
la légion romaine. A Toulouse, à Bordeaux, on avait vu
des rois goths singer la majesté impériale, et les patri-
ciens, les évêques de la Gaule, les ambassadeurs de Cons-
tantinople faire antichambre à leur porte. Enfin, les derniers venus des barbares, les Franks, avaient arrêté le
flot des invasions en se fixant dans la Gaule septentrio-
nale. Une nation nouvelle, composée des éléments les
plus divers, se cherchait dans le chaos sanglant de la
royauté mérovingienne.

Pendant ces huit siècles, le christianisme avait pris
possession de la Gaule par des voies opposées à celles
du pouvoir absolu. Il changea la face du monde en
renouvelant les âmes. Les vrais vainqueurs de Rome ne
furent pas ces barbares qui se disputaient les lambeaux
de la pourpre impériale, mais ces martyrs chrétiens qui
renversaient les statues des dieux et rayonnaient d'extase,
au milieu des supplices, en bravant César tout-puissant.
Devant ces vierges pâles et sublimes, sa statue d'airain
tomba en poussière. Le Christ triompha également des
barbares en leur imposant pacifiquement sa loi par la
bouche des saints, des moines, des évêques, devant lesquels reculaient Clovis et Frédégonde.

C'est à la sombre et rude époque mérovingienne que
remonte la fondation du Mont-Saint-Michel, qui devait
prendre une place si haute dans les fastes de la France.

La légende de saint Aubert qui s'y rapporte contient évidemment un fond de vérité. Essayons de dégager le remarquable fait psychique qui lui sert de base des superstitions populaires et des embellissements de la radition cléricale.

Saint Aubert naquit en 660, aux environs d'Avranches, dans la seigneurie des Genêts, non loin du Mons Tumba, d'une des plus illustres familles de la contrée [1]. Il grandit sous le règne de l'ambitieux Ebroin, maire de Neustrie, le grand niveleur de l'époque mérovingienne. « Homme de naissance infime, disent les chroniques, qui n'aspirait qu'à tuer, à chasser ou à dépouiller de leurs honneurs tous les Franks de haute race, pour leur substituer des gens de basse origine. » Plus d'une fois le jeune Aubert avait accompagné son père à l'un de ces *màls* ou assemblées en plein air, qui étaient les grandes assises politiques du temps, où les seigneurs franks, en armes, décidaient de la guerre et de la paix, faisaient et défaisaient les rois. Car les Mérovingiens n'étaient plus, à cette époque, que des fantômes de rois, des mannequins entre les mains des maires du palais. Mais le respect superstitieux pour cette famille, épuisée par ses débauches et ses crimes, subsistait dans le peuple. La Neustrie et l'Austrasie se disputaient avec acharnement ces simulacres de royauté. Le maire usurpateur les faisait élever sur le bouclier aux acclamations des Franks, puis les enfermait dans une ville et régnait à leur place. Presque tous finissaient ou assassinés, ou honteusement

1. *Annales du Mont-Saint-Michel*, publiées par les Révérends Pères, 1876.

tonsurés, au fond d'un couvent. Ces temps, où l'on n'entendait parler que de guet-apens, de carnages et de supplices, furent aussi ceux des grandes vocations monastiques et religieuses. Dans ce déchaînement de passions furieuses naissent des âmes humbles, uniquement faites de douceur et de pitié. Saint Martin, âgé de quinze ans et soldat en Pannonie, vit passer un pauvre presque nu, auquel personne n'avait fait l'aumône. Alors, partageant son manteau en deux avec son épée, il en donna la moitié au pauvre. La nuit, il vit en rêve Jésus revêtu de cette moitié de manteau, disant aux anges qui l'entouraient : « Martin, qui est encore catéchumène, m'a donné ce manteau. » Cette profonde et intelligente charité pour les humbles fut aussi le sentiment qui domina la vie de saint Aubert. Il distribua une partie de ses biens aux églises pauvres, et, après avoir renoncé au monde, s'engagea dans l'état ecclésiastique. Il fut élu évêque d'Avranches, en 704, par le peuple et le clergé. Par nature, il était disposé à la solitude et à la contemplation.

A cette époque, la forêt de Scissy s'étendait encore, comme aux temps celtiques, jusqu'au Mons Tumba. L'évêque aimait à s'y rendre seul ou suivi de quelques diacres, pour y lire en paix les Pères de l'Église ou l'Évangile. Sous les hautes chênaies entremêlées de hêtres, où l'on n'entendait d'habitude que le mugissement des aurochs et le cri de chasse ou de guerre des seigneurs francs, on voyait passer l'évêque d'Avranches dans sa longue dalmatique blanche brodée d'or, le front incliné, sa houlette pastorale sur l'épaule. Quelques clercs le suivaient en chantant des litanies ; mais, perdu dans ses pensées, il ne les entendait pas. Il traversait la mystérieuse forêt de bouleaux, où les druidesses suspendaient jadis les petites rotes gauloises, en guise de harpes éoliennes, dont le murmure les plongeait dans le sommeil magnétique. Le peuple, fidèle aux anciennes traditions, continuait à vénérer ces arbres sous le nom d'arbres des fées et y suspendait des guirlandes. Puis Aubert gagnait le Mons Tumba, où des disciples de Colomban avaient élevé des chapelles à saint Étienne et à saint Symphorien. Il renvoyait ensuite les diacres qui l'avaient accompagné et demeurait plusieurs jours dans la grotte de l'Aquilon, passant son temps en lectures et prières. L'évêque entremêlait ses exercices religieux de longues méditations sur l'état déplorable des peuples de la Gaule, dont les luttes sanguinaires affligeaient son cœur. Il voyait les débuts effrayants de cette race maudite des Mérovingiens qui s'était jetée avec la soif barbare dans la débauche romaine. Temps lugubres ! La prédiction qu'un moine prêtait à la reine Basine, mère de Clovis, une sage païenne, s'était réalisée. Au règne des lions, des léopards et des licornes avait succédé celui des ours et des loups qui s'entre-déchiraient. Maintenant était venu celui des chiens, des rongeurs et des bêtes glapissantes. D'où viendraient l'intelligence, la force, l'unité, le salut du royaume ? Pendant une série de nuits, il fit le même rêve avec de sinistres variantes. Il voyait une barque tendue de noir, comme un grand cercueil, descendre l'un des fleuves de France. Sur cette barque se trouvait un des rois mérovingiens. Tantôt c'é-

tait un vieillard émacié de débauches, chargé de chaînes
et entouré de spectres horribles qui le maltraitaient. Le
malheureux poussait des cris en invoquant saint Denis
et saint Martin, mais en vain. Quand la barque atteignait
l'océan, une tempête effroyable la balayait, ou bien un
volcan sortait de la mer pour la dévorer comme une
bouche de feu. Tantôt c'était un jeune homme vigoureux, les mains liées sur le dos, que des mercenaires
conduisaient au fond d'un cloître pour le tonsurer. Tantôt il voyait couché dans la barque un bel adolescent
mort assassiné, enveloppé de sa longue chevelure blonde
et royale, sa pâle tête ceinte d'un pâle cercle d'or. Des
pêcheurs allaient l'enterrer pieusement sous un tertre.
Et chacun de ces rêves signifiait un règne.

Un soir d'automne, saint Aubert avait été plus triste
que de coutume. Le ciel était d'un noir d'encre ; l'horizon s'était hérissé d'écume. La houle qui grondait au
loin répondait au gémissement de la forêt. Puis une
éclaircie s'était faite. Il s'endormit paisiblement. Alors
il fit un rêve splendide qui ne ressemblait pas à ses
rêves précédents. Il vit un ange, vêtu comme un guerrier
brillant et armé d'un casque d'or, descendre sur le rocher. L'ange toucha de son épée le sommet du vieux roc
païen, qui s'écroula avec fracas dans la mer. A sa place
poussa une haute église pleine de guerriers vêtus de fer,
au-dessus desquels un chœur d'anges en prière chantait
une céleste et merveilleuse mélodie. Quand l'évêque s'é-
veilla, il se demanda ce que voulait dire cette vision sans
pouvoir la comprendre. Il s'imposa trois jours de jeûne,
après lesquels l'archange-guerrier lui apparut de nou-

veau en rêve. Cette fois-ci, son armure resplendissait de lumière. Sa face luisait comme un soleil et son glaive ressemblait à un éclair fixé dans son poing. Il regardait l'évêque d'une manière significative. — Qui es-tu ? demanda l'évêque. — L'apparition tourna vers lui son épée et Aubert eut peur. Il pencha la tête vers les saintes écritures ouvertes sur ses genoux. Aussitôt un ouragan passa sur le livre et en froissa toutes les feuilles. Il resta ouvert au xII^e chapitre de l'*Apocalypse*. La pointe de l'épée s'arrêta sur un passage, et Aubert lut à la lumière de l'ange : « Alors il y eut un combat dans le ciel, Michel et ses anges combattaient contre le dragon et le dragon combattait contre eux avec ses anges... Alors j'entendis dans le ciel une grande voix qui disait : C'est maintenant qu'est venu le salut et la force, et le règne de notre Dieu et la puissance de son Christ. » — « Je suis Michel, dit l'archange, et je protège ceux qui combattent pour le Christ. Tu m'élèveras un temple ici, pour que les enfants de ce pays m'invoquent et que je vienne à leur aide. » Et il disparut.

Aubert, timide par nature, n'osa obéir à cette injonction. Pourquoi lui demandait-on cela ? Quel but avait ce temple ? Qu'était-ce après tout que ce Michel ? Peut-être une tentation du diable, sur ce lieu voué à ses œuvres par d'anciens maléfices. Il se souvenait aussi d'un passage de l'apôtre Jean qui conseille d'éprouver les esprits. Aubert s'enveloppa précipitamment de sa dalmatique et quitta le rocher païen avec l'intention de n'y plus revenir. Il redoubla de jeûnes et d'aumônes. Mais une attraction plus forte que toutes ses terreurs le ramena vers le Mons Tumba. Lorsqu'il revint y dormir, l'archange lui apparut pour la troisième fois. Son visage était sévère. «Pourquoi, lui dit-il, confonds-tu les signes du ciel avec ceux de l'enfer, et pourquoi ne m'obéis-tu pas ? Faut-il que je te laisse un signe de moi ? » Ce disant, l'ange lui enfonça son index dans le front. Aubert sentit une douleur aiguë dans le cerveau et s'éveilla sous une vive commotion en tremblant de tous ses membres. Il s'écria avec une ferme résolution : « Je ferai ce que tu dis. » Aussitôt il sentit un grand calme, comme si une étoile était entrée dans son âme et répandait une douce splendeur en elle.

C'est à la suite de cette vision, amplifiée et matérialisée par l'histoire ecclésiastique [1], que le Mons Tumba fut consacré à saint Michel (709) et devint le célèbre sanctuaire chrétien. Aubert envoya des chanoines en Italie, au mont Gargano, le seul endroit où saint Michel eût déjà un culte. Lorsque les pèlerins revinrent, au bout d'un an, avec une pierre de l'autel de Gargano, disent les annales du Mont, le sol de la forêt de Scissy, depuis longtemps miné par l'océan, s'était effondré sous une haute marée. Le bois s'était englouti, et le Mons Tumba était devenu une île en grève. Quelques cellules, construites à son sommet, formaient le noyau de la nouvelle cité.

1. L'histoire du trou que le doigt de saint Michel aurait fait dans le crâne de saint Aubert ; celle du rocher précipité par le pied d'un enfant, ainsi que celle du taureau, empruntée à la légende du Mont-Gargan, sont évidemment des superfétations postérieures. Mais il n'y a pas de raison de douter qu'une vision ait provoqué la fondation du Mont-Saint-Michel, tant d'autres sanctuaires ayant dû leur origine à des phénomènes psychiques du même ordre.

Telle est l'origine du Mont-Saint-Michel. Peu de sanctuaires ont été fondés dans des conditions plus singulières. Saint Michel était destiné à devenir l'ange protecteur, le génie symbolique de la France royale et chevaleresque. Mais au moment où le pacifique évêque d'Avranches dédiait la roche druidique à l'archange belliqueux, la France n'existait pas encore. Il n'y avait qu'une Gaule latine en lutte avec une Gaule germanique. Voyons donc ce que signifie, dans l'histoire religieuse en général, et en particulier dans le symbolisme judéochrétien, cette imposante figure qui se dressa devant l'âme pieuse, mais nullement guerrière, du bon évêque Aubert, au commencement du viie siècle.

Dans la doctrine des mages persans, qui exerça une si grande influence sur les prophètes d'Israël et dont les traits essentiels se retrouvent dans la Kabbale juive 1, il y avait neuf catégories d'archanges ou d'Élohim, représentant les forces hiérarchisées de l'Être éternel dans l'univers. Les Ischim ou âmes glorifiées en formaient la catégorie inférieure. Le voyant de Pathmos, l'auteur de l'*Apocalypse*, où tout a un sens symbolique transcendant, personnifia cette catégorie d'esprits dans Mikaël, chef des armées célestes, qui précipite en enfer et lie le dragon, symbole de la matière inférieure et du mal. Mikaël délivre la Femme, revêtue du soleil, poursuivie par le

---

1. Dans son beau livre sur *la Kabbale* (2e édition, 1889), M. Adolphe Frank affirme et démontre l'existence, chez les juifs, d'une doctrine secrète et d'une tradition orale indépendante de leur tradition écrite, qui s'est conservée jusqu'au moyen âge et fut rédigée alors dans le livre du *Zohar* et du *Sépher Jetzirah*. M. Franck trouve l'origine de cette doctrine dans celle des mages persans.

dragon. Celle-ci, après sa délivrance, se sent pousser des ailes d'aigle et gagne les hauteurs de l'empyrée, image de l'Ame humaine, dont les forces sont centuplées par l'Intuition reconquise [1].

Il est intéressant de constater que la figure de l'archange vengeur, qui symbolisait déjà la justice divine, pour les mages de la Perse et de la Chaldée comme pour les prophètes d'Israël, reparaît périodiquement dans le rêve d'obscurs voyants, aux époques qui précèdent de très grandes luttes religieuses. La science contemporaine voit dans de tels faits de simples hallucinations provenant des idées régnantes d'une époque. Les philosophes de l'école d'Alexandrie disaient que les inspirations qui viennent à l'homme du monde spirituel lui arrivent quelquefois sous forme de visions et revêtent ordinairement la figure la plus familière à l'imagination d'une époque. Ainsi, un Grec verra l'Apollon delphien, et un chrétien, dans des circonstances et un état psychique analogues, verra l'archange Michel. Ces inspirations seraient donc de véritables suggestions prophétiques.

Quand le visionnaire de Pathmos vit se dresser devant son esprit la figure de Mikaël, c'était peu avant la grande lutte du christianisme avec Rome. Au ive siècle, l'évêque de Siponte vit en songe saint Michel, qui lui ordonna de lui construire un sanctuaire au mont Gargano ; c'était peu avant les grandes invasions des barbares, qui devaient à leur tour être vaincus et conquis par le christianisme. Au commencement du viiie siècle, l'évêque

---

1. *Apocalypse,* ch. xii.

d'Avranches est troublé par la même apparition, qui lui commande d'élever un sanctuaire au Mons Tumba, ce que le pieux évêque fait presque malgré lui. Le fait prend sa vraie signification, si l'on considère qu'il eut lieu vingt ans après la bataille de Testri (687), qui marque la défaite de la dynastie mérovingienne et vingt-cinq ans avant la bataille de Poitiers (732), où Karl Martel défit les Sarrasins, bataille qui marque le commencement de la dynastie carolingienne et l'aurore de la France. Plus tard seulement, le sens de la vision et du symbole apparaîtra au grand jour. Le Mont-Saint-Michel deviendra le phare de l'idéal chrétien et chevaleresque. Il luira comme l'étoile mystique de l'âme française, sa lumière éclairera les héros et les destinées supérieures de la nation. Charlemagne et saint Louis lui rendront hommage. Son rayon guidera les croisés jusqu'au Saint-Sépulcre. Dans la guerre de Cent ans, le Mont-Saint-Michel sera le boulevard de la France envahie contre l'Angleterre. Du Guesclin y cherchera un appui et un refuge. Enfin, dans les forêts de la Lorraine, à l'ombre du hêtre des fées, l'image de l'archange resplendissant apparue à une bergère voyante réveillera la patrie française par le cœur de Jeanne d'Arc.

Le vieux sanctuaire celtique, le rocher de Bel-Héol, consacré au génie de la France chevaleresque trois cents ans avant que la France ne soit née, n'est-ce pas un phénomène frappant ? Il y a ainsi, dans l'histoire, des anticipations prophétiques qui ressemblent à des manifestations du génie latent des peuples futurs, à des jalons mystérieux de la Providence.

La dernière invasion, celle des Normands, ne fut pas la moins terrible. Charlemagne s'était déjà inquiété de ces rois de mer, « qui ne dormaient jamais sous les poutres enfumées d'un toit et ne vidaient jamais la corne de bière auprès d'un foyer habité ». Il était devenu pensif à la vue de ces pirates du Nord, qui, sur de longs vaisseaux appelés serpents de mer, rasaient les côtes et rôdaient aux embouchures des fleuves. Avec leurs proues élancées, sculptées et peintes en têtes de dragon, avec leurs voiles rouges rayées de noir, ces navires ressemblaient à des bêtes fantastiques, à des monstres terriblement vivants. Admirablement construits, munis de rameurs excellents, « ces chevaux de mer, » — c'est ainsi que les Norvégiens eux-mêmes les nommaient, — montaient légèrement sur les plus grosses vagues et semblaient hennir de joie au fort de la tempête. Vers le milieu du ixe siècle, ces incursions partielles, qui duraient depuis longtemps, prirent le caractère d'une véritable invasion. Un grand nombre de Vikings, ne voulant pas se soumettre à la domination du roi Harald Harfagar, fuyaient la Norvège et cherchaient une patrie nouvelle. Ils s'établissaient aux estuaires des fleuves, dans des camps palissadés, et, pénétrant dans l'intérieur des terres sur leurs navires, dévastaient le pays en tous sens. On les voyait venir dans un flamboiement d'épées, chassant devant eux les populations en fuite ; puis ils repartaient avec leur butin, laissant derrière eux la fumée de l'incendie et des spirales de corbeaux tournoyant dans le ciel gris comme des feuilles mortes. Ces hommes du Nord apparaissent comme les derniers représentants de la religion odinique, qui fut celle de tous les Germains et qui devait donner, en Neustrie, son dernier assaut au christianisme et à la France naissante.

La religion d'Odin semble avoir été créée par un Scandinave, qui aurait été initié à la religion de Zoroastre et qui l'aurait appliquée aux mœurs et aux passions d'un peuple barbare, en haine de l'empire romain, et pour préparer ce peuple à une immense invasion. Tous ces Vikings prétendaient descendre du fameux Odin Frighe qui était sorti à une date inconnue, — probablement après la mort de Mithridate, — de la ville d'Asgard située sur le bas Volga, avec le peuple des Ases. Ce roi avait conquis les pays limitrophes de la Baltique, fondé Odensee en Fionie et Siegtuna, la ville de la victoire, en Suède. Cet Odin Frighe, plus tard divinisé par les Scaldes et identifié avec le Dieu suprême, Wôdan, fut évidemment l'organisateur primitif de la religion scandinave et germanique. Religion de pirates héroïques, de guerre et de conquête, mettant la divinité de l'homme dans ses instincts les plus farouches, courage sans peur, désir sans limite, liberté sans frein. Religion d'hommes fiers et orgueilleux qui ne voulaient se plier devant rien. Odin ne reçoit dans le Walhall que les guerriers morts sur le champ de bataille. Quand on lui demande pourquoi il attend Érik avec plus d'impatience que les autres guerriers, il répond : « Parce que dans les contrées diverses il a rougi son glaive et brandi son épée sanglante. » Le scalde Œvind fait parler ainsi le Dieu. Le souffle d'audace, l'indépendance fougueuse qui animent cette mythologie lui prêtent une grandeur sauvage. Mais

il lui manque l'élévation morale et tout principe d'universalité. Une telle religion ne peut enfanter que la guerre
de tous contre tous. Le roi guerrier et pontife qui l'in-
venta était un homme de génie. Car il avait compris l'esprit et la destinée de sa race. Mais il semble aussi avoir
compris l'insuffisance de son principe par l'idée qu'il se
fait de la fin du monde. Dans la religion de Zoroastre, qui
servit de modèle à la religion odinique, le bien finit par
triompher du mal. Dans celle d'Odin, c'est le mal qui finit
par avoir raison du bien, et l'univers s'effondre dans un
effroyable cataclysme, où les dieux même sont engloutis.
Sombre prédiction de la Saga qui domine les cris de joie
des Vikings, triste lendemain de toutes leurs victoires.

En l'an 841, les bénédictins du Mont-Saint-Michel
virent arriver une flottille de Normands. Les pirates
abordèrent pour voir si ce rocher pourrait leur servir de
retraite. Ils entrèrent en conversation avec les religieux,
au moyen d'un interprète saxon qu'ils traînaient avec eux
et qui savait à peu près toutes les langues du continent. —
Pourquoi habitez-vous ici ? demandèrent les Normands
au prieur, il n'y a ici ni troupeaux ni champs à labou-
rer. — Nous servons Notre-Seigneur. — Où est-il ? —
Le prieur leur montra l'image du Christ crucifié, peinte
sur une tablette de bois blanc et pendue à leur poitrine
par une chaîne d'argent. Les barbares se regardèrent
entre eux avec étonnement. — Mais qui vous protège
contre les ennemis ? — Le guerrier invisible auquel ce
sanctuaire a été dédié, un ange du très puissant roi du
ciel, dirent les religieux. — De tous les hommes que
nous avons vus, reprit le chef normand, vous êtes les

plus pauvres et les plus misérables, mais votre dieu est encore plus misérable que vous. Sachez que nous autres nous n'obéissons qu'à nous-mêmes ! Nous allons dévaster ce pays jusqu'à la source des fleuves et tout ce que nous allons conquérir nous appartiendra sans réserve. — Eh bien ! dit le prieur, bientôt vous viendrez rendre hommage à ce Dieu et à son ange. — Les pirates se mirent à rire et s'en allèrent en chantant : « Nous avons frappé de l'épée ! Le souffle de la tempête aide nos rameurs ; le mugissement du ciel, les coups de la foudre ne nous nuisent pas, l'ouragan est à notre service et nous jette où nous voulons aller. Nous frapperons de l'épée ! » Et leur chant se perdit dans une clameur tronquée.

Pendant cent ans, les Normands ravagèrent la France. Ils pillèrent bien des abbayes et brûlèrent bien des villes. Repoussés enfin par les Français qui commençaient à se sentir une nation, ils se cantonnèrent en Normandie. Alors, les Normands adoptèrent la langue des vaincus et devinrent les seigneurs du pays. Quand Charles le Simple offrit au duc Rollon sa fille en mariage et la cession du duché de Normandie à condition de rendre hommage au roi de France et de se convertir au christianisme, le Normand n'hésita pas et se fit baptiser en grande pompe à Rouen : ses compagnons l'imitèrent. La plupart d'entre eux étaient restés païens au fond du cœur. Mais, en gens avisés, ils avaient compris qu'ils avaient besoin des hommes d'église pour gouverner le peuple. Dès lors, les Normands épousèrent les femmes du pays, et c'est ce qui acheva leur conversion. Une légende normande représente curieusement ce fait. Des

moines avaient apporté à Gournay le chef de saint Hildevert dans une châsse. Lorsqu'on voulut enlever la
châsse de terre, personne ne put la soulever ; elle était
devenue lourde comme du plomb. Le peuple s'ameuta.
Alors le chef norvégien du lieu, Hauk, fils de Ragnwald,
irrité de ce miracle, ordonna qu'on fît avec la tête du
saint l'épreuve du feu, selon la mode barbare. Il fit faire
un grand feu devant la pierre de justice et s'assit devant
avec sa femme et ses guerriers, puis il ordonna à ses
hommes de jeter la tête du saint dans le brasier, ce qu'ils
firent immédiatement. Mais le chef de saint Hildevert,
au lieu de se consumer, s'éleva lentement au-dessus des
flammes et alla se poser sur les genoux de la femme du
chef norvégien. Celle-ci le prit pieusement entre ses mains
et le rendit aux moines, ce que voyant, Hauk se convertit. — Cette légende symbolise, sous une forme naïve,
une vérité historique et morale, à savoir que les femmes
servirent d'intermédiaire entre la nouvelle religion et
les barbares. Le christianisme trouva un écho dans la
mansuétude de leur cœur, s'insinua par elles dans ces
âmes farouches.

Cent ans avaient donc suffi pour réaliser la prédiction
du prieur de Saint-Michel. Le descendant des Vikings,
le pirate Rollon, fut un de ceux qui aidèrent à élever la
basilique du Mont par ses riches dotations, et la grosse
cloche de l'abbaye, celle qu'on sonnait en cas d'alarme,
prit le nom de cloche Rollon.

III

ÉPOQUE CHEVALERESQUE, LA LUTTE AVEC L'ANGLETERRE. —
DU GUESCLIN — LE CHEVALIER DE LA FRANCE

Valmiki, Homère, Virgile, le Tasse, tous les grands poètes épiques, nous représentent les dieux invisibles combattant au-dessus de leur héros. A cette conception répond, dans la tragédie d'Eschyle et de Sophocle, le chœur qui ressemble souvent à la voix du destin ou à l'œil des dieux fixé sur le drame humain. Dans la pensée de ces grands poètes, qui furent de grands intuitifs et de grands initiés, cette conception est plus qu'un jeu de l'imagination, c'est la représentation poétique d'une vérité spirituelle, qui, pour être occulte et insaisissable, n'en est que plus profonde et plus active. Au-dessus et au fond de toutes les batailles humaines, il y a des idées éternelles, concepts vivant d'une vie propre, véritables puissances morales en lutte. Du triomphe des unes ou des autres dépendent souvent les destinées de l'humanité. Quand l'épée de Saint Michel eut dispersé les corbeaux d'Odin et repoussé le croissant de Mahomet, un nouveau type de l'homme émergea lentement du sombre et sinistre chaos féodal. Il apparut brillant dans son armure claire, sur son coursier blasonné et fleurdelisé, le pennon droit dans sa main, si haut et si pur qu'il en était presque inaccessible. Ce nouvel idéal était le chevalier.

Le héros antique mourait pour sa cité, le barbare pour son indépendance. Produit des races du Nord fécondées par le christianisme, le chevalier combat pour sa foi, c'est-à-dire pour un idéal humain et universel, pour un but qui dépasse sa vie terrestre et nationale. Qu'il porte les couleurs de sa dame, la devise de son roi ou le signe du Christ sur sa poitrine, toujours il se bat pour des choses que la réalité ne représente qu'imparfaitement, lorsqu'elle ne leur donne pas de cruels démentis, Il tombe facilement du sublime dans le ridicule. On peut le trouver chimérique, car il est l'idéaliste en action. Malgré toutes les défaillances, ce type laissera dans la conscience humaine un sillon de lumière.

Si l'idéal chevaleresque et la conscience de la chrétienté sont sortis des croisades, la patrie française est sortie de la guerre de Cent ans. Cette conscience avait déjà tressailli dans la chanson de Roland, où le nom de « douce France » vibre avec une émotion particulière quand les preux, revenant d'Espagne, aperçoivent du haut des Pyrénées les rives de l'Adour. M. Gaston Paris a dit justement, à propos de ce poème : « Au-dessus des constructions toutes mécaniques de notre centralisation, l'unité française a une raison d'être durable qui se manifeste avec énergie dans notre poésie héroïque, et qui est fondée sur ce qu'il y a dans l'humanité de plus profond et de plus noble, l'amour, l'honneur et le dévouement [1]. » Mais ce fut dans la longue et terrible lutte avec l'Angleterre, que les provinces diverses dont se composait la France se ramassèrent sous les coups de l'étranger. Les peuples ont une âme dont l'instinct de conservation agit comme celui de tous les êtres vivants. Quand la fleur de la chevalerie française fut tombée à Crécy sous les archers anglais, quand le roi Jean, fait prisonnier à Poitiers, fut emmené à Londres, quand l'Angleterre tint Calais et Bordeaux, la Bretagne, la Guyenne, presque toutes les côtes, la France comprit qu'il fallait périr ou extirper le polype qui s'enfonçait dans ses chairs. La résistance commença dans cette Bretagne celtique qui ne voulait pas être française, mais qui voulait encore moins devenir anglaise. Les landes du Maine et de l'Anjou, les forêts de l'Ille-et-Vilaine, ces paysages abrupts de Bretagne, semés parmi les rocs de tristes fleurs, virent les premiers partisans qui jurèrent de chasser l'Anglais de France.

Le Mont-Saint-Michel joua un grand rôle dans cette lutte. Devenu forteresse au xiiie siècle par la construction de la Merveille il fut, pendant cette guerre interminable, le boulevard de la Normandie. Le roi de France, ayant compris l'importance de ce point stratégique et le prestige qui s'attachait à sa possession, fit du Mont une capitainerie. Il devint place de guerre sans cesser d'être couvent, et les vassaux de treize fiefs vinrent le défendre. Les Anglais assiégèrent trois fois le Mont-Saint-Michel et ne purent jamais le prendre. Le dernier de ces sièges,

1. Gaston Paris, *la Poésie du moyen âge*, 1885.

où Louis d'Estouteville repoussa un formidable assaut des Anglais avec cent dix-neuf chevaliers, est resté célèbre [1]. Mais plus attirante que tous ces épisodes est la figure de Bertrand Du Guesclin, qui fut capitaine de Pontorson et du Mont-Saint-Michel à la fin du XIVe siècle. Ce personnage n'occupe peut-être pas, dans nos histoires de France, la grande place qui lui revient dans la formation de l'âme et de la patrie françaises. Cette place, il la mérite d'abord parce qu'il offre un des plus beaux types du chevalier, et ensuite parce qu'il fut un des premiers en qui et par qui la France se reconnut et se constitua. Arrêtons-nous donc un instant devant ce fier Breton, qui se dresse au-dessus de ses contemporains comme un menhir au-dessus de petites rocailles.

Il naquit en 1320, près de Rennes, au château de Mothe-Broon, l'aîné de quatre fils et de six filles [2]. Sa laideur le fit détester de son père et de sa mère, « de telle façon que souvent en leur cœur ils souhaitaient le voir mort ou noyé ». La privation de caresses produisit chez l'enfant l'obstination, la désobéissance, la révolte. Les valets le traitaient avec mépris et ils avaient pour ses frères et ses sœurs de mortifiantes préférences. Cette injustice flagrante souleva les passions violentes de sa forte nature, car le petit Bertrand avait une âme fière et indomptable. A six ans, mis à l'écart sur une chaise basse, sa mère et ses frères assis autour de la table, il prit un bâton, sauta sur la table et s'écria : « Vous mangez les

1. Dom Hugues, *Histoire générale de l'Abbaye.* t. II, p. 115.
2. On connaît la vie de Du Guesclin, par Froissart, par la chronique de Cuvelier et par la chronique anonyme.

premiers, je suis obligé d'attendre comme un vilain. Je veux être à table avec vous; si vous dites un mot, je renverse tout. » Et comme sa mère le menaçait du fouet, il brisa tous les plats. A partir de ce moment, il fut considéré comme un vrai démon dans sa famille. Il ne l'était pas cependant; un vrai fond de bonté se cachait sous cette rude écorce. A quelque temps de là, une religieuse vint en visite au château. C'était une juive convertie, très considérée pour son habileté en médecine et en chiromancie. Voyant Bertrand relégué dans un coin, traité de pâtre et de charretier par ses parents, elle lui dit : « Mon enfant, que celui qui a souffert la passion vous bénisse ! » Bertrand, croyant qu'elle voulait se moquer de lui comme les autres, la menaça de la frapper. Mais la religieuse lui prit la main d'un air compatissant, et, après avoir longuement étudié les lignes de la paume, lui prédit qu'il serait sage et heureux et que personne, dans le royaume de France, ne serait plus considéré. Vaincu par cette sympathie inaccoutumée, l'enfant changea subitement d'attitude. Un domestique passait, tenant un paon rôti sur un plat. Bertrand le prit, le plaça devant la religieuse et, s'excusant d'avoir si mal accueilli ses gentillesses, lui versa du vin clair et se mit à la servir comme un page soumis et gracieux. Attendrie par cette métamorphose, sa mère le traita mieux à partir de ce jour, mais son père continua à le considérer comme un rustre et un porte-malheur.

A dix-sept ans, Du Guesclin était homme fait, musculeux et solidement bâti. Taille moyenne, peau brune, nez camard, yeux gris clair, larges épaules, bras longs

et mains petites. Quand éclata la guerre pour la succes-
sion du duché de Bretagne, Du Guesclin prit parti pour
Charles de Blois, qui rendait hommage au roi de France,
contre Simon de Montfort, qui reconnaissait le roi d'Angleterre. A partir de ce moment, sa vie fut une série inin-
terrompue d'aventures : sièges de châteaux et de villes,
assauts, embuscades, batailles rangées, attaques nocturnes. Il se fit une petite armée, et bientôt le cri de : « Guesclin ! » fut redouté dans toute la Bretagne.

Cependant le dauphin de France et les états généraux
avaient refusé de ratifier le traité désastreux par lequel
le roi Jean, prisonnier à Londres, cédait aux Anglais
les deux tiers de la France. Là-dessus Édouard III envoya
le duc de Lancastre envahir de nouveau la Bretagne. Du
Guesclin fut chargé de la défense de Dinan. Un épisode
de ce siège peint au vif les mœurs d'alors et le caractère de
Du Guesclin. Pendant une suspension d'armes, Olivier,
frère cadet de Bertrand, alla prendre le frais hors la ville.
Un chevalier anglais de beaucoup de morgue, Thomas
Cantorbéry, se jeta sur lui avec quatre écuyers et le fit
prisonnier malgré la trêve des deux armées. Aussitôt Du
Guesclin monte à cheval et court au camp anglais. Il
trouve le duc de Lancastre jouant aux échecs avec le célèbre Jean Chandos, en présence du comte de Montfort, de
Robert Knolles, fameux chef des grandes compagnies,
et d'autres seigneurs anglais. Le chevalier breton met
respectueusement un genou en terre. Le duc le relève et
lui offre du vin. Mais Bertrand demande justice. On appelle Thomas, qui froidement jette son gant devant Du
Guesclin. Celui-ci le ramasse et dit : « Faux chevalier !

Traître ! je vous ferai avouer devant tous les seigneurs ou à honte mourrai. » Le duel eut lieu dans Dinan même sur la place du marché, en présence du duc de Lancastre venu avec escorte et reçu en hôte dans la ville qu'il assiégeait. Penhoët, gouverneur de Dinan, fut le gardien du champ. Du Guesclin parut à cheval, bardé, ganté de fer, bassinet en tête, lance au poing. Sir Robert Knolles, prévoyant que le combat serait terrible, voulut proposer un accommodement pour son ami. Mais Bertrand répondit avec indignation : « J'ai Dieu et la Vierge Marie à témoin que le faux chevalier ne m'échappera, que je ne lui ai montré ma force et maistrie. Ou je le détruirai ou j'y laisserai ma vie, si devant la compagnie ne me veut rendre son épée par la pointe aiguë, en disant : Je me rends à votre commandement. — Il ne le fera mie, répondit vivement sir Robert Knolles. — Certes, dit Bertrand, ce serait grand'folie, car on doit plus redouter vilenie que mort. — Par saint Michel et saint Denis ! à la rescousse ! clament les hérauts français. — A la rescousse ! par saint Georges et Lancastre ! répondent les Anglais. Les fanfares stridentes éclatent, les deux champions piquent de l'éperon et se rencontrent au milieu de la place. « Par-dessus les écus, les lances sont froissées et le feu est sailli ; mais ni l'un ni l'autre ne clina. » Ils se passent dans la course et, revenant sur eux, ils tirent leurs épées. Las de frapper sur l'écu et la chemise de fer, les voilà qui se prennent corps à corps et ne se lâchent plus. Sous eux les chevaux écumants hennissent et se cabrent, sans pouvoir les séparer ni lancer hors de leurs arçons. Les chevaliers-centaures vont s'étouffer.

Enfin, l'Anglais laisse choir son épée. Aussitôt Du Guesclin saute à bas du cheval et jette l'arme de l'adversaire
hors du champ. Ce que voyant, l'Anglais s'élance ventre
à terre sur le piéton pour le renverser. Bertrand esquive
la charge, pique le cheval qui se cabre; le cavalier tré-
buche et roule par terre. Alors Bertrand fond sur lui
« comme lion crêté » et l'aveugle de coups. Knolles s'in-
terpose : « Vous en avez fait assez pour l'honneur. Je vous
requiers que vous vouliez bailler votre champion au duc.
Bon gré vous en aura. — Je l'octroie, dit Bertrand, tout
à votre désir. » Et s'agenouillant devant le duc de Lancastre : « Noble duc, ne me veuillez haïr ni blâmer ; ne
fut pour votre amour, il eût été occis. — Il ne mérite
guère mieux, reprit le duc, et de tant qu'en avez fait on
vous doit bien priser. Votre frère Olivier aurez hors de
prison. » Ce combat acharné et chevaleresque de Du
Guesclin pour son frère est l'image de sa destinée. C'est
ainsi qu'il lutta toute sa vie pour arracher la France à
l'étreinte de l'Angleterre.

Tiphaine Ravenel, jeune fille noble, âgée de vingt-quatre
ans, et qu'on appelait « la belle de Dinan », prédit cette
victoire à Du Guesclin. « Elle avait, dit le chroniqueur,
du sens d'astronomie et de philosophie, était bien écolée,
et c'était la plus sage et la mieux doctrinée du pays. »
Du Guesclin, qui n'était ni sentimental ni superstitieux,
se moqua de la prédiction. « Va, fol, dit-il à son écuyer,
qui en femme se fie n'est mie sage. » Cependant plus
tard, entre deux guerres, il se souvint de Tiphaine et
l'épousa. Elle vint habiter avec lui la capitainerie de
Pontorson. Pour la mettre à l'abri des coups de main,

Du Guesclin lui fit construire une maison de retraite sur le Mont-Saint-Michel. C'est là que la tradition a conservé sa pensive et chaste figure. Elle l'imagine dans une de ces robes blanches à traîne qui dessinent le corps svelte, coiffée du long hennin breton. Elle la voit sur la terrasse de sa demeure, en face de la baie silencieuse, étudiant les astres, sous la splendeur tranquille des longues nuits étoilées dont le calme n'était rompu que par le cri des sentinelles ou par la psalmodie des bénédictins. Elle la voit encore dans sa tourelle ronde, entourée de cartes célestes, traçant de grands cercles sur des feuilles de vélin et y disposant les signes du zodiaque avec les planètes pour trouver l'horoscope de son mari, pendant qu'il guerroyait en Espagne ou en Navarre. Peut-être la méditative figure de l'épouse fidèle, seul point fixe dans la tourmente de sa vie batailleuse, lui apparaissait-elle quelquefois dans ses rêves de la tente, sous l'apparence d'une vierge sage, une lampe d'argent en forme de colombe à la main. Son regard clair et doux sondait le lointain, et de la lampe partait un mince rayon qui allait illuminer, à une distance incommensurable, le grand portail d'une cathédrale, sur laquelle le guerrier déjà grisonnant et couvert de blessures lisait avec un frisson de triomphe le mot de : *France !* Peut-être aussi Tiphaine cultiva-t-elle en son mari ce sentiment de protection vis-à-vis des faibles qui lui était inné malgré la rudesse de son naturel belliqueux.

Ce sentiment s'affirma dans une circonstance mémorable. Le roi de France, Charles V, confia à Du Guesclin une difficile besogne, celle de débarrasser la France des grandes compagnies de soldats mercenaires qui suçaient

le pays jusqu'à la moelle et que commandait le terrible
condottière anglais Hugh Caverley. Du Guesclin mène
l'entreprise en habile diplomate, en chef expérimenté. Il
va trouver le grand condottière entouré de ses acolytes,
et les allume si bien à ses discours qu'il les entraîne,
sous son commandement, en Espagne, contre Pierre le
Cruel et les Anglais.

Cependant le pape Urbain V, qui résidait à Avignon,
ayant appris l'approche des grandes compagnies, eut
peur et leur envoya un de ses cardinaux. « Le cardinal,
qui mieux eût aimé aller chanter sa messe, dit à son
chapelain : Dolent suis qu'on m'ait mis en cette besogne,
car on m'envoie vers une gent enragée, qui conscience
n'ont. Plût à Dieu que le pape y fût en sa jolie chape ! »
Les soudards s'inclinèrent bénignement devant le cardinal, « encore, dit le chroniqueur, qu'il y en eût assez
qui voulussent plutôt rober son vêtement ». Bertrand
réclama pour les grandes compagnies, dont il avait pris
le commandement, l'absolution et 200.000 besans d'or.
« Nous les faisons honnêtes malgré eux. Dites au pape
ce fait, car nous ne les pourrions emmener autrement. »
Pour lever la grosse somme, un des cardinaux proposa
d'y faire contribuer tous les habitants d'Avignon, chacun
selon ses moyens, « par quoi le trésor de Dieu ne fut
point amoindri ». La proposition fut immédiatement
adoptée par le conclave. Quand Du Guesclin apprit cela,
il se fâcha grandement et se mit à discourir du clergé
en termes peu révérencieux, disant qu'il voyait des chrétiens pleins de convoitise et de mauvaise foi ; que la
vanité, l'avarice, l'orgueil et la cruauté étaient dans

l'Église ; que ceux qui devraient donner leur bien pour la cause de Dieu étaient ceux qui prennent partout, tenant leurs coffres le mieux fermés et ne donnant jamais rien du leur. « Par la foi que je dois en la Sainte-Trinité, dit-il, je ne prendrai un denier de ce que pauvre gent a payé. » Quand le prévôt apporta la somme, le Breton la renvoya, ordonnant qu'elle fût rendue au peuple. Il exigea qu'elle sortît du trésor du pape. « Et dites-lui encore qu'il ne soit reculé ; car si le savais et que je fusse outremer, je retournerais et le pape n'en serait mie content ! » Grâce à cette ferme attitude, Du Guesclin obtint ce qu'il voulait. On voit par là à quel point il prit au sérieux son rôle de chevalier. La chanson populaire de Bretagne l'appelle « le droit seigneur » et lui fait dire cette belle parole : « Celui que Dieu protège doit protéger les autres. » Lui-même, dans ses grandes indignations, ne cessait d'appeler Dieu « le droiturier ». Droiturier et justicier, il le fut dans la force du terme. En ce triste xive siècle, en ce temps de désolation et d'exactions qui justifia les jaqueries, au milieu des horreurs de la guerre de Cent ans et du découragement universel, Du Guesclin ressemble au chevalier d'Albert Dürer. Il s'avance au pas, sur un destrier aussi pensif et aussi intrépide que son maître. Sur son chemin, entre les racines convulsées d'une forêt morte, surgissent deux figures macabres : un squelette et un être bestial à tête de bouc. C'est la mort et le diable qui le guettent au passage. Mais il ne les voit pas. Serré dans sa carapace de fer, la lance haute, les rênes en main, la tête légèrement inclinée, impassible, il poursuit son but lointain.

Charles le Sage le fit connétable de France. Du Guesclin n'accepta qu'à contre-cœur la lourde charge dont il sentait tout le poids. Avant de mourir, Du Guesclin devait connaître l'épreuve suprême d'être méconnu par celui pour lequel il combattait, et celle, plus amère encore, de douter de son œuvre. Lentement, infatigablement, suivant et harcelant l'armée anglaise avec une persévérance de Fabius Cunctator, il avait reconquis la Saintonge, le Rouergue, le Périgord, le Limousin. Mais, pour achever sa victoire, Charles le Sage voulut joindre à sa couronne le riche fleuron de la Bretagne. Celle-ci, toujours indépendante, aussi rebelle au joug des Valois qu'à celui des Plantagenets, sentit bondir en elle tout son vieux sang celtique et se leva comme un seul homme contre le roi de France. Du Guesclin, envoyé pour soumettre son propre pays avec une petite armée, fut renié, abandonné par tous les siens. Pour la première fois, il hésita et fut envahi par une crainte superstitieuse. Pouvait-il, avec une faible troupe, briser la volonté d'une héroïque province, braver sa terre natale ? Le dur Breton s'arrêta devant le granit de la vieille Bretagne et fit demander des secours au roi. Aussitôt ses ennemis le calomnièrent, l'accusèrent de trahison, et Charles le Sage eut la faiblesse de prêter l'oreille à ces insinuations. En l'apprenant, Du Guesclin sentit toute l'amertume de cette injustice; il en éprouva la plus grande douleur de sa vie. Immédiatement, il renvoya au roi son épée de connétable. Charles le Sage, comprenant son erreur, la lui fit rapporter par Charles de Blois. Mais le vieux guerrier n'en était pas moins blessé au cœur, dans son sentiment le plus profond, celui de féal chevalier, dans la foi même de sa vie, sa foi au roi de France. Tristement il s'en alla guerroyer dans la Lozère. Au siège de Châteauneuf, il fut pris d'une fièvre mortelle qui devait l'emporter.

La dernière scène de cette vie est empreinte d'une grandeur austère et significative. Se sentant près de la mort, le connétable se fit revêtir de son armure et se coucha sur son lit de camp. Par la fente de la tente entr'ouverte, on apercevait des soldats inquiets, la tête nue, — puis des catapultes, des tours en bois, des machines de siège, au loin les murs de Châteauneuf. La garnison avait offert de capituler si, à un jour donné, elle n'était secourue par le roi d'Angleterre. On était à la veille de ce jour, et le grand connétable expirait, son œil mourant et toujours redoutable fixé sur la citadelle ennemie. Il remit son épée au maréchal de Sancerre, en le priant de la rendre au roi, « qu'il n'avait jamais trahi ». Puis il embrassa ses compagnons d'armes en les priant de toujours respecter « les femmes, les enfants et le pauvre peuple ». Il mourut peu après. Le gouverneur de la ville avait juré de ne se rendre qu'à Du Guesclin ; mais tel était le prestige du connétable, qu'en apprenant sa mort, le gouverneur vint déposer les clés de la ville devant celui qui avait été le premier et le plus loyal chevalier de la France, devant celui qui, prisonnier du prince de Galles, avait pu dire : « Si le roi Charles ne peut m'aider, j'ose me vanter qu'il n'est fileuse en France qui ne veuille gagner ma rançon en filant. »

Mais qui dira les dernières images, les suprêmes pensées qui passèrent devant l'esprit du guerrier blessé dans son honneur? Comme un paladin de Charlemagne, il s'était battu toute sa vie pour « douce France » et pour le roi en qui elle s'incarnait. Or ce roi avait douté de lui, et cette France ressemblait toujours à une veuve assise au milieu des ruines fumantes de son sol déchiqueté et des cadavres amoncelés de ses enfants. Qu'allait-elle devenir et à quoi bon tant de sang versé? Ah! si son regard avait pu percer l'avenir; si, dans une de ces visions par lesquelles les mourants pénètrent quelquefois le mystère des destinées, il avait pu déchirer les sombres voiles qui l'enveloppaient, — une apparition étrange, lumineuse, signe des temps nouveaux, l'eût consolé. Il aurait vu une simple bergère, conduite par les voix qu'elle entendait dans la forêt, sortir de ses bois; il aurait vu la douce fille, dont la belle âme rayonnait sur son franc visage, se pencher sur lui, et saisir dans ses mains de vierge cette épée de connétable qu'il ne quittait qu'à regret. Il eût pleuré de joie et d'admiration en voyant l'humble paysanne presser longuement cette épée sur son cœur, comme pour y faire passer son âme, et puis la brandir avec une telle force et une telle foi que de son éclair naquit la France, la vraie France, celle qui commençait à palpiter mystérieusement dans les cœurs attentifs et généreux !

Oui, Du Guesclin fut le précurseur de Jeanne d'Arc. L'âme française, encore liée à la féodalité, mais déjà puissante et hardie, s'ébauche dans « le droit chevalier ». Elle jaillit libre, spontanée, impétueuse dans la bonne Jeanne, qui, par la pureté de son cœur, fut la grande voyante de la patrie et qui nous apparaît, par son beau courage, l'ange armé de la France.

IV

CONCLUSION

RÔLE DU MONT-SAINT-MICHEL DANS L'HISTOIRE.

LE GÉNIE DE LA FRANCE ET SON SYMBOLE

Je viens de donner un aperçu du rôle du Mont-Saint-Michel dans l'histoire de France, du VIIIe au XVe siècle, époque qui est pour l'âme française la période de formation héroïque et créatrice. Son rôle actif finit avec l'affranchissement de la France par Jeanne d'Arc. La royauté bourgeoise, politique et prosaïque, tracassière et financière, de Louis XI met fin à l'époque chevaleresque. Les temps modernes commencent. Du même coup, le vieux sanctuaire normand cesse d'être un centre inspirateur. Comme si son idéale mission était terminée, la figure de l'archange ne passe plus dans les songes des moines et des guerriers, des voyantes et des bergères. Le roi peureux, hypocrite et vindicatif, va bien faire des pèlerinages à l'abbaye et fonder l'ordre des chevaliers de Saint-Michel, il ne peut que lui jeter un mauvais sort. L'ordre sera stérile, le sanctuaire ira dépérissant, profané par d'indignes destinations. Louis XIV, le grand roi, s'en désintéressera au point d'en faire une prison. Il y fera enfermer le gazetier Dubourg, qui l'avait insulté, et le malheureux y mourra de froid et de faim, rongé par les rats. L'exemple était donné. La Convention fit du Mont-Saint-Michel une prison d'État. Napoléon la transforma en maison de correction, la Restauration en prison centrale. Parmi les illustres prisonniers politiques qui ont traîné là leurs amertumes, leurs rébellions et leurs rêves de rénovation ou de bouleversement, il faut citer Barbès et Blanqui ; Barbès, cœur héroïque faussé par un esprit étroit, qui mit une âme chevaleresque au service de l'émeute et fut le Dom Quichotte de la démocratie ; Blanqui, esprit remarquable, perverti par une âme mauvaise, qui médita sans y réussir d'être le Robespierre d'un socialisme darwiniste, Blanqui l'anarchiste enragé, dont la philosophie sociale se fondait sur cette maxime : « *Homo homini lupus*, la seule fraternité est d'empêcher de tuer son frère. » De 1793 à 1863, plus de quatorze mille détenus passèrent par les prisons du Mont-Saint-Michel. Quoi d'étonnant si l'abbaye morose, si la basilique déserte, si la morne salle des chevaliers ont gardé de tant de tristesses une atmosphère oppressante, comme la marque d'une déchéance et d'une malédiction ! Le Mont-Saint-Michel n'est plus aujourd'hui qu'un monument historique dont la grandeur et l'incomparable originalité évoquent puissamment les anciennes gloires nationales, et où le génie muet de la France chevaleresque a l'air de pleurer un passé à jamais enseveli.

Est-il vraiment enseveli, ce passé ? Est-il mort, ce génie ? Ou dort-il seulement dans l'âme française comme ces souvenirs effacés que certaines secousses ravivent dans nos mémoires ? — Le tempérament particulier des Gaulois, qui revit dans les Français, est de rompre quelquefois avec leur passé, pour s'élancer à de nouvelles conquêtes. Si l'on embrasse d'un seul coup d'œil l'histoire de France depuis ses origines gauloises jusqu'à nos jours, on sera frappé de ce fait. Des nations voisines, comme l'Italie, l'Allemagne et l'Angleterre, ont eu un développement plus lent, mais plus égal et plus continu. Chez elles, chaque siècle a pu léguer au suivant sa tradition presque intacte. Chez nous, tout marche par soubresauts. Quatre fois le passé a été submergé, la tradition interrompue. La conquête romaine a d'abord déraciné, jeté au vent nos vieilles traditions celtiques. L'invasion germanique a ensuite recouvert la Gaule latine. Avec la renaissance du xvie siècle, cette Gaule latine et grecque ressuscite. Alors les hommes d'élite ont une première, une éblouissante vision de l'art et de la beauté antiques, ainsi que de la science intégrale, destinée à élargir jusqu'à l'infini la conception de l'univers. Le moyen âge est oublié comme un mauvais rêve. Avec la révolution, c'est le vieux génie de la race celtique qui se réveille en un formidable branle-bas. Elle éclate comme un cyclone de l'Atlantique, balayant sur son chemin le vieux passé monarchique et féodal. Cette tempête terrible a détruit bien des choses ; mais que d'injustices réparées, que de rayons fulgurants, que de voies sacrées hardiment ouvertes à l'esprit humain !

Emportée par sa propre audace autant que par le mouvement universel, la France du xixe siècle a suivi tous les courants nouveaux. Le symbole qui la représente n'est plus la bannière blanche à fleurs de lis d'or, mais le navire qui sert d'emblème à sa capitale, ce vaisseau lancé à pleines voiles sur une mer agitée, avec la devise: *Fluctuat nec mergitur*. Comme le vaisseau des Argonautes, celui de Lutèce, armé des sciences et des arts, en qui la France se contemple elle-même, a oublié son point de départ dans l'aventureuse recherche de la terre inconnue, dont il attend la révélation des secrets magiques et divins. Qu'il n'oublie pas cependant son origine, ni les mers traversées. Selon la profonde parole druidique, toute âme a son génie primitif qu'elle doit retrouver dans le labeur des vies. Il en est de même de l'âme des nations. Chacune d'elles a sa mission spéciale et ne peut l'accomplir qu'en restant fidèle à son génie propre. Le moment est venu pour la France, initiée à sa propre histoire et à celle des autres peuples, de se ressaisir elle-même dans son passé le plus vivant, j'entends dans toutes les manifestations primordiales et originales des races et des époques créatrices qui composent son unité. En faisant cette synthèse, elle constituera la plénitude de son idéal et de sa mission.

« L'Angleterre, a dit Michelet, est un empire, l'Allemagne une race, la France est une personne. » Fière et noble parole ! Si chaque peuple a une âme et une mission, celle de la France, en effet, est plus hardiment accentuée, plus clairement définie. La sympathie celtique, jointe à la clarté latine et à la liberté franque, est devenue, par la conscience française, le sentiment humain dans toute sa largeur et le besoin de l'universalité intellectuelle. D'autres peuples ont été plus conséquents, plus habiles et plus égoïstes. Dans ses plus irrésistibles élans, croisades, guerre d'Amérique, états généraux de 89, la France a eu le beau don de s'oublier en pensant au monde entier. Elle n'est vraiment elle-même que lorsqu'elle combat pour les autres. Voilà pourquoi elle ne saurait oublier l'archange saint Michel qui se dresse à son berceau, tenant d'une main l'épée flamboyante, de l'autre la balance de justice. Car ce génie ne cesse de lui conseiller d'être l'ami du faible, le champion de l'opprimé, le chevalier de l'humanité.

IV

LES LÉGENDES DE LA BRETAGNE

ET LE GÉNIE CELTIQUE

> Trois choses sont primitivement contemporaines : l'Homme, la Liberté et la Lumière.
>
> (TRIADE BARDIQUE.)

> Trois choses insaisissables : le Livre, la Harpe et l'Épée.
>
> (CODE D'HOEL, ROI DE LA BRETAGNE FRANÇAISE.)

LES LÉGENDES DE LA BRETAGNE

ET LE GÉNIE CELTIQUE

1891

La Bretagne est de toutes nos provinces celle qui offre encore de nos jours la race la plus pure, les plus vieilles traditions, la physionomie la plus originale. Si la Provence est le pôle latin de la France, la Bretagne en est le pôle celtique. L'une lui a transmis le courant classique de la Grèce et de Rome ; l'autre lui a renvoyé le courant mystérieux, mais non moins puissant, qui jaillit de sa source primitive avec le reflux des races sœurs du nord-ouest de l'Europe. La Provence se souvient d'avoir été le royaume d'Arles, le pays de la langue d'oc et des troubadours contre les barbares du Nord. La Bretagne oublie moins encore qu'elle a été l'Armorique, le royaume de Breiz-Izel contre ces mêmes Franks, et qu'un de ses rois, Noménoé, poursuivit un empereur carolingien jusque sous les murs de Paris. Celtes, Latins et Franks, trois races, trois génies, trois mondes, si opposés qu'ils paraissent irréconciliables. Et pourtant le génie français n'est-il pas justement le résultat de leur harmonie ou de leur équilibre instable ? A toutes les époques de notre histoire, on les voit se battre, se mêler et s'unir sans jamais se confondre totalement. S'il me fallait caractériser d'un aperçu sommaire *la trinité vivante* qui constitue cet être moral qu'on appelle *la nation française*, je dirais que *le génie frank*, par la monarchie et la féodalité, en constitua l'ossature et *le corps solide; le génie latin*, qui nous a si fortement imprimé son sceau et sa forme par la conquête romaine, par l'Église et par l'Université, y joue le rôle de *l'intellect*. Quant au *génie celtique*, c'est à la fois *le sang* qui coule dans ses veines, *l'âme profonde* qui agite son corps et *sa conscience seconde*, secrète inspiratrice de son intellect. C'est du tempérament et de l'âme celtiques de la France que viennent ses mouvements incalculables, ses soubresauts les plus terribles comme ses plus sublimes inspirations.

Mais, de même que la race celtique primitive eut deux branches essentielles dont les rejetons se retrouvent çà et là, les Gaëls et les Kymris, de même le génie celtique se montre à nous sous deux faces. L'une joviale et railleuse, celle qu'a vue César et qu'il définit par ces mots : « Les Gaulois sont changeants et amants des choses nouvelles. » C'est l'esprit gaulois proprement dit, léger, pénétrant et vif comme l'air, un peu grivois et moqueur, facilement superficiel. L'autre face est le génie kymrique, grave jusqu'à la lourdeur, sérieux jusqu'à la tristesse, tenace jusqu'à l'obstination, mais profond et passionné, gardant au fond de son cœur des trésors de fidélité et d'enthousiasme, souvent excessif et violent, mais doué de hautes facultés poétiques, d'un véritable don d'intuition et de prophétie. C'est ce côté de la nature celtique qui prédomine en Irlande, dans le pays de Galles et dans notre Armorique. On dirait que l'élite de la race s'est réfugiée dans ces pays sauvages, pour s'y défendre derrière ses forêts, ses montagnes et ses récifs et y veiller sur l'arche sainte des souvenirs contre des conquérants destructeurs. L'Angleterre saxonne et normande n'a pu s'assimiler l'Irlande celtique. La France gauloise et latine a fini par s'attacher la Bretagne et même par l'aimer. L'importance de cette province est donc capitale dans notre histoire. Elle représente pour nous le réservoir du génie celtique. Génie de résistance indomptable, d'exploration hardie. Noménoé, Du Guesclin, Duguay-Trouin, Lanoue, La Tour d'Auvergne, Moreau l'incarnent. C'est de Bretagne aussi que la France a reçu plus d'une fois les mots d'ordre de son orientation philosophique, religieuse ou poétique. Abailard, Descartes, Chateaubriand, Lamennais furent des Bretons. Mais ce n'est que dans notre siècle qu'on a compris le rôle le plus intime de la Bretagne dans notre histoire. En assistant à la résurrection de la poésie celtique, la France a en quelque sorte reconnu son âme ancienne, qui remontait pleine de rêve et d'infini d'un passé perdu. Elle s'est étonnée d'abord devant cette apparition étrange, aux yeux d'outremer, à la voix tour à tour rude et tendre, enflée de grandes colères ou frémissante de mélancolie suave, comme la harpe d'Ossian, comme le vieil Atlantique d'où elle venait. « Qui es-tu ? — Jadis j'étais en toi, j'étais la meilleure partie de toi-même, mais tu m'as chassée, répond la pâle prophétesse. — En vérité ? je ne m'en souviens plus, dit l'autre, mais tu remues dans mon cœur des fibres inconnues et tu me fais revoir un monde

oublié. Allons, parle, chante encore ! Peut-être m'apprendras-tu quelque secret de ma propre destinée... »
Ainsi la France, se souvenant qu'elle fut la Gaule, s'est habituée à écouter la voix de la Bretagne et celle du vieux monde celtique.

Il y a une trentaine d'années, M. Ernest Renan résumait les belles publications de M. de la Villemarqué et de lady Charlotte Guest. Dans cet article, resté célèbre, sur *la poésie des races celtiques*, il définissait de sa plume d'or le génie de sa race [1]. Négligeant peut-être un peu trop son côté mâle et ne s'attachant qu'à son côté féminin, il en distillait la fleur pour l'enfermer dans un flacon ciselé. Ce beau travail, qui fut pour nombre de personnes une révélation, n'est pas à refaire. Le but que je me propose est différent. Un voyage rapide à travers la Basse-Bretagne a évoqué devant moi quelques-unes des grandes légendes où le génie celtique a trouvé sa plus forte expression. Plusieurs sont demeurées à l'état fruste dans la tradition populaire; d'autres ont été détournées de leur sens primitif par les trouvères normands ou français et par les gens d'église. Beaucoup de grands personnages communs à la tradition galloise, cambrienne et bretonne, comme par exemple Merlin l'Enchanteur, ont eu dans la poésie du moyen âge le même sort que cet illustre magicien. La fée Viviane, voulant le garder pour elle, l'entoura neuf fois d'une guirlande de fleurs en prononçant une formule magique qu'elle lui avait dérobée. Il s'endormit

1. Cet article, publié dans la *Revue des Deux-Mondes,* fait partie des *Essais de morale et de critique.*

d'un profond sommeil et ne se réveilla plus. Mais lorsqu'on touche le sol breton, les âges lointains et leurs créations revivent d'une singulière intensité, avec leur couleur sauvage ou mystique, et parfois leur sens profond, éternel, legs prophétique qu'ils ont fait aux âges futurs. Ajoutons que la poésie populaire, encore vivante en Basse-Bretagne, a été recueillie avec une scrupuleuse et pieuse exactitude par M. Luzel dans ses *Gwerziou* et ses *Soniou*. Ce sont comme les derniers soupirs de l'âme celtique qui se raconte elle-même dans son rêve [1].

Dans cette courte promenade à travers la Bretagne d'aujourd'hui, j'essaierai donc d'esquisser une histoire du génie celtique en ses périodes vitales, et de pénétrer dans son arcane à travers ses grandes légendes.

1. *Soniou Breiz-Izel*, chansons populaires de la Basse-Bretagne recueillies et traduites par M. Luzel. — Ce beau recueil est précédé d'une *introduction* de M. Le Braz, qui, poète lui-même et grand folkloriste, a su donner un tableau vivant et complet de la poésie populaire dans la Bretagne celtique d'aujourd'hui.

I

LE MORBIHAN. — LES CELTES D'AVANT L'HISTOIRE. —
BATAILLE CONTRE CÉSAR

Pour entrer de plain-pied dans le vieux monde celtique, il faut aborder la Bretagne par le midi. Le sombre
Morbihan et l'âpre Finistère ont conservé quelque chose
de leur physionomie ancienne. Sans doute les noires forêts, où des houx grands comme des chênes formaient
des haies colossales, les marais où le buffle, le cerf et
l'élan plongeaient leurs naseaux fumants, ont disparu.
Mais les mêmes vagues enveloppent toujours les mêmes
îles sauvages et les côtes déchiquetées à l'infini ; les innombrables dolmens, les menhirs dressent toujours leurs
profils bizarres sur les landes ; les costumes des habitants
rappellent encore un passé lointain ; et leur langue singulièrement primitive, à l'accent guttural, aux voyelles
franches, aux consonnes sonores, tantôt rude comme un
cri d'oiseau de mer, tantôt douce comme un gazouillis de
fauvette, est la vieille langue celtique, presque la même
qui retentit au port de Kaërnarvon, au pays de Galles et
sur les flancs du Snowdon, la montagne sacrée des
bardes. Entrons donc en Morbihan pour y trouver quel-

ques souvenirs de l'enfance de cette race qui se perd dans la nuit des temps.

La Loire, riante à Blois, majestueuse à Tours, s'attriste aux ardoisières d'Angers, près du sombre château du roi René, d'où les Plantagenets régnèrent si longtemps sur la France. Il semble qu'elle regrette ses berges boisées, ses châteaux somptueux paresseusement mirés dans ses eaux dormantes, séjours voluptueux de rois et de favorites. A Nantes, elle tourbillonne, furieuse, comme si elle se souvenait des noyades de Carrier. Bientôt elle se trouble, elle jaunit et se crispe à la houle des grosses marées. Adieu les doux méandres dans les molles contrées. Les rives s'écartent et s'aplatissent. Voici déjà les lourds navires de Saint-Nazaire qui reviennent des Antilles et du Mexique. Le bateau danse, secoué par la lame. Déjà la Loire submergée n'est plus ; on roule sur l'océan. C'est ainsi qu'à l'embouchure du fleuve la France de la Renaissance et du moyen âge se perd peu à peu dans un autre monde, plus ancien et plus rude.

De Saint-Nazaire au Croisic, la côte et la race bretonnes apparaissent. De larges plages blanches et fauves en sable fin, encadrées de rochers qui s'écroulent dans la mer en escaliers de géants. Des dunes, encore des dunes, où l'herbe maigre essaie en vain de pousser. Sur l'une d'elles s'élève en redoute le village de Bourg-de-Batz. Montons sur le clocher de l'église, une tour de soixante mètres, terminée en coupole, qui domine au loin le pays. Le soleil de juillet brûle les sables, et partout un vent froid souffle du large, chassant des brumes lumineuses sur la mer échevelée. La terre plate, pailletée de flaques d'eau carrées, continue la mer à perte de vue. Ce sont les monotones marais salants. Ce pays, conquis sur la mer, faisait jadis partie de l'archipel des Vénètes, que César vint battre ici avec sa flotte. La dune même qui porte le village de Bourg-de-Batz aurait été alors, selon la tradition, cette île où les prêtresses namnètes se livraient à des danses nocturnes qui épouvantaient les navigateurs, et d'où elles partaient mystérieusement dans leurs barques pour rejoindre leurs époux par les nuits de pleine lune. Le castrum romain a chassé les sorcières gauloises de leur retraite. Aujourd'hui l'église chrétienne s'y dresse hautaine et solitaire. Je remarque que le chœur en est singulièrement bâti. Au lieu de continuer en droite ligne la nef, il oblique à gauche. On sait que par cette structure, les architectes du moyen âge voulurent imiter la tête du Christ penchée sur la croix. Elle est plus fréquente en Bretagne qu'ailleurs et trahit certainement le goût inné de cette race pour le symbolisme et la piété attendrie qu'elle apporte dans son sentiment religieux.

Bourg-de-Batz était célèbre autrefois par ses costumes multicolores et ses mœurs originales. On ne se mariait qu'entre gens du bourg, et c'étaient les jeunes filles qui faisaient les demandes de mariages par l'intermédiaire du tailleur. Une ronde furieuse des femmes autour des feux de la Saint-Jean y rappelait encore les danses des prêtresses gauloises. Aujourd'hui, tout cela disparaît peu à peu devant la civilisation envahissante des stations balnéaires. Une vieille femme me montre pour quelques sous, dans sa maison, une collection d'affreuses figures

de cire affublées de costumes de noce et me vend une
chanson populaire imprimée. Musée, imprimerie, exploi-
tation, voilà bien la fin des mœurs originales. Ici, comme
dans le reste de la Bretagne, deux types parfaitement
distincts me frappent dans la population, le type brun
à pommettes saillantes, aux traits épais et forts ; le type
blond, aux yeux bleus, aux traits énergiques et fins.
L'un rappelle lointainement le type touranien, l'autre, le
type aryen dans ce qu'il a de plus noble. Bien des races
se sont mêlées sur ces côtes. Le type qui prédomine
parmi les femmes est très pur : la figure allongée, le
nez mince et droit ; de grands yeux tranquilles et chastes, le geste sobre, hiératique. A côté de ce type, j'en
ai vu un autre, plus méridional, qui rappelle la charmante Velléda de Maindron : nez busqué, yeux hardis,
taille mince et larges flancs avec la démarche onduleuse
des cavales ; l'antique druidesse à côté de la madone.

La vraie Bretagne ne se révèle que plus loin, dans
l'intérieur des terres, aux approches de Vannes. Un changement graduel se fait dans la physionomie du paysage.
Aux champs cultivés succèdent de vastes pâturages semés de petit bois, comme en Normandie. Mais l'inéga-
lité du terrain, ses mouvements brusques, son inquiétude constante annoncent le sol de la vieille Armorique.
A chaque instant, le granit perce et se hérisse en pierres grisâtres. Et puis ondulent à perte de vue les collines recouvertes de bruyères violettes. Les landes maigres
alternent avec les combes savoureuses. De distance en
distance, des fissures s'ouvrent dans le grand plateau de
granit qui forme la presqu'île armoricaine. Là, coulent

profondément encaissées des rivières brunes. Elles serpentent mystérieusement entre les bois épais et les claires prairies et forment parfois des vallées charmantes. Les villages nichés sur ces collines ou dans ces plis de verdure se distinguent à peine des rochers ; car ils sont tous bâtis en granit gris. Grises aussi les églises, aux porches profonds, embroussaillés d'une végétation de pierre en gothique flamboyant. Les nefs sont souvent basses et humbles comme la dévotion de cette race fidèle à sa terre et à ses affections. Mais la hauteur des clochers carrés, à flèches aiguës et ajourées, à quatre tourillons qui règnent sur ces campagnes, semble attester que dans ces populations la pensée religieuse domine souverainement et tyranniquement toutes les autres. Une lande, un dolmen, un calvaire, un fin clocher, et la mer qui gronde au loin, c'est toute la Bretagne. Austérité chrétienne bâtie sur la sauvagerie celtique. Le pays tout entier a l'air de se souvenir et de prier. Vaste sanctuaire d'où la vie moderne est absente et qui s'immobilise dans la pensée de l'éternité.

C'est une vieille ville celtique que Vannes avec ses rues montueuses, ses maisons de granit et ses toits d'ardoise couverts d'une mousse jaune. On parle breton dans les rues. Les Vannetaises portent encore la grande cornette et le fichu bleu sur leur robe noire. Mais hâtons-nous vers le but. Dépassons Notre-Dame-d'Auray, la ville sainte des chouans, et acheminons-nous vers l'archipel du Morbihan, vers cette petite mer intérieure, qui, grâce à son isolement, à son labyrinthe de promontoires et d'îles, fut une des grandes citadelles et une des nécropoles des âges préhistoriques. Avant d'arriver à Karnac, la lande commence, aride, pierreuse, infinie. Des moutons noirs tondent le pré caillouteux. L'ajonc triste aux fleurs jaunes, l'ajonc noir dessine ses zigzags épineux au bord des routes. On est saisi de cette mélancolie du paysage breton si bien décrite par M. Renan. « Un vent froid plein de vague et de tristesse s'élève et transporte l'âme vers d'autres pensées; le sommet des arbres se dépouille et se tord; la bruyère étend au loin sa teinte uniforme ; une mer presque toujours sombre forme à l'horizon un cercle d'éternels gémissements. »

A Karnac, l'église elle-même a un air d'insolite et sauvage vétusté. Son porche latéral est bâti avec des blocs de granit taillés en d'énormes menhirs et ressemble à l'entrée d'une caverne. La piété royaliste des habitants a élevé sur ce portail un baldaquin de pierre qui figure une couronne colossale. Elle rappelle plutôt un débris du monde antédiluvien. On dirait les défenses enchevêtrées de rennes ou de cerfs gigantesques, charriés au sommet d'un roc par un déluge, et l'on se croit transporté aux époques anciennes du globe. Non loin du bourg, s'élève, sur une colline, un immense tumulus formé de pierres sèches amoncelées, sous lequel des fouilles ont fait découvrir des haches dites celtae, en pierre polie de jade, des ossements calcinés et des grains de collier. Une chapelle surmonte le vieux galgal, où l'on allume les feux de la Saint-Jean et où les femmes des marins viennent prier pour leurs maris. De cette hauteur, qui commande un vaste horizon, on domine le plus grand sanctuaire celtique du continent. Horizon de landes, de plages désolées, de bras de mer et de presqu'îles qui s'embrassent et s'enchevêtrent tristement. Le golfe du Morbihan, Belle-Ile, le promontoire de Quiberon se perdent dans la brume. L'œil est attiré, au premier plan, par des phalanges de pierres levées, semées en ligne droite et à distances égales dans les champs de bruyères. Ce sont les célèbres alignements de Karnac. Ils se divisent en trois groupes, celui du Ménec, celui de Kermario et celui de Kerlescan ; le premier de onze rangées, le second de dix, le troisième de treize, comprenant un total de 1.991 menhirs. Il y en avait le double autrefois ; on en a fait des églises, des maisons et des routes. Ils atteignent en moyenne une hauteur de dix à douze pieds. Vue d'en haut et de loin, cette armée de rocs ressemble à un jeu d'échecs disposé là par des géants. L'impression n'est guère plus saisissante lorsqu'on approche et qu'on arpente les champs entre leurs rangées monotones. A la longue seulement, l'étonnement et la curiosité se mêlent à la sorte d'ennui que cause la vue de ces pierres fameuses, d'une énigmatique et d'une insolente régularité. Leur nudité farouche défie l'investigateur. Elles ont l'air de dire : « Vous ne saurez pas qui nous sommes, mais vous ne nous ôterez pas de là. » Parcourez ensuite l'archipel du Morbihan, l'île aux Moines, l'île d'Arz, la presqu'île de Rhuys, et vous retrouverez partout ces pyramides informes, ces grands tumulus et ces tombelles qui font onduler la crête des collines ; allez voir la colossale table des Marchands coquettement posée sur trois rochers pointus comme pour jouer avec les lois de la pesanteur ; admirez le gigantesque menhir de

Lokmariaquer, renversé par la foudre et brisé en quatre morceaux dont un seul mesure douze mètres ; songez que beaucoup de ces pierres ont dû être amenées là par mer, — car les géologues ont constaté que la plupart ne sont pas des roches du sol ; — pensez à tout cela, et vous vous demanderez quelles volontés opiniâtres, quels bras puissants ont taillé, transporté, dressé ces blocs énormes, ce qu'ils signifiaient pour ces hommes primitifs, quelle civilisation, quelle religion se rattachent à ces premiers monuments de notre sol.

Parlant de ces menhirs, Geoffroy de Monmouth, le chroniqueur des plus vieilles traditions celtiques, dit : « Ces pierres sont magiques. Des géants les apportèrent autrefois. » Mais quels géants ? Peut-être ces Hyperboréens venus des régions boréales dont parlent les traditions grecques, premiers dompteurs du cheval et du chien, inventeurs des haches de silex, de la fronde et de l'arc, grands chasseurs d'aurochs, qui allaient devant eux, ivres de lumière et d'espace. Peut-être élevèrent-ils ces pierres en souvenir de leur victoire, comme un temple en l'honneur du soleil qu'ils adoraient. Peut-être leurs successeurs les Celtes se rassemblaient-ils ici, armée vivante et tumultueuse, au milieu de cette armée immobile de pierres, qui signifiait pour eux la présence symbolique des grands ancêtres. Peut-être est-ce dans ce lieu qu'avant de partir pour une de leurs expéditions ils élisaient le *brenn*, le chef, et l'élevaient sur leurs boucliers, à la lueur des éclairs, au roulement de la foudre, invoquant les dieux et les bravant du choc de leurs armes. Quoi qu'il en soit, les symboles primitifs sont par eux-mêmes un langage universel et compréhensible. La pierre dressée, le menhir, me semble le signe japhétique de la race blanche à sa formidable aurore. Audacieuse affirmation de l'homme indompté et son premier cri vers Dieu. Révolte et adoration, cette race porte dans son cœur les deux forces centrifuge et centripète qui sont les deux forces initiales de toute évolution naturelle et historique. Le menhir en est le témoignage et voilà peutsêtre pourquoi il exerce cet inquiétant prestige sur l'imagination populaire et sur l'esprit des savants.

Avant de quitter le Morbihan, allons faire une visite à l'île de Gavrinis. Fouetté par la pluie et la grêle, j'ai traversé la lande de Lokmariaquer, sinistre comme celle de Macbeth. Maintenant une barque à voile m'emporte dans la petite mer intérieure où un brick norvégien dort à l'ancre au milieu du golfe. Le ventre des nuées basses rampe sur les côtes. Averse sur averse ; les rafales couchent la voile sur le flot. Nous louvoyons sous le grain. Pour égayer mon pêcheur maussade, j'entonne la belle chanson bretonne : « Il vente! il vente! C'est l'vent d'la mer qui nous tourmente! » Et voici, le soleil s'éclaircit. Nous voguons sur un grand lac bleu d'acier d'où émergent des îles brunes. Ce ne sont pas les blanches sirènes de la Méditerranée, mais des filles osseuses de la vieille Hertha, des Nornes noires ou de vieilles druidesses accoudées et couchées au bord de cette mer écartée. Elles ont vu tant de choses qu'elles regardent passer les siècles avec indifférence et nous plaignent d'avoir perdu l'antique foi des ancêtres. Car, rangées en grand cycle, ces îles ont fidèlement conservé, comme des colliers sur leurs seins, ou comme des casques sur leur tête, les tombeaux des ancêtres immémoriaux.

Nous voilà dans l'île de Gavrinis. Une allée montante, bordée d'une double haie d'ajoncs, conduit au sommet de cet îlot couronné par le plus beau tumulus de Bretagne. C'est une colline formée de pierres amoncelées à huit mètres de hauteur. On pénètre avec une chandelle dans un corridor maçonné en larges tables de granit. Cette allée couverte, ce long dolmen souterrain aboutit à une sorte de chambre mortuaire comme dans les tombeaux égyptiens. Elle est éclairée de côté par un orifice triangulaire. Les parois et le plafond sont grossièrement sculptés de rainures parallèles dont les circonvolutions forment des lignes bizarres, sorte de tatouage où l'on distingue des haches. Du haut de ce tumulus, la vue s'étend sur tout l'archipel du Morbihan. Il domine la mer à pic, comme à Saint-Malo la tombe de Chateaubriand. Elles sont sœurs, ces deux tombes bretonnes, solitaires fiancées du sauvage océan, bercées de son murmure infini.

Les tumulus étaient, pour les Gaulois, les endroits sacrés par excellence. L'idée de l'immortalité de l'âme, si vivante chez eux, se rattache au culte des morts illustres. L'ancêtre, toujours présent par le tombeau, devient le protecteur de la race. De cet archipel partit la flotte des Vénètes qui alla combattre César, et peut-être défila-t-elle devant cet îlot pour recevoir la consécration des prêtres et des prêtresses groupés sur ce tumulus et entourés de toute une population de vieillards, de femmes et d'enfants. Ils étaient venus de loin pour voir partir les lourds navires, charpentés en chêne, hauts comme des tours de siège, chargés de tout leur espoir, où reluisaient les cottes de mailles, les casques et les javelots de leurs fils, de leurs maris et de leurs pères. Druides et druidesses, les bras étendus, avaient invoqué les ancêtres d'une longue clameur et jeté sur les navires une pluie de verveines, de primevères et de trèfles. — Hélas ! toute cette flotte ne devait pas revenir. Le terrible proconsul la coula à fond ; les sénateurs vénètes moururent dans les tortures. Toute la population fut vendue à l'encan, sous la lance, et dispersée dans le monde. — Ainsi périt la noble nation des Vénètes. Mais la conscience de l'Armorique a survécu dans ce cri : *Me zo deuzar armoriq.* « Et moi aussi, je suis Breton ! »

II

LA BRETAGNE PAÏENNE. — LA POINTE DU RAZ. — LA VILLE
D'YS ET LA LÉGENDE DE DAHUT

La Gaule asservie, latinisée, colonisée, le génie celtique se réfugia en Armorique. Pendant trois siècles, elle
subit le joug des légions et du fisc romain, avec d'in-
cessantes révoltes. Une partie de la population se réfugia
en Grande-Bretagne, cet asile des druides et des bardes.
Mais, au ive siècle, Mériadek revint en Armorique et en
chassa les Romains. Du ive au ixe siècle, la Bretagne resta
indépendante. Cette époque, appelée la période des rois
dans l'histoire de notre province celtique, est remplie par
des guerres intestines. Quelquefois un chef réunit tous les
autres sous son autorité et réussit à délivrer le pays
d'une invasion de Franks ou de Normands. Il prend
alors le titre de *pen-tiern*, de *conan* ou de roi d'Armorique. Aussi les noms de Mériadek, de Gradlon, de
Noménoé et d'Alain Barbe-Torte résument-ils l'histoire
bretonne de ces temps. Époque héroïque, barbare et
sauvage, où éclate le côté païen de l'esprit celtique.

Si le Morbihan est le sanctuaire d'un monde préhistorique, le Finistère, avec les prodigieux récifs et les baies

profondes de la côte ouest, est le centre principal de cette Bretagne bretonnante, indépendante et païenne. Il nous en reste une série de traditions qui plongent dans le fin fond du paganisme et une légende originale. Allons la chercher dans le cadre océanien où elle est née, à cette pointe du Raz, extrémité du monde occidental, qui lance au beau milieu de l'Atlantique un dernier et formidable écueil dont la sauvagerie avait déjà frappé d'une terreur religieuse les voyageurs anciens.

Enfermé entre ses côtes comme dans une forteresse, le Finistère offre à l'intérieur les vallées les plus vertes, les coins les plus exquis de la Bretagne, comme les bords de l'Isole et de l'Ellé chantés par Brizeux. Quimper, avec son élégante cathédrale ouvrée à jour, est niché dans un frais bassin de collines boisées ; du haut du Mont-Frugy on voit l'Odet serpenter dans une mer de forêts mamelonnées. Cependant, en Bretagne, le grand personnage, le maître, le tyran de la terre et des hommes, c'est l'Océan. On devine partout sa présence, même quand on ne le voit pas. On le sent dans ces rivières brunes et noires, où le reflux remonte quelquefois à dix lieues, où des goélettes sont attachées sur les quais ou couchées sur la vase comme des cormorans malades. On le sent dans l'arbre tordu et ployé par la tempête, dans le vent salé qui crispe la lande, dans l'oiseau de mer qui vient y chercher le brin d'herbe pour son nid. On le rencontre dans ces marins aux yeux francs et hardis, à la chemise rabattue, au col nu brûlé par le soleil, la fleur et l'orgueil du pays, qui se promènent dans les villages de l'intérieur ; il revient sans cesse dans la conversation des vieilles accroupies au seuil des chaumes et des hommes assis sous les portes des petits cabarets, la pipe aux dents, le bonnet de laine sur l'oreille. On le retrouve, l'inévitable Océan, jusque dans l'église où prient les femmes agenouillées. Car, suspendues à la voûte de la nef, en *ex-voto*, voici une foule de navires, aux flancs rouges et noirs, destinés à obtenir la protection de la Vierge, de l'Étoile de mer. Ne sont-ce pas les barques de l'Isis égyptienne ? Ah ! pour les yeux qui les regardent, que d'âmes ils ont menées dans l'autre monde, ces navires poudreux !

Il a son sourire aussi, le dieu terrible, et c'est dans la baie de Douarnenez qu'il faut aller le chercher. Une sirène, cette baie, lorsqu'on sort du port pour errer sur ses plages, où des sources claires filtrent des granits noirs, où les sveltes lavandières descendent sur les sables fauves ; une sirène dangereuse avec ses lointains fuyants, avec les lignes cadencées de ses anses et de ses caps, où, par les beaux soirs de pourpre et de safran, les ondes du large se brisent et chantent dans une coupe de saphir. C'est là que la tradition la plus accréditée place la ville d'Ys, la cité submergée. Mais avant de raconter son histoire, allons trouver l'Océan là où il règne, dans sa souveraineté absolue. On atteint la pointe du Raz, depuis Audierne, par l'intérieur des terres. D'abord, quelques fonds de verdure et çà et là des bouquets d'arbres égaient encore la campagne. Mais à mesure qu'on monte sur le plateau, le paysage s'appauvrit et se dénude. Oh ! qui rendra la tristesse de ces rideaux de pins ébranchés par le vent qui profilent sur le ciel gris leurs maigres colonnades, et celle du clocher de Tugeau qui se dessine sur la mer dans une cassure de terrain, et l'air d'abandon des sémaphores où paît une chèvre misérable attachée à un poteau ? Après Lescoff, on ne voit plus que de loin en loin un moulin à vent ou une bergère assise avec un fuseau sous une haie d'ajoncs. Enfin, on aperçoit le grand phare qui occupe l'extrémité de la pointe du Raz. Un sourd mugissement qui vient d'en bas annonce la proximité de la mer et par saccades fait trembler tout le promontoire. Quelques pas encore, et brusquement, derrière le phare, l'Océan apparaît de trois côtés. D'un seul coup, il s'est emparé de l'horizon et vous écrase de son immensité circulaire. Ici la terre finit, rongée, engloutie par le flot tout-puissant. Derrière ce rocher pointu qu'on voit devant soi et qui forme le bout du cap, on sent le vide de l'espace. On se croit lancé par-dessus l'enveloppe liquide du globe sur un écueil, au beau milieu de l'Atlantique. Il n'y a plus que la mer et le ciel, et entre les deux des nuages noirs sombrés sur l'abîme.

Tristis usque ad mortem, c'est la première et la dernière impression de la pointe du Raz. Elle s'exprime dans ce proverbe breton : « Secourez-moi, grand Dieu, ma barque est si petite et la mer est si grande ! » et dans cet autre : « On ne peut rien contre la mer ni contre Dieu. » Un sentier étroit, vertigineux, grimpe autour du cap sauvagement découpé. Bientôt on aperçoit sous ses pieds ce qu'on appelle l'enfer de Plogoff. En travaillant un angle rentrant du roc, les vagues ont creusé une caverne et percé le promontoire de part en part. La rampe descend assez bas pour qu'à un point on voie un

trou de lumière dans la caverne ; c'est son issue de l'autre
côté du cap. A 'cet endroit, le granit est rouge ; sous
l'eau, il est tapissé de lichens d'un blanc verdâtre et ca-
davéreux, ce qui donne à cette bouche de l'abîme quelque chose de particulièrement sinistre. Toujours les
vagues y mènent une danse effrénée et s'y engouffrent
avec de véritables détonations. Mais il faut s'asseoir à la
pointe aiguë du cap, au tournant du sentier, pour goûter
la beauté sauvage du panorama, qu'aucune vue océa-
nienne ne surpasse en grandeur. On dirait qu'on se
trouve sur le pic d'une montagne submergée dont la crête
se prolonge sous l'eau et en ressort avec ses dents ébréchées. On plane sur un archipel d'îlots et de récifs. A
vos pieds, sur un écueil, au ras du flot, c'est le phare
de la Vieille. A deux lieues de là, cette mince ligne noire,
qui le dirait ? c'est l'île de Sein, la célèbre île des neuf
vierges prophétesses de l'Armorique ancienne. Entre les
deux, c'est le Raz, où un courant formidable entraîne les
navires et que « nul n'a passé sans mal ni frayeur »,
disent les Bretons. Cependant, il n'y a pas d'autre chemin pour doubler le cap. Car au delà de l'île de Sein,
une chaîne de récifs s'étend à huit milles. Le phare d'Ar-
men la termine. Et plus loin, vers l'île d'Ouessant, perdu
comme une bouée dans la solitude désolée de l'Atlantique, c'est le phare des Pierres-Noires. A droite et à
gauche, en arrière du cap, il y a sept lieues de côtes ; mais
estompées par les brumes, mangées par l'eau, elles
paraissent invraisemblables, irréelles. Et s'accentue cette
sensation de pleine mer, de marée montante et d'englou-
tissement de la terre dans le grand Océan. Mais il est

superbe, il se redresse tout blanc de vagues, les jours de grande tempête, le vieux cap, quand les montagnes liquides se précipitent à l'assaut sur son éperon de granit. Alors personne ne pourrait tenir sur ses pentes escarpées. Les rafales d'écume balaient le promontoire à trois cents pieds au-dessus de la mer. Dans l'enfer de Plogoff, ce sont des salves d'artillerie. Le roc est secoué comme par un tremblement de terre, et dans le mugissement des eaux, dans l'incessante trépidation du sol et de l'air, dans la convulsion de tous les éléments, on ne voit, on n'entend plus rien.

Je suis allé me promener une grande heure, par un beau soir, dans la baie des Trépassés. C'est une large plage de sable qui termine un vallon désert. L'Atlantique s'encadre ici entre la pointe du Raz et la pointe du Van. Ses larges lames bleues et transparentes déroulent leurs volutes nacrées sur la grève nue, avec une majestueuse monotonie. Les rayons obliques du soleil couchant jettent de l'or dans ces crinières d'Océanides. Et ce sont mille voix confondues dans un profond murmure, une polyphonie de rythmes et de mélodies dans une symphonie grandissante. La mer, — si désespérante là-haut, redevient ici l'enchanteresse caressante, la grande endormeuse de la souffrance humaine. Car sa musique parle des choses éternelles. Car l'âme, en se recueillant au fond d'elle-même, se dit qu'au milieu de ses naufrages et de ses abandons, il y a en elle aussi quelque chose qui ne meurt point et qui la relie à l'Éternel. Ce lieu abandonné des humains, où la solitude de la terre se rencontre avec la solitude de l'océan, est, selon d'antiques légendes, le rendez-vous des âmes en peine. « Le peuple de ces côtes, dit le poète Claudien, entend les gémissements des ombres volant avec un léger bruit. Il voit passer les pâles fantômes des morts. » Selon Procope, les pêcheurs entendent heurter à leur porte à minuit. Ils se lèvent et trouvent sur la plage des barques vides qui se chargent d'hôtes invisibles. Poussés par une force inconnue, les pêcheurs prennent place au gouvernail. Le vent les emporte avec une rapidité étourdissante. Lorsqu'ils touchent à l'île de Bretagne, ils ne voient toujours personne. Mais ils entendent des voix qui appellent les passagers par leurs noms. Les barques s'allègent tout à coup; les âmes sont parties. Selon la tradition chrétienne, encore vivante dans le peuple, la baie des Trépassés est le rendez-vous des âmes des naufragés. Le jour des Morts, on les voit courir sur la lame comme une écume blanchâtre et fugitive, et toute la baie se remplit de voix, d'appels, de chuchotements. Une touchante imagination populaire fait se rencontrer ici les âmes de ceux qui se sont suicidés par amour et perdus dans la mort. Une fois par an, ils ont le droit de se revoir. Le flux les réunit, le reflux les sépare, et ils s'arrachent l'un à l'autre avec de longs gémissements.

Mais la plus curieuse tradition de ces côtes est celle de la cité submergée. La légende de la ville d'Ys est l'écho de l'Armorique païenne du ıv^e et du ve siècle. On y sent passer comme un ouragan la terreur des vieux cultes païens et celle de la passion des sens déchaînée dans la femme. A ces deux terreurs s'en mêle une troisième, c'est celle de l'Océan, qui joue dans ce drame le rôle de

Némésis et du Destin. Le paganisme, la femme et l'O-
céan, ces trois désirs et ces trois peurs de l'homme, se
combinent dans cette singulière tradition et finissent en
une tempête d'épouvante.

Par une après-midi orageuse, je contournais avec un
ami le haut des rochers qui s'échelonnent en promontoires, depuis la pointe de Brézélec jusqu'à celle du Van.
Pas de côte plus féroce dans toute la Bretagne. La mer
la déchiquette à l'infini. Là, ce sont de petits fiords,
longs corridors où l'œil plonge d'en haut, à pic. Ailleurs,
les rochers s'avancent comme des castels féodaux. De
loin, la pointe du Van ressemble à une forteresse mas-
sive, où le lichen noir trace des stries verticales. Quand
on approche, c'est un labyrinthe d'îlots enchevêtrés qui
ressemblent à des animaux antédiluviens; mastodontes
et mammouths gigantesques, couchés dans la mer. Les
ravines, qui dévalent du haut de la lande, finissent en
précipices, en gargouilles, en criques, où incessamment
mugit, tourne, joue, travaille le flot. Ces ravines parfois
ont leur flore, pâle flore rongée par la bise saline, fleurs
jaunes d'ajoncs ou de genêts. Certains rochers qui descendent en entonnoir dans des criques mordues par la
vague sont revêtus de petites fleurs blanches, étoilées.
Rien de plus triste que ces fleurs tapissant l'abîme ; on
dirait la dernière illusion attirante et trompeuse au bord
du fond amer et noir de la vie. Quelquefois, perdue dans
la lande, une ferme isolée rappelle le doux *home;* ou,
debout en face de l'infinie désolation de la mer, une
chapelle en ruines se dresse comme une pensée immuable
fixée sur l'invisible. De fortes ondées, envoyées par un

orage montant du large, nous forcèrent à nous réfugier dans une ferme, à côté d'un moulin à vent, dont les deux bras noirs, immobiles, ressemblaient à des faux monstrueuses. La porte de cette ferme était fabriquée avec la plaque en tôle provenant d'un *steamer* échoué, et la chaudière rouillée de ce même navire était couchée dans la cour. Le paysan, grave comme un chouan, nous fit asseoir près de la cheminée basse où grésillait un feu de lande. Les étincelles tourbillonnaient dans le foyer, et par les trous de la porte de fer, débris d'un naufrage, sifflait la tempête. De temps en temps, on entendait les grondements de la mer lointaine comme les coups d'un assaut répété. L'histoire du roi Gradlon et de sa fille m'était revenue à la vue de cette côte superbe et terrible. Je vais la dire telle que je la vis pendant cette heure, en regardant le feu et en écoutant la mer.

Dans cette partie de la Bretagne que nous nommons Finistère et que les Romains avaient nommée corne de la Gaule, *cornu Galliæ*, dont quelques-uns dérivent *Cornouaille*, régnait, au vᵉ siècle, le roi Gradlon. C'était un de ces chefs de clan, pirates et conquérants, qui, en prenant fait et cause pour les Bretons contre les Germains envahisseurs, devenaient quelquefois *conans* ou rois de tout le pays d'Armor. Jeune encore, il avait passé en Grande-Bretagne ; il avait guerroyé chez les Cambriens contre les Saxons; il avait poussé jusque chez les Pictes et les Scots. De sa dernière expédition dans le Nord, il avait ramené un cheval noir et une femme rousse. Le cheval, qui s'appelait Morvark, était superbe et indomptable. Il ne se laissait monter que par la reine

Malgven et par le roi Gradlon. Lorsque d'autres le touchaient seulement, il se cabrait en frémissant ; sa crinière se hérissait toute droite sur son cou, et il fixait les gens de ses beaux yeux noirs, presque humains, mais farouches, pendant qu'une flamme légère semblait sortir de ses naseaux, si bien qu'on reculait épouvanté. Non moins redoutable et belle était la reine du Nord, avec son diadème d'or, son corselet en mailles d'acier, d'où se dégageaient des bras d'une blancheur de neige, et les anneaux dorés de sa chevelure, qui retombaient sur son armure d'un bleu sombre, moins bleue et moins chatoyante que ses yeux. De quel exploit, de quel crime ou de quelle trahison cette proie splendide était-elle le prix? Personne ne le sut jamais. On disait que Malgven était une magicienne, une Sène irlandaise ou une Saga scandinave qui avait fait périr son premier possesseur par le poison, pour suivre le chef armoricain. Triomphante, heureuse, elle régnait sur le cœur de Gradlon. Mais à peine celui-ci fut-il devenu roi de Cornouailles, que Malgven mourut subitement, ne laissant au roi qu'une fille née en mer pendant leurs aventures, et qui s'appelait Dahut.

A partir de ce moment, le roi tomba dans une tristesse noire. Il se plongea dans le vin et la débauche, mais sans parvenir à oublier Malgven. Cependant Dahut grandissait et ressemblait à sa mère. Seulement sa beauté avait quelque chose d'effrayant. Sa peau était plus blanche, sa chevelure d'un roux plus foncé. Son œil changeant comme la mer roulait des désirs plus immenses et lançait des éclairs plus prompts. Elle seule avait le don d'égayer Gradlon. En la regardant, il croyait revoir Malgven. Quelquefois, la main enroulée dans les cheveux fauves de sa fille, ses yeux las, perdus dans les yeux étincelants de vie de Dahut, il lui disait : « Ah ! fille de mon beau péché, perle de mon noir chagrin, par toi seule je tiens à la vie ! » Elle lui souriait, dangereusement enjouée : mais dans ses yeux, son âme reculait en un rêve insaisissable et trouble. Elle prit sur son père un empire absolu. Toute petite, elle éprouvait pour l'Océan une singulière attraction. Sitôt qu'elle l'apercevait de loin, ses yeux, ses narines se dilataient. Elle en respirait les effluves et semblait vouloir se précipiter vers les plages. Afin d'être plus près de son élément préféré, elle persuada à Gradlon de faire construire une ville, au bord de la mer, dans une grande et magnifique baie qui regarde l'Océan, tout au bout de l'Armorique. Le roi y consentit. Des milliers d'esclaves furent employés à ce travail. On construisit une digue immense pour protéger la ville contre les flots, et derrière cette digue · un bassin destiné à recevoir les eaux de l'Océan dans les grandes marées. Une écluse était pratiquée dans la digue ; en l'ouvrant à la marée montante, on laissait entrer l'eau nécessaire au renflouement des barques. On la fermait à marée haute pour ne la rouvrir qu'au reflux. Alors le bassin se vidait et on pêchait à foison sur la vase monstres marins et poissons.

Dahut fit construire pour elle et son père un palais magnifique, dominant la ville, sur un rocher, au bord de la mer. Quelquefois, quand le soleil couchant enflait la vague, les pêcheurs voyaient, de loin, une forme blanche descendre sur la plage déserte, au pied du rocher couronné par les tours massives du château royal. C'était Dahut, qui voluptueusement se baignait dans cette crique sauvage et se livrait à de singulières incantations avec son élément favori. Après s'être longtemps jouée sur les vagues, comme une sirène, elle en sortait lentement, et toute nue, debout sur le sable fin, luisante comme la nacre, elle peignait ses longs cheveux roux en laissant ruisseler l'écume sur ses flancs et en chantant un chant sauvage. Un soir, le vent apporta ce refrain aux oreilles d'un pêcheur :

« Océan, bel Océan bleu, roule-moi sur le sable, roule-moi dans ton flot. Je suis ta fiancée, Océan, bel Océan bleu !

« Sur un beau navire, au milieu des vagues, ma mère m'a enfantée, au milieu des vagues vertes et transparentes. Quand j'étais petite, tu mugissais sous moi, tu me berçais sur ton large dos et tu grondais, furieux. Mais quand je passais la main sur ta crinière, tu t'apaisais dans un murmure délicieux.

« Océan, bel Océan bleu, roule-moi sur le sable, roule-moi dans ton flot. Je suis ta fiancée, Océan, bel Océan bleu !

« Toi qui retournes comme tu veux les barques et les cœurs, donne-moi les beaux navires des naufragés, les navires pleins d'or et d'argent; donne-moi tes poissons nacrés, tes perles d'opale ; donne-moi surtout le cœur des hommes farouches et des pâles adolescents sur qui tombera mon regard. Car, sache-le, aucun de ces hommes ne se vantera de moi. Je te les rendrai tous et tu en feras ce que tu voudras. A toi seul j'appartiens tout entière !...

« Océan, bel Océan bleu, roule-moi sur le sable, roule-moi dans ton flot. Je suis ta fiancée, Océan, bel Océan bleu !...

Un jour, après avoir chanté ainsi, Dahut jeta une bague dans les flots. Une lame vint mouiller ses pieds et l'enveloppa jusqu'à la taille.

La ville d'Ys prospéra et devint la plus riche de Cornouailles. Le vieux roi Gradlon vivait au fond du palais et ne sortait de sa mélancolie que pour se plonger dans l'ivresse. Sa fille Dahut gouvernait au gré de ses désirs. L'Océan jetait et brisait par centaines les navires sur ses côtes : on pillait les richesses ; les survivants du naufrage devenaient esclaves. Les pêches étaient miraculeuses. Le seul dieu adoré à la ville d'Ys était le dieu de Dahut, l'Océan. Tous les mois, on le célébrait par une cérémonie solennelle. Dahut, assise sur le rivage et entourée de la foule, trônait au milieu de bardes qui invoquaient le dieu terrible. Alors on ouvrait l'écluse, et le flot bouillonnant entrait. Lorsqu'on y jetait le filet, on en retirait des rivières de poissons. Pendant ce temps, Dahut distribuait à la foule ces coquillages roses qui passaient pour des talismans. En même temps, ses yeux parcouraient la foule et des pensées troubles y glissaient comme des vagues. Parfois ils se fixaient sur quelqu'un. Alors il semblait à cet homme que le crochet aigu d'un hameçon descendait dans son cœur et qu'une corde tendue par une main savante l'attirait doucement, mais sûrement, vers la fille du roi, qui le guettait. Bientôt il recevait nn message de Dahut pour se rendre, la nuit, au château marin.

Ah! ce château! on en contait merveilles et terreurs. Du dehors, c'était bien une forteresse de pirates, plantée là pour narguer la mer. Mais au dedans, que se passait-il? Personne n'avait jamais vu reparaître aucun des amants de Dahut. De temps à autre seulement, les gens du pays voyaient un cavalier, monté sur un cheval noir, traverser la nuit les campagnes avec un sac qui retombait des deux côtés de la selle. Il gagnait au triple galop la pointe du Raz, au delà de la baie des Trépassés; il jetait sa charge dans le gouffre de Plogoff. Pendant ce temps, Dahut s'oubliait aux bras d'un nouvel amant. Au risque de chavirer, des pêcheurs curieux rôdaient autour du château des Maléfices. De ses trous noirs sortaient des chants lascifs avec des huées et des lueurs d'orgie qui semblaient insulter à la colère du flot.

Malgré le mystère et la terreur dont s'enveloppait Dahut, le bruit de ses crimes avait percé dans le peuple. Sourdement, les parents et les amis des victimes s'étaient ligués: la révolte grandissait. Un soir, à la nuit tombante, la foule, armée de fourches, de piques et de pierres, se présenta à la porte du château en vociférant:

« Roi Gradlon, rends-nous nos parents, nos frères et nos fils, ou livre-nous ta fille. C'est Dahut que nous voulons! »

Pendant ce temps, Dahut, étendue sur une couche moelleuse, entre des colonnes de jaspe et des tentures de pourpre, se laissait aller à une langueur délicieuse, à une volupté toute nouvelle et presque attendrie. Une de ses mains jouait avec les cordes d'un luth dormant sur les coussins, l'autre errait, légère, dans les cheveux noirs et longs du page Sylven, agenouillé devant elle et qui la regardait éperdument.

— Sais-tu pourquoi je t'aime, toi ? lui disait-elle. Je n'ai peur de personne, car je sais que tous les hommes ont peur de moi. Je les hais tous quand ils m'ont tenue dans leurs bras. Pourquoi faut-il que je t'aime, toi, insensée que je suis ? Tu le sauras, écoute. Un jour, poussée par la curiosité, je voulus aller à Landévenec, au tombeau de saint Gwenolé, qui, disait-on, faisait des miracles. Mais au moment où j'entrai dans la crypte noire, ma lumière s'éteignit et, devant le sarcophage, j'aperçus un jeune homme tenant un flambeau. Il me regardait avec des yeux candides et farouches, comme tu me regardes én ce moment; mais sa main menaçante me défendait d'approcher. J'eus peur et je sortis. Un vieux barde de mon père m'attendait. Je rentrai avec lui dans la crypte, après avoir rallumé mon flambeau. Il n'y avait plus personne. Ma peur s'en augmenta et je demandai au barde ce qu'il pensait de ce signe. Il me dit : Si jamais tu rencontres quelqu'un qui ressemble à ce fantôme, détourne-toi de lui; il te porterait malheur. En te voyant l'autre jour, à la porte de mon père, ton flambeau à la main, je vis que tu ressemblais, trait pour trait, au beau fantôme de la crypte. J'eus peur... je frissonnai... et voilà que je t'aime, en dépit du présage. Oui, je t'aime ! ne fût-ce que pour braver le saint ! Ils sont morts, les autres... tous; mais toi, je veux que tu vives. Qu'on essaie de t'arracher d'ici !

Les deux bras de Dahut se fermèrent follement sur
le corps de Sylven... Un craquement sinistre interrompit
leurs baisers. On donnait l'assaut au château des Maléfices et les gens du roi répondaient par une grêle de pierres.

— Entends-tu, dit Sylven, ces cris féroces ? Ils te ré-
clament pour te déchirer. Viens t'enfuir avec moi au
bout de l'Armorique !

— Attends encore, dit Dahut. Monte à la tour et dis-
moi la couleur de l'Océan.

Sylven monta sur la tour et dit en revenant :

— Il est vert foncé, le ciel est tout noir.

— Tout va bien, dit Dahut ; laisse crier le peuple et
verse-moi du vin dans ma coupe d'or.

Au bout d'un instant, elle le renvoya sur la tour et
Sylven dit en revenant :

— Le ciel devient blafard, l'Océan est fauve et blanc
d'écume. Il bouillonne du large. Il monte ! il monte !

— Tant mieux ! s'écria Dahut avec un éclair dans ses
yeux violets. Mon cœur se gonfle, il monte avec l'Océan !
Ah ! j'aime la tempête !

Comme un ramier palpite sous les griffes de l'épervier,
Sylven frémissait délicieusement sous l'étreinte de la fille
de Gradlon. A ce moment, il y eut un tel coup de bour-
rasque que la forteresse trembla. Sylven eut un sursaut :

— Vraiment, dit-il, ce soir, l'Océan me fait peur !

Dahut poussa un rire éclatant, et, brandissant sa
coupe d'or, elle en lança le contenu par la fenêtre :

— A la santé de l'Océan, mon vieil époux ! N'aie donc
pas peur de lui. Il a beau rugir, ce n'est qu'un vieillard
impuissant. Il écume de rage, mais je sais comment on

le maîtrise. Je veux qu'il serve ma vengeance. Il ne t'aura pas comme les autres, l'Océan. C'est moi qui t'aurai, c'est moi qui te veux ! Car c'est toi que j'aime, toi seul, entends-tu ? Allons ! pour la dernière fois, monte sur la tour et dis-moi ce que tu vois.

Quand Sylven revint, il était pâle comme cire.

. — L'Océan, dit-il, est noir comme la poix. Il fait un bruit de mille chaînes. Ses vagues sont comme des montagnes avec des tours crénelées d'écume.

En même temps, on entendit à la porte du château un cliquetis d'armes et de pierres lancées, et, au milieu de cent malédictions, ce cri :

— Mort à Dahut !

— Ils l'ont voulu ! dit la fille de Gradlon. L'heure est venue ; je vais noyer la révolte avec la ville. Viens !

Sortie du château par une porte secrète, malgré le vent et les vagues, elle entraîna son page sur la digue.

— Tire la barre de l'écluse ! dit à Sylven la forcenée.

A peine eut-il tiré la barre que l'eau, brisant l'écluse, se précipita par l'ouverture. Une vague immense emporta l'amant de Dahut. Celle-ci poussa un cri sauvage. Il lui sembla qu'on lui arrachait l'âme du fond des entrailles. Prise d'épouvante, elle n'eut que le temps de s'enfuir auprès de son père.

— Vite ! ton cheval ! L'Océan rompt ses digues ! L'Océan me poursuit !

Le roi Gradlon se jeta sur son cheval, et sa fille en croupe derrière lui. Déjà les grandes ondes déferlaient sur les murs submergés de la ville d'Ys. L'étalon Morvark se mit à bondir sur les galets ; le flux courait derrière lui. Et, de loin, on entendait une voix terrible comme le meuglement de mille taureaux. Jaloux et furieux d'amour, l'Océan sauvage hurlait après sa fiancée. « Il me veut! sauve-moi de lui, mon père!» criait Dahut. Et le cheval se cabrait sur l'eau bouillonnante. Mais à chacun de ses bonds, une nouvelle lame lancée après lui éclaboussait la croupe du cheval et de la femme. Morvark galopait au pied d'immenses rochers. Déjà on ne voyait plus la plage; toutes les criques écumaient, et les vagues bondissaient contre les falaises comme des licornes blanches. Dahut enlaçait son père toujours plus étroitement. Tout à coup une voix cria derrière lui : « Lâche le démon qui te tient! » Mais Dahut, les ongles crispés dans la chair du vieux roi, suppliait haletante : « Je suis ta fille! Ne jette pas au gouffre la chair et le sang de ma mère... Emporte-moi, fuyons au bout du monde ! »

A ce moment, Gradlon aperçut une forme pâle debout sur un rocher. C'était saint Gwénolé. Le cheval passa comme un éclair. Mais le roi entendit derrière lui la voix tonnante du saint le poursuivre d'un cri : « Malheur à toi! »

Enveloppé par la marée montante, Morvark avait grimpé sur un écueil. Le poil hérissé, le cheval regardait devant lui une chose terrible. A la lueur de la lune rouge, Gradlon vit le gouffre de Plogoff. La bouche d'enfer revomissait les vagues monstres englouties avec les brisants. A chaque hoquet, elle rendait une forme humaine. Cadavre ou fantôme? Gradlon reconnut les amants de sa fille. Ils jaillissaient du flot avec des gestes accusateurs, puis retombaient et semblaient appeler à la sarabande du gouffre la cruelle sirène, la femme-vampire, — toujours désirée ! « Sauve-moi ! » criait la fille de Gradlon, la tête cachée dans le manteau de son père. Mais Gradlon, fasciné par la vue du gouffre, dit à sa fille : « Regarde ! » Elle regarda... Alors les mains glacées de Dahut se détendirent, elle lâcha prise et roula dans les vagues qui se disputaient pour la saisir. Aussitôt l'océan se calma. Il s'enfuit joyeux, emportant sa proie, avec le bruissement sourd d'un grand fleuve et le murmure d'une cataracte lointaine. La plage était libre. En quelques bonds sauvages, le cheval gagna le haut du promontoire.

Inerte et brisé, le vieux roi se retira à Quimper. Saint Corentin le prêcha. Gradlon, par lassitude, se laissa convertir à la foi chrétienne. Mais l'eau du baptême ne put chasser sa mélancolie. Il s'assit sur la paille, au fond d'un donjon, toujours hanté par sa fille. Morvark, de son côté, baissait la tête tristement ou mordait ses gardiens. Quand Gradlon mourut, son cheval devint sauvage de chagrin ; il rompit tous ses liens et courut sur la lande. Aujourd'hui encore, en de certaines nuits, les paysans entendent trembler leur cabane au trot de son sabot. Et le jour, pourquoi court-il les plages blanches d'écume ? Pourquoi le voit-on, au haut des falaises, flairant l'abîme et hennissant ? Que cherche-t-il, de ses yeux de feu, là-bas, sur l'océan couleur d'aigue-marine ? Sans doute ce que cherchent les marins, les bardes et les vagabonds, la fée Dahut qui peigne ses cheveux d'or au milieu des vagues, sur un écueil, parmi les goémons jaunes et blancs. Quant au roi Gradlon, il a sa statue équestre au gable du grand portail de la cathédrale de Quimper, cette page flamboyante d'architecture héraldique. Les paysans kernévotes, qui le dimanche, avant la messe, stationnent sur la grande place, avec leurs larges braies et leurs chapeaux bretons, sont encore fiers de leur vieux roi, si haut perché à la pointe de l'ogive, montant son cheval de mer et de bataille.

Peut-être ont-ils le sentiment confus que ce cheval symbolise l'antique et libre Bretagne.

III

LA BRETAGNE CHRÉTIENNE, SAINT-POL-DE-LÉON ET LA LÉGENDE
DE SAINT PATRICE

Les églises bretonnes respirent une solennité unique.
Petits clochers ou grandes cathédrales, leurs flèches fines
règnent seules sur les vastes horizons de la lande et de
la mer. Dans les moindres hameaux, blottis au fond
des bois, dorment les petites chapelles aux cintres bas,
aux clochetons d'ardoise, aux toits si vieux et si mous-
sus qu'ils semblent sortir du fond de la mer. Et sous ces
toits, dans la nef obscure, prient en files serrées des
femmes en robes noires, aux coiffes blanches et flottantes
comme des ailes d'oiseaux. Dans les grandes villes, les
cathédrales se fleurissent de roses triples, elles ajourent
leurs clochers de galeries en trilobes. En général, le style
gothique breton est simple, svelte et fort. La principale
ornementation est réservée au portail. Souvent, à des
églises toutes nues, on voit des porches surmontés d'une
véritable forêt de pierre, aux troncs et aux feuillages
entrelacés. C'est que par là entrent et sortent les
enfants, les couples, les cercueils ; et le génie celtique
épris de l'arbre, symbole de la vie, et de la pierre,

symbole de l'éternité, recouvre d'une sombre tendresse
ces âmes qui viennent et qui s'en vont. Partout on sent
que la vieille église est la maison commune des morts et
des vivants, qui joint le passé au présent et à l'avenir.
Dans cette dure et triste Bretagne, obsédée par la mer,
image de l'infini matériel, qui enfante et dévore, gouffre
de vie et de néant, le moindre clocher qui se dresse derrière un coteau évoque un autre infini, celui de l'âme,
où rien ne se perd, où tout se réalise et s'accomplit.

Ces pensées me poursuivaient par une claire après-
midi d'été, pendant que j'approchais de la petite ville de
Saint-Pol-de-Léon. Assise sur une éminence qui s'abaisse
en pente douce vers une baie tranquille, dominée par
les deux hautes aiguilles de la cathédrale et de la chapelle
du Creizker, elle dort en plein jour d'un sommeil séculaire, enveloppée du sérieux et du silence qui tombe de
ses deux églises. Des rues désertes ; de beaux jardins
derrière de grands murs ; un air de presbytère et de couvent. Aux abords de la cathédrale, l'aspect moyenageux
s'accentue. Des rues entières se composent d'anciens
hôtels nobles bâtis en granit d'un gris noirâtre. Des cor-
donniers, des boulangers, des tisserands travaillent sous
les fenêtres cintrées que surmontent de hautaines armoiries.
Le porche latéral par où l'on pénètre dans la cathédrale
est d'une poésie légendaire qui vous transporte d'un seul
coup aux âges de foi naïve. Un feuillage de granit protège
le portail extérieur. Au fond du porche, contre la colonne
qui divise en deux la porte intérieure ouvrant sur l'église,
se dresse un Christ majestueux. Sa main gauche tient le
globe du monde, sa droite est levée dans l'attitude de l'en-

seignement. Les traits un peu massifs, mais pleins de noblesse, expriment la force et la douceur victorieuse. Dans son calme, ce Christ a vraiment l'air de porter l'univers dans sa main et de montrer la voie du ciel. Adossé au mur latéral, saint Pierre tient la clef ; en face de lui, saint Jean porte le calice. Les deux disciples se sont rangés avec une obédience respectueuse pour laisser passer le maître. La solidité avec laquelle ils tiennent la clef de la foi et le calice de l'amour prouve leur conviction inébranlable. La teinte bleuâtre du granit gris donne à ces trois figures, en qui se résume l'origine du christianisme, quelque chose de spectral et de supra-terrestre. L'ogive de la porte s'encadre d'un véritable berceau de feuilles de chêne, de lis et de roses sculptés. On dirait que la nature transfigurée et amoureuse du ciel fait pousser cet arc de triomphe sur les pas du Rédempteur, qui vient apporter au monde la joie spirituelle et rendre à l'homme sa splendeur édénique.

Il y a dans cet ensemble une simplicité et une grandeur encore empreintes de la primitive et forte conception que le génie celtique se fit du christianisme. Sa vigueur et son harmonie n'ont rien de l'ascétisme chagrin, tourmenté, grimaçant et maladif, qu'on lui verra plus tard sous le poids de l'obscurantisme et de la tyrannie cléricale et qui trouve son expression dans une foule de calvaires. J'entrai dans la cathédrale. C'était le dimanche après vêpres. Déjà le brun crépuscule envahissait les sveltes arceaux ; mais la nef abandonnée rayonnait sous la lumière merveilleuse de ses vitraux peints, où saignent des rouges cramoisis, où pleurent des violets foncés, où des

blancheurs mystiques luisent dans l'azur suave et tendre.
Je m'assis au fond du chœur, en face de la grande ogive
qui représente la vie de Jésus en quatre tableaux : la
nativité, la présentation à Siméon, la cène et la résurrection. Sous la première on lit : *natus est hodie salvator ;*
sous la dernière : *surrexit sicut dixit.* Des couronnes
d'anges se balancent dans les pleins cintres des verrières
sur les têtes auréolées du Christ et de la Vierge. Au-dessus, l'ogive se constelle de fleurs brillantes comme de
grands papillons, aux ailes diaprées, aux bigarrures
étranges. Tout en haut, flamboie un triangle de feu, avec
le nom IÈVÈ en lettres hébraïques ; figure géométrique
et nom sacré, qui, dans la doctrine des mystères, résument
l'essence de la divinité, et que soutient la colombe blanche, aux ailes étendues, symbole de la substance divine
et de l'éternel amour.

Devant le langage symbolique de ce vitrail, beau
comme une vision, je me sentis enlevé dans une atmosphère de rêve et de légende. Je m'étais demandé souvent
comment la Bretagne païenne et barbare était devenue
la Bretagne chrétienne et mystique du moyen âge. Car
l'histoire ne nous raconte que les faits extérieurs et non
pas ces révolutions intimes qui changent la face d'un
monde en changeant l'âme d'une race. Et voici que, par
toutes ces verrières, il me sembla voir arriver les saints
nombreux qui prêchèrent l'Évangile en Armorique du
ive au vie siècle. Ils vinrent par mer, ces hommes qui
portaient la croix rédemptrice. Seuls ou à plusieurs, ils
s'établissaient au fond des plus sauvages forêts. Les
animaux féroces des bois, loups, buffles, sangliers, les

respectaient ; les populations tombaient sous le charme
de leur douceur, de leur sainteté, de leurs prières. Leurs
litanies entraînaient les enfants ; leur parole apaisait la
colère des rois. Ces moines ouvriers défrichaient les bois,
cultivaient la terre, cardaient la laine, enseignaient tous
les métiers, en même temps qu'ils convertissaient les
âmes. Aux cellules succédèrent les cloîtres, et des villes
se fondèrent autour de ces cités monastiques qui devinrent ainsi les centres d'une religion, d'une poésie,
d'une civilisation nouvelles. Et d'où venaient ces moines
qui prêchaient le Christ en breton ? Des mers du nord,
des couvents de Landaff, en pays gallois, d'Iona, dans
les Hébrides, mais surtout de Clonfert, en Irlande. Tous
ils nommaient la verte Érin, l'île vierge où jamais proconsul romain n'avait mis les pieds, comme une patrie
spirituelle. Tous ils parlaient du fondateur de leur ordre
comme d'un maître sublime et d'un inspiré. Saint Patrice, apôtre de l'Irlande, Gaulois d'origine, fut l'initiateur
du monde celtique au christianisme. Je placerai ici sa
légende parce qu'elle offre le type le plus achevé du saint
celtique et qu'on y voit la rencontre directe du christianisme avec le druidisme. La victoire du premier ne fut
pas une destruction du second, mais une régénération,
et la religion nouvelle se greffa sur l'ancienne comme
une rose d'Orient sur un églantier sauvage. Au lieu que,
dans le monde germain, frank et saxon, la conversion s'o-
péra par des apôtres venus de Rome et tout imprégnés de
la tradition gréco-latine, elle se fit spontanément chez les
pures races celtiques de l'extrême Occident qui reçurent
leur mission d'une inspiration toute personnelle. Le gé-

nic celtique pénétra ainsi d'emblée dans l'essence du christianisme. Il y était préparé par une aspiration innée vers l'invisible et aussi par cette tendresse profonde, par cette pitié pour les faibles et les souffrants qui surgit parfois comme une fleur exquise de ces cœurs violents et passionnés.

Patrice naquit à Boulogne-sur-Mer, *Bononia oceanensis*, vers 387. Il était fils d'un Breton engagé dans l'armée romaine et d'une belle Gauloise, que son père avait affranchie pour l'épouser. Quoique baptisé chrétien, le jeune Patrice, de sens vibrants et d'imagination ardente, mena pendant son adolescence la vie d'un épicurien et s'adonna avec la fougue d'un sang précoce aux mœurs dissolues de la petite colonie romaine où il fut élevé. Une nuit, Bononia fut surprise par les pirates, le camp et la ville saccagés. Toute la famille de Patrice périt dans le massacre. Lui-même fut traîné sur un vaisseau corsaire et vendu comme esclave, en Irlande, à un petit chef de l'Ulster. Il n'avait que dix-sept ans : — « Je tombai, » dit-il dans sa confession, exprimant d'un seul mot l'effondrement de sa vie. Il devint porcher chez son maître. Celui dont la pourpre romaine avait frôlé la peau délicate dut revêtir un sayon de poil de chèvre. Pour refuge, une caverne; pour lit, la pierre nue; pour couverture, des roseaux humides; pour chevet, un fagot d'écorces ; pour nourriture, de l'avoine délayée dans de l'eau tiède. Le jour, il menait son troupeau à la glandée; la nuit, la gelée le glaçait jusqu'aux os : — « Je faillis mourir de froid, dit-il. Au milieu d'êtres sauvages, je me sentis devenir ignorant, grossier, le dernier des

hommes. Je menais une vie dans la mort. » — Pourtant,
c'est au fond de cet abîme qu'il devait découvrir son âme
meilleure. Comme une fleur céleste, cette âme spirituelle,
inconnue de lui-même, vint éclore sur le néant de sa vie
écrasée par le destin. Sous la pression de la souffrance,
il se mit à réfléchir à l'inanité de son existence passée.
Sa vie heureuse s'était engloutie derrière les vagues du
grand Océan sauvage, avec les dieux de Rome et de la
Grèce. Famille, patrie, liberté, il avait tout perdu. Il ne
lui restait plus un ami, plus une âme sur la terre. Sa pensée se tourna vers Dieu, et il se mit à prier longuement.
Une grande paix descendit peu à peu dans son cœur.

Une nuit, pendant son sommeil, il entendit une musique ravissante et lointaine. C'étaient des sons mélodieux,
de longs soupirs de cordes vibrantes d'une douceur éo-
lienne et suave. Une lueur fugace raya la voûte de la
forêt, la caverne s'éclaira doucement, et un jeune homme
dont le corps avait la blancheur de la neige rosie par le
soleil levant se pencha sur la couche de Patrice avec la
tendresse d'un frère : — « Qui cela peut-il être ? pensa
l'abandonné. — On m'appelle l'Ange-Victoire, dit le
visiteur nocturne. Je suis ton ami et je porte la consolation avec moi. » — Patrice s'aperçut alors que l'ange
portait une harpe dans sa main. Après avoir enveloppé
le pauvre pâtre d'un chaud regard, l'ange disparut dans
la noire chênaie, laissant derrière lui un frémissement
de feuilles et quelques sons d'une pureté céleste comme
une traînée mélodieuse dans les airs.

Patrice se demanda en vain ce que voulait dire ce
songe ; mais, depuis ce jour, il cessa de se sentir seul.

Un miracle moral s'accomplit en lui ; au milieu de sa
solitude, il trouva la joie : — « En faisant paître mon
troupeau sur la montagne, je priais longtemps avant le
jour. Que la neige couvrît la terre, que la pluie tombât,
que la gelée glaçât mes membres, je ne ressentais aucun
mal, aucune torpeur. L'esprit m'échauffait. J'entendais
des esprits chanter au dedans de moi [1]. » Souvent la
mystérieuse apparition revint hanter son sommeil. Elle
lui donnait des conseils, soit par des voix, soit par des
images symboliques. Un jour, la voix lui dit : — « Jusqu'à présent, tu n'as pleuré que sur toi-même ; quand tu
pleureras sur les autres, tu verras le soleil de la vie éternelle. » — A quelque temps de là, il vit de pauvres bûcherons auxquels leurs maîtres n'avaient donné que des
cognées sans trempe. Leurs bras étaient raidis, des lambeaux de chair tombaient de leurs mains écorchées. Ils
pleuraient et disaient qu'ils aimeraient mieux mourir
que de vivre d'une vie pareille. L'âme du jeune Patrice
s'émut d'une immense pitié. Il résolut de convertir l'Irlande à la foi chrétienne et de l'affranchir de l'esclavage,
si jamais il recouvrait sa liberté. Cependant, à mesure
qu'il songeait à son entreprise, l'obstination des rois et
la puissance des druides se dressaient devant lui comme
une montagne. Il songeait que lui-même n'était qu'un
misérable esclave et se décourageait. Un soir, il s'endormit près d'un grand feu, à côté des bûcherons qu'il avait

.1. Bollandus, *Confessio S. Patricii* (Acta sanctorum, xvii). M. de
La Villemarqué rapporte les faits essentiels de la vie de saint
Patrice d'après les Bollandistes et Colgan, dans sa *Légende cel-
tique*.

soignés et consolés en leur parlant de son Dieu. Il vit
Satan, comme un géant sombre, qui roulait sur lui une
énorme montagne noire pour l'écraser. Involontairement
il songea au plus puissant des prophètes et cria : « Élie!
Élie! » La montagne se dissipa comme une fumée, et, de
l'horizon, il vit Jésus marcher vers lui. Sa figure était
d'une blancheur éclatante et surnaturelle; ses mains le
bénissaient, sa face resplendissait, et de son cœur royal
partit un rayon de feu qui frappa le cœur de l'esclave
Patrice et le remplit d'une félicité céleste. Quand Patrice
s'éveilla, le feu s'était éteint; les bûcherons étaient partis; le soleil levant perçait la forêt humide de rosée et
ses premiers rayons doraient les fougères inclinées. Une
grande certitude, que rien dans la suite ne put lui
enlever, inonda son âme comme un torrent de lumière.
Il se leva et dit : « Enfin, je l'ai vu de mes yeux; je l'ai
reçu dans mon cœur; c'est lui; le Christ vient à mon aide!
Maintenant, je suis libre, et je rendrai libres mes frères ! »

Une nuit, il rêve d'un navire que le vent pousse sur la
côte d'Irlande. En même temps, une voix lui crie à plusieurs reprises : — « Retourne dans ton pays, ton navire
va mettre à la voile ! » — Il se lève en sursaut et s'enfuit à travers champs. Enfin, il aperçoit la mer, et, tout
près du rivage, le navire sauveur qu'il avait vu en songe
appareillait. C'étaient des marchands faisant voile pour
la Bretagne. Patrice les supplie de l'emmener. Ils refu-
sent d'abord durement, puis étonnés, touchés de sa confiance, le rappellent et le font monter à bord. Cette évasion subite, à laquelle Patrice se sentit poussé par une

force irrésistible, lui valut la liberté après une série de
nouvelles aventures. Repris par des pirates, il fut re-
vendu en Gaule. Des amis le reconnurent et le rachetè-
rent. Il se retira alors au monastère de Lérins pour se
préparer à son apostolat. Car les douleurs des enfants
d'Érin étaient restées au fond de son cœur et « l'émeraude des mers » le rappelait.

Saint Patrice mit trente ans à convertir l'Irlande. Il le
fit sans avoir besoin du martyre, par la persuasion de sa
parole et le rayonnement de sa foi. La légende résume
ces événements en une série de fresques, où le saint nimbé
d'or traverse victorieusement la sombreur des forêts druidiques. Les épisodes réels alternent avec les récits symboliques où la vieille poésie païenne et le mysticisme
chrétien, où le naïf et le grandiose se mêlent familière-
ment. On voit d'abord l'apôtre parcourir le pays sur un
char attelé de deux buffles blancs et prêcher les foules.
Les brigands, les enfants, les femmes, les petits chefs
accourent et l'écoutent. Un jour, il rencontre les deux
filles du roi Laégaïr qui lavent leur robe de noce au bord
de la fontaine ; il les convertit en leur parlant de Dieu.
Mais c'est en attaquant le druidisme à son centre que
Patrice frappa le grand coup. Au-dessus de la plaine de
Tara, s'élevait le palais du roi Laégaïr, chef suprême de
l'Irlande. Tous les trois ans, à l'équinoxe du printemps,
on construisait sur la terrasse de ce palais un grand
bûcher couronné de fleurs. Le roi d'Irlande et cinq autres rois tributaires, avec leurs druides, leurs bardes et
leurs juges, se réunissaient autour du bûcher sacré. A
minuit, le grand druide y mettait le feu après avoir in-

voqué le soleil, la lune et tous les dieux. Quand la
flamme montait dans le ciel, les chefs assemblés en neuf
cercles dans la plaine avec leurs chars de guerre, leurs
chevaux et leurs armées poussaient une immense acclamation ; les feux éteints se rallumaient dans toute l'Irlande, et l'année celtique commençait. Or, en l'année
fatidique, le grand druide allait mettre le feu au bûcher
quand le roi vit briller une petite lumière blanche, sur
le champ où l'on enterrait les esclaves. Le roi demanda
au druide ce qu'était cette lumière sacrilège. « C'est
celle de l'homme fatal au bâton recourbé dont nous t'a-
vons prédit l'arrivée, dit le druide Dubtak. Ne le laisse
point venir ici ; autrement, il nous dominera tous et te
dominera toi-même. » Le roi, de plus en plus courroucé,
fit amener Patrice de force. Il parut un cierge à la main,
suivi de ses disciples qui portaient des flambeaux allumés, et répondit aux menaces du roi : — « Ton bûcher
est celui de l'idolâtrie et de la haine. Mais nous, chrétiens,
adorateurs du vrai Dieu, nous portons des torches de
cire d'une suave odeur, en cette nuit où ressuscita notre
Seigneur Jésus-Christ. Nous veillons en l'honneur de la
fleur de Jessé, à la lueur des torches formées du suc des
fleurs. La cire n'est point la sueur que le feu fait couler
du pin ; elle n'est point le produit des larmes que la
cognée fait verser au cèdre ; c'est une création pleine de
mystère et de virginité qui se transforme en devenant
blanche comme la neige. Nos âmes sont comme nos
flambeaux et nos flambeaux sont les présages du soleil
éternel. Nous les purifions et nous veillons pour ressusciter un jour avec le Seigneur de joie ! — Pourquoi es-tu

venu dans mon royaume ? dit Laégaïr fasciné et troublé malgré lui. — J'en atteste Dieu et les anges, je n'ai eu d'autre but que de prêcher l'Évangile et ses promesses divines, en venant dans le pays où j'ai été esclave. Qui m'y a forcé ? N'est-ce point par amour, n'est-ce point par pitié pour cette nation que je travaille ? » — La moitié des chefs prit parti pour Patrice ; mais le roi le fit jeter en prison. Cependant, quand il voulut le faire brûler, Brigitte, la fille du druide Dubtak, qui avait l'habitude de suivre son père dans les festins en jouant de la harpe et en chantant les vieux héros, s'avança devant le bûcher qui allait consumer Patrice et dit : « Écoutez-moi. Je connais l'*herbe de joie* (la verveine) qui produit l'union des cœurs ; je connais *le fleur d'or* (le sélage), qui ouvre les yeux et l'esprit sur l'avenir ; mais cet homme possède une fleur mystérieuse qui sauve de la mort ; il connaît l'*herbe de la vie éternelle*. Si vous le brûlez, qu'on me brûle avec lui ; car j'ai vu son dieu crucifié ; il m'a terrassée de sa douleur ; il m'a foudroyée de sa gloire ! »

La prophétesse celtique était devenue la voyante du Christ, et l'âme frémissante de tout un peuple la suivait. Mais le roi Laégaïr ne se donna pas pour battu. Il dit au druide Dubtak : « Permettras-tu que ce magicien séduise l'âme de nos filles ? Va lutter avec lui sur la montagne des aigles et que nos dieux le terrassent. » Le druide et le saint gravirent la montagne appelée *Frontière des héros*, où des aigles gardent les tombeaux des géants. Au geste de Dubtak, une nuée d'aigles se mit à tournoyer autour de Patrice avec des cris sauvages comme pour le déchirer. Mais ils ne purent l'approcher. Alors le ciel s'obscurcit; le tonnerre gronda ; les pierres sacrées de la montagne tremblèrent, et dans les brèches de la tempête apparurent les faces livides des héros d'autrefois. Leurs fantômes semblaient irrités, leurs yeux farouches. Ils brandissaient des lances, des harpes et des boucliers dans un long frisson de colère ; et ces figures menaçantes paraissaient et disparaissaient comme de blêmes éclairs.

« Si vous le pouvez, dit Dubtak, chassez l'homme funeste. » Mais Patrice étendit la main ; cinq rayons en sortirent. Fantômes, nuages et tempête se dissipèrent pour faire place au ciel étoilé d'une chaude nuit d'été. Un parfum de roseraies s'échappa de la montagne et un vol de colombes blanches passa. Du fin fond du firmament une étoile s'approcha brillante comme un soleil. — « Est-ce le monde splendide habité par ton dieu ? dit le druide. — C'est le trône d'où il est descendu, dit Patrice. C'est l'étoile des mages qui entraîne le monde. Elle a montré l'enfant divin aux sages d'Orient et d'Occident. Par son rayon d'amour le Verbe divin est descendu sur la terre ; par ce même rayon tu peux remonter jusqu'à lui. Regarde l et tu le verras transfiguré dans sa gloire. » Le druide voulut regarder l'étoile, mais elle était devenue si fulgurante qu'il ne put en soutenir l'éclat. Il dit, baissant la tête : — « Mes esprits m'abandonnent. Cette lumière qui vient des profondeurs du ciel les abat. Elle vient du troisième cercle, du cercle de la Liberté, de la Félicité et de la Vie ; et victorieuse elle traverse le cercle de la Nécessité, de la Douleur et du Trépas. Ton dieu est plus fort que les nôtres puisqu'il sait descendre du ciel sur la terre et remonter de la terre au ciel. — Alors reçois le baptême, dit Patrice. — Arrête, dit le vieillard. Où finiront les héros, mes ancêtres ? Où iront demeurer Finn et le grand Ossian ? — En enfer. — Et ton dieu ne peut les sauver ? — Non. — Alors je ne veux pas de ton dieu ! Mon âme est forte dans mes amis. Où qu'ils soient, je vais rejoindre ceux que j'aime. Mais sache-le, si ton dieu était en enfer, mes héros sauraient l'en tirer ! » A son tour, Patrice baissa la tête, et Dubtak le quitta. Personne ne le revit. Il dort sur la montagne des aigles, sous les pierres sacrées, couvertes de mousse.

Ainsi disparurent les derniers fidèles du druidisme. Mais les bardes convertis, respectés et protégés par Patrice, survécurent avec leurs privilèges et leurs traditions. Après sa mort, ils amplifièrent la partie la plus légendaire de son histoire, ses navigations merveilleuses, ses missions aux Hébrides, en Islande, sur un vaisseau magique, qui glisse aussi rapide que la barque d'Ulysse sur l'onde tranquille, enfin sa descente au purgatoire qui servit de cadre à Dante pour sa *Divine comédie*. Dans ces récits étranges, l'esprit d'aventure du génie celtique se manifeste avec sa puissance de rêve. La vision fugace des mers polaires et des tropiques : cathédrales de glace et rives aux herbes gigantesques pleines d'oiseaux d'azur et de feu, se combine avec des visions du pays des âmes : îles d'ombres gémissantes, monastères flottants dont les cloches attirent les marins et versent l'oubli, îles bienheureuses aux pommes d'or, où de beaux jeunes gens et de belles jeunes filles, se tenant par la main, forment des chœurs de joie sous une aurore éternelle. Ces voyages sont une sorte de glissement insensible vers l'Au-delà, à travers les mirages et les prodiges de l'immense Atlantique. Sans qu'on s'en doute, les voiles de la matière allégée se déchirent, la nature spiritualisée devient transparente, les mers laissent voir leurs profondeurs cristallines, et les espaces stellaires ouvrent aux âmes ailées les routes sinueuses de l'infini.

Cependant, disent les légendaires, Brigitte, la fille inspirée du barde Dubtak, devint une sainte. Elle fonda un couvent pour les femmes esclaves qu'elle avait affranchies et consacra au Seigneur sa harpe, sa voix et son cœur. Dans un hymne d'elle qu'on a conservé, elle disait : « Je voudrais de grandes coupes de charité pour les distribuer ; je voudrais des caves pleines de grâces pour mes compagnons. » Un jour, Brigitte vit venir à elle Patrice blanchi par l'âge. « Voici, dit le saint, j'ai converti toute l'Irlande et je suis devenu vieux. Mes membres s'engourdissent, mes yeux commencent à s'obscurcir. Prends ta harpe, Brigitte, pour qu'à tes chants je retrouve un rayon de lumière, avant de trouver le soleil qui ne s'éteint pas. » Brigitte répondit : « Assez longtemps j'ai chanté. J'ai affranchi des milliers de sœurs, mais ma harpe ne me console plus. Mon âme est triste ; car tu as condamné mon père Dubtak et les vieux héros qui dorment sous les pierres sacrées aux limbes éternels. » Patrice sourit tristement et dit : « Le temps est venu ; je m'en vais vers eux. Adieu, ma fille ! » Quand Brigitte leva la tête, le saint avait disparu. Alors elle se mit à pleurer et dit : « Pourquoi lui ai-je refusé son désir ? Pourquoi n'ai-je pas su consoler à sa dernière heure celui qui m'a consolée? Car je sens que je ne le verrai plus. Nous avons donné notre vie pour les autres, et tous deux nous mourrons seuls ! J'ai soif des plages où il n'y aura point de séparation, où les cœurs comprendront les cœurs, où les regards saturés de lumière assouviront les regards ! »

Patrice disparut sans trace dans une des îles où il avait coutume de se retirer. Comme celui du grand druide, son tombeau demeura inconnu. A quelque temps de là, Brigitte fit un rêve. Elle vit saint Patrice assis à côté de son père Dubtak dans une barque légère comme l'arc de Diane. Ossian et Finn et beaucoup de vieux héros les entouraient. L'Ange-Victoire, avec sa harpe, se tenait debout à la poupe comme un pilote, et la barque étendait ses ailes gonflées de désir et de mélodie comme un grand oiseau de mer. Peu à peu, les flots d'azur qu'elle fendait se changèrent en bandes de vapeurs, et doucement soulevée, la nef des âmes montait dans le firmament. Elle montait vers l'étoile des mages, vers le soleil du Christ qui grandissait au-dessus du zodiaque, dans le signe de la Vierge. — Après cette vision radieuse, Brigitte mourut consolée.

IV

LA BRETAGNE CHEVALERESQUE. — LA FORÊT DE BROCÉLIANDE ET LA LÉGENDE DE MERLIN L'ENCHANTEUR

C'était aux environs de Ploërmel. J'avais marché tout le jour par des chemins creux, des montagnes, des bois, des landes. Le soleil d'après-midi plombait de tous ses feux sur le désert des verdures sauvages, lorsque, dans une vapeur violette, je vis poindre le clocher de Concoret. Ce vaste amphithéâtre couronné de bois sombres, c'était le val des fées, *le val sans retour*, comme l'ont appelé les trouvères. J'étais enfin dans l'antique forêt de Brocéliande, vieux sanctuaire celtique, dont le nom, *Koat-brec'-hel-léan*, signifie *forêt de la puissance druidique*, contrée immortalisée par la poésie chevaleresque du moyen âge. Et devant moi, cette fontaine, près de laquelle on voit deux pierres couvertes de mousse, que domine une vieille croix de bois vermoulue, c'était la fontaine de Baranton et le tombeau de Merlin. C'est là que, selon la tradition bretonne, le barde-devin fut endormi par la fée Viviane et qu'un magique sommeil ferma pour toujours les paupières du grand enchanteur. Que de pèlerins sont venus ici, attirés par le mystère troublant de cette légende, par ce personnage fuyant, énigmatique! Mais ni le susurrement ironique de la source, ni le balancement des genêts en fleurs, ni la forme bizarre des pierres brutes ne leur ont rien appris sur l'Orphée celtique. Le prophète des Bretons est resté le sphinx des bardes, et la forêt de Brocéliande a gardé son secret. Le plus vieux des trouvères, Robert Wace, le dit avec un sourire fâché : « Fol y allai, fol m'en revins. »

Je m'en allais comme Robert Wace, quand j'aperçus, appuyée contre un rocher dont elle semblait faire partie, une bergerette de quinze à seize ans, vêtue de loques, le teint hâve, les cheveux noirs pendants. La tête penchée, elle tenait sa quenouille suspendue à son fuseau, et filait, filait, pendant que sa chèvre broutait une touffe d'ajoncs. Je lui demandai mon chemin. Elle me jeta de côté plusieurs regards timides et farouches de ses yeux d'un bleu verdâtre, puis, de son fuseau, m'indiqua la direction. Elle ne parlait pas le français, mais elle m'avait compris. — « Est-ce là-bas la fontaine des fées ? » dis-je en désignant la fontaine de Baranton. Elle me répondit : *Homman nequet an hini guir.* Les deux ou trois mots de breton que j'avais appris en voyage ne me suffisaient pas pour comprendre ; mais je crus deviner à son hochement de tête que cela signifiait : ceci n'est pas la vraie. Et voyant qu'elle se mettait en marche, je compris qu'elle voulait me conduire à une autre source qui, selon elle, avait des vertus plus efficaces. Je la suivis longtemps par des chemins pierreux. D'une main, elle traînait sa chèvre, de l'autre, elle brandissait son fuseau échevelé comme une arme, courant et sautant pieds nus sur les roches. Mais elle ne se déridait pas. Toujours grave, avec ses regards obliques couleur de mer et couleur de forêt, elle restait la sauvage et mélancolique fille de la lande, défiante de l'étranger. Enfin, nous entrâmes sous une épaisse chênaie pour déboucher sur une combe de verdure ensoleillée. Elle chatoyait comme une émeraude entre les bois sombres. Dans le fond, au bout de la pelouse, se cachait un bas-manoir breton d'un seul étage, à volets verts fermés, à tour unique et carrée, surmontée d'un toit en pyramide. A l'extrémité supérieure de la combe, sous un petit bois d'aulnes, enfoui lui-même et protégé par les bras noueux de la forêt géante, miroitait le bassin d'une fontaine, d'où filtrait avec un murmure discret un ruisseau coulant vers le manoir. La fillette y fit boire sa bête, et s'agenouillant au bord, dans l'herbe folle, but quelques gorgées d'eau dans le creux de sa main. En se levant, elle fit le signe de la croix avec les dernières gouttes et dit : *Homman hè feuteun ar hazellou*, ce qui signifie : Ceci est la fontaine des fées. Puis, toujours ombrageuse et fugace, elle rentra sous le bois.

Je m'assis sous les aulnes, au bord de la source, et je bus, moi aussi, de cette eau délicieusement fraîche, en demandant aux divinités du lieu de me révéler quelque chose sur l'âme du grand Myrdhin. Dans ce personnage à double face, suspect à l'Église et cher au peuple, infernal pour les uns et divin pour les autres, m'était apparu toujours l'un des arcanes de l'âme celtique et comme le nœud vivant de sa destinée. Le soleil s'inclinait à droite vers la chevelure emmêlée des chênes, qui, vus à contre-

jour, paraissaient de plus en plus noirs et impénétrables.
Mais à gauche, une route lumineuse s'ouvrait dans la
grande forêt entre des ormes et des érables trois fois cen-
tenaires. Le chemin tournant, semé de genêts en fleurs,
allait se perdre dans un bouquet de bouleaux légers et
transparents comme la robe des fées. Et voici qu'aux
rayons du soleil oblique, je crus voir défiler sous bois,
sur leurs chevaux bais, fauves et blancs, la troupe brillante des chevaliers d'Arthur, avec leurs cottes et leurs
heaumes luisants, leurs écus orange et azur. A côté du
noble roi de la Table-Ronde, chevauchait la blanche Genièvre, au profil pur, au fin sourire, aux yeux doux et
pervers, ayant la science du bien et du mal. Et derrière
eux cheminaient par couples, au pas de leurs destriers
aguerris, les héros d'aventure et la troupe des beaux
amants, Éric et Énide, Yvain et la dame de Brécilien,
suivis d'un long cortège. Puis, marchant à l'écart, les
bras enlacés, Tristan et Yseult, enivrés de leur philtre
immortel. Et Perceval, le templier, fermait la marche.
Il chevauchait seul et grave dans sa cotte grise, le chef
incliné, rêvant à la coupe d'amour et de sacrifice, au
Graal, qui confère la sainte fortitude, qui lave de toutes
les taches et guérit de toutes les blessures.

Elle s'évanouit, aérienne comme un songe, dans l'or
du couchant, la brusque vision du monde chevaleresque.
Le soleil était descendu sous les chênes, et je plongeai
mes regards dans la forêt de droite, devenue, sous quelques éclaircies sanglantes, encore plus noire et plus lugubre. Entre les colonnes torses de la vieille forêt, sur
le sol d'un gris cendré de feuilles mortes, il me sembla

voir les vieux bardes gallois et armoricains, leur hache de bataille à la ceinture, la rote ou la harpe sur l'épaule. Leurs longs cheveux gris s'échappaient de dessous leurs couronnes de bouleau. Je crus distinguer parmi eux la haute taille de Taliésinn et de Lywarch-le-Vieux, Aneurin l'inspiré et Gwenchlan, le lanceur de malédictions. Leurs faces étaient convulsées, leurs yeux dilatés par d'immenses colères et de terribles visions. De leurs bouches frémissantes s'échappaient, en rythmes sauvages, un flux de vers précipités comme des coups d'épée assénés dans une bataille sans fin, ou comme les vagues infatigables qui assaillent le rivage. Finalement, je compris le sens de leurs imprécations. Ils vociféraient : « Malheur aux ingrats, malheur à ceux qui ne savent pas se souvenir ! La troupe brillante qui a défilé devant toi tout à l'heure est notre œuvre. Ces hauts chevaliers, ces belles amoureuses sont nés de nos larmes, de notre sang, de nos combats, de nos luttes séculaires contre l'étranger, Saxon ou Frank. Ces hommes et ces femmes sont de notre race; ils ont vécu parmi nous et nous les avons chantés jadis. Nous les avons conçus et enfantés, ces fils de nos joies, ces filles de nos douleurs. Mais parce que nous avons été vaincus, vous nous les avez pris pour les travestir et vous nous avez couverts d'oubli. Que nous importe ? L'homme avec toutes ses créations n'est qu'ombre vaine ; l'esprit qui l'anime seul est vivant et revêt des formes nouvelles selon son verbe et sa vertu. Les bardes oubliés ne sont pas à plaindre. Mais à cause de votre injustice et de votre ingratitude, nous ne vous avons rien légué de notre science et de nos mystères.

Vous vivez dans l'oubli de la vérité ; vous ignorez les forces cachées de la nature, vous ne savez rien des trois cercles de l'existence où l'âme transmigre. Vous ne savez même pas ce que vous auriez pu faire de notre harpe. — Nous l'avons brisée ! Toi qui cherches le secret de notre frère Myrdhin, tu n'en sauras rien, — et cependant, il est connu de la divinité de cette fontaine. »

J'écoutais avidement ; les ombres s'effacèrent ; les voix se perdirent dans un chuchotement de feuilles mortes. Je frissonnai ; un vent rida le bassin et je me retournai. Tout était noir à la surface de l'eau et dans le bosquet d'aulnes. Alors, au jour blafard qui trouait les feuillages, j'aperçus de l'autre côté de la source une chose que je n'avais pas vue. Une statue de femme se dressait sur un piédestal, dans l'épaisseur du bois. Un reflet d'eau ou de ciel ébauchait vaguement ses larges flancs, son buste svelte et sa tête inclinée. La nudité du corps émergeait à demi de la nuit sylvestre, mais le visage gardait le masque troublant du crépuscule. N'était-ce pas la fée celtique, l'antique druidesse, la femme initiée par l'instinct aux secrets de la nature, celle qui, domptée et dirigée, peut devenir la voyante salutaire, mais qui, maîtresse aveugle et toute-puissante, devient la magicienne fatale, évoquant les forces d'en bas, enlace l'homme de ses mirages, le terrasse et le noie ? N'était-ce pas la vraie Viviane, d'un charme autrement redoutable que la petite fille coquette et rusée des trouvères ? N'était-ce pas celle pour qui Merlin perdit sa harpe, son génie et jusqu'au souvenir ?

Et, du bas du vallon, une voix s'éleva, celle sans

doute de la petite bergère du manoir. Elle disait une chanson bretonne d'un mode sauvage et inquiet dont les strophes expirent sur une plainte alanguie. Impossible de comprendre les mots. Mais, par un de ces sortilèges dont la musique est coutumière, les notes se traduisirent involontairement pour moi en paroles. C'étaient celles d'une chanson populaire de Nantes, sur la magicienne qui enlève son amant à une pauvre payse :

> Elle n'est pas aussi jolie,
> Mais elle est plus savante ;
> Elle fait la pluie, elle fait le vent,
> Elle fait fleurir la lande !...

Et comme les strophes montaient, enjôleuses et tristes, un tintement de cloche s'égrena lentement dans l'air. C'était l'angelus d'un village éloigné. Avec quelle pureté céleste ces notes passèrent sur les landes et les bois dans la sérénité du soir ! Comme elles se mariaient, attendrissantes, à la chanson sauvage ! Et subitement, je sentis que le secret de Merlin venait de se révéler à moi. Car, pendant toute sa vie, l'âme du grand devin vibra partagée entre ces deux voix : celle de la terre et celle du ciel, entre ces deux mondes : le paganisme et le christianisme. Alors la forêt, la fontaine et les pierres se mirent à me conter la vraie légende de Merlin que j'ai fidèlement notée.

Au ve siècle, vivait, dans un couvent de Cambrie, une nonne très pieuse nommée Carmélis. Fille d'un roi sans couronne, elle avait fui la violence du siècle pour se vouer à la contemplation entre les murs tapissés de lierre d'un monastère perdu dans les bois. Son corps était sans tache et son âme d'une séraphique douceur. Mais ce qui étonnait, ce qui effrayait ses sœurs du couvent, c'était la pitié de Carmélis pour les êtres inférieurs, hommes, animaux et plantes, dont elle plaignait l'âme obscure ou écrasée ; c'était son indulgence pour les pécheurs, pour les méchants eux-mêmes, qu'elle trouvait plus malheureux que les autres ; c'était sa curiosité attendrie pour ceux qui souffrent en expiant une faute. Éveillée, son cœur compatissant l'invitait à descendre dans l'abîme des douleurs ; endormie, son âme s'envolait souvent aux sphères éthérées.

Dans une de ses extases, elle vit les sept Archanges debout autour du Soleil divin. Elle resta éblouie de leur splendeur, mais son cœur ne battit point. « Ils sont heureux, dit-elle, que puis-je pour ces rois de gloire de l'éternité, et que sont-ils pour moi ? Je voudrais voir l'Ange tombé, le Maudit, celui qui souffre sans espoir ! » Aussitôt elle fut plongée dans l'abîme. L'Ange proscrit lui apparut, voilé d'un nuage sombre, beau comme une comète qui traîne sa lueur sinistre. Au sommet de son front, scintillait une étoile rougeâtre. Le noir serpent de la Mort qui étreint les mondes, les hommes et les créatures s'enroulait trois fois autour de ses flancs. Ses yeux ténébreux dardaient le désir inassouvi en longs éclairs pourprés. En même temps s'en échappaient, comme de pâles diamants, les larmes d'une douleur éternelle. Ces larmes étaient le souvenir du ciel perdu : et lentement des mondes obscurs, des âmes tristes en naissaient.

— Qui es-tu ? dit Carmél.

— Je suis celui qui ne s'est point courbé devant l'Éternel. Je suis celui qui veut être et savoir par lui-même ; je suis le Révolté et le Maudit. Et pourtant sans moi la terre et les mondes visibles ne seraient pas. Je supporte la colonne de l'espace et du temps. Je suis le roi de l'air et du monde inférieur. Je porte la lumière dans les ténèbres. Tous les bannis du ciel, tous ceux que leur destin force à s'incarner sur terre, errent dans mon royaume. Je suis le tentateur, et les âmes ont besoin de passer par mon crible pour remonter. Les souffrances que je cause sont nécessaires à la vie de l'univers, mais j'en souffre au centuple. L'exil des âmes est temporaire ; le mien est éternel.

— Pauvre archange tombé ! dit Carmélis ; je prendrai une de tes larmes et je la porterai à tes frères les archanges qui sont les verbes vivants d'Élohim. En voyant cette larme, ils auront pitié de toi.

— Non ; ils ne peuvent rien pour moi. Mais puisque tu aimes celui qui brave la souffrance, veux-tu sauver une âme qui erre pourchassée dans le royaume de l'air, en l'adoptant comme un fils ?

— Oui, je le veux, parce que je t'aime ! dit la dormeuse imprudente dans un cri de sympathie.

— Eh bien, tu me reverras ! dit le prince de l'air en s'effaçant comme un météore.

Une nuit, Carmélis dormait à demi d'un sommeil agité dans sa cellule de nonne. Elle vit entrer un pèlerin courbé sur son bâton, le visage caché par son capuchon. Il semblait épuisé ; il demanda asile d'une voix humble et suppliante. — Eh bien! couche-toi sur ces dalles, dit Carmélis sans crainte, et repose-toi. Il s'agenouilla devant elle, comme pour une prière fervente. Mais peu à peu il sembla à Carmélis que cette forme de moine agenouillé perdait ses contours arrêtés. Était-ce un corps solide ou une ombre ? Elle grandit vaporeuse, se redressa lentement, et, rejetant le froc, du vil haillon sortit dans toute sa fierté l'Ange maudit qui porte au front l'étoile de la science et de l'orgueil. Ses ailes crépusculaires étaient dressées et touchaient la voûte; elles frémissaient. Carmélis frissonna de terreur. A travers ses yeux fermés elle voyait tout; mais elle restait fascinée, clouée sur sa couche. Immobile, l'Esprit couvait la vierge. De ses yeux ardents, de ses mains étendues, de ses ailes élargies, il l'enveloppait d'un effluve puissant qui la secouait de brusques soubresauts. Elle descendait, descendait avec lui dans l'abîme, et c'était une torture délicieuse. Peu à peu, la cellule s'emplit d'une vapeur épaisse où elle ne distinguait plus que les yeux rouges de l'Ange maudit et son étoile enflammée. Tout à coup, elle sentit ses lèvres comme un fer chaud sur sa bouche; en même temps, un fleuve de feu la pénétrait et le serpent de la mort la mordait au cœur. Sous la commotion violente, elle poussa un cri strident et s'éveilla. Elle était seule sur sa couche brûlante, dans l'air étouffant de sa cellule. L'orage grondait au dehors, et, par la fenêtre, une ombre s'échappa comme un grand oiseau dans la nuit chaotique. Mais la voix solennelle et triste du prince de l'air clama dans la tempête d'automne : — «Puisque tu m'as aimé, tu seras la mère de Merlin. De moi il aura la science maudite par l'Église, et il sera un grand prophète [1].

1. Si l'idée mère de la légende de Faust est *le pacte du magicien avec le diable*, l'idée génératrice de la légende de Merlin est *le magicien-prophète, fils de l'Ange tombé, Lucifer, et d'une vierge*. L'origine de Merlin contient le sens symbolique du personnage. Il aura de son père l'esprit de révolte, l'insatiable curiosité, la connaissance du monde naturel et le désir sans frein. De sa mère, lui viendra l'instinct de douceur, de sympathie et d'espérance, enfin le don merveilleux par excellence, l'intuition angélique des âmes et du monde divin. Le génie païen et le génie chrétien, qui sont entrés dans la substance de son être, lutteront en lui sans pouvoir se vaincre. Il sera torturé à la fois par le désir de la terre et par la nostalgie du ciel, et il mourra fou de ne pouvoir les étreindre dans une même possession. Les plus vieux historiens, Nennius et Geoffroy de Montmouth, font descendre Merlin d'une vierge (vestale ou nonne) et d'un démon incube. Voici comment Nennius caractérise ce genre d'esprits : *Nam ut Apulejus de Deo Socratis perhibet, inter lunam et terram habitant spiritus, quos incubos dæmones appellamus. Hi partim hominum, partim vero angelorum naturam habent* (Nennius, *Historia Britannorum*, liv. VI, c. XVIII). Cette idée fondamentale persiste à travers toutes les déformations postérieures et sous les fantaisies les plus extravagantes des trouvères. Je la trouve exprimée d'une manière remarquable dans un roman français du XIIIe siècle : — « Dieu permit que Merlin eût comme son père la connaissance de toutes les choses passées ; puis, afin de rétablir la balance entre le ciel et l'enfer, Dieu joignit à la science que l'enfant recevrait de son père celle de l'avenir que Dieu lui accorderait. *Ainsi l'enfant pourra-t-il choisir librement entre ce qu'il tiendrait de l'enfer et ce qu'il tiendrait du ciel.* » (*Le Roman de Merlin*, par Robert de Boron, publié par Paulin-Pâris. — *Romans de la Table-Ronde*, t. II, p. 25.) — Les sources les plus anciennes sur la vie de Merlin sont le récit de Nennius dans son *Histoire des Bretons*, ch. XL à XLII ; la *Vita Merlini* en vers latins, de Geoffroy de Monmouth. — Plus importants et plus suggestifs sont les fragments épars dans le *Myvyrian Archeology*. — La tradition armoricaine se retrouve en partie dans le *Roman du Brut*, de Robert Wace et dans le *Roman de Merlin*, par Robert de Boron. M. de La Villemarqué a réuni les traditions essentielles qui se rapportent au personnage dans son livre : *Myrdhin ou l'Enchanteur Merlin, son histoire, ses œuvres, son influence.*

Rappelons ici les deux beaux volumes d'Edgard Quinet sur *Merlin l'Enchanteur*. Ce n'est pas sans doute le barde celtique que

A partir de ce moment, la vie de Carmélis fut pleine de soucis, de peines et d'épouvantes. Elle sentait qu'elle avait conçu par le baiser de l'Ange maudit. Comme un cercle de feu, ce baiser l'enfermait dans le royaume du prince de l'air. Plus de séraphiques extases, plus de visions célestes, l'angoisse la poussait hors du couvent, dans les bois. Et là, elle entendait mille bruits étranges, mille voix susurrantes et douces. « Mon Dieu ! que vais-je devenir ? » disait-elle en se laissant tomber dans la grotte où filtrait la source, ou bien sous le chêne des fées. Et, comme un tourbillon de feuilles invisibles, l'enveloppait le chœur des esprits aériens, qui lui chantait des choses ensorcelantes et lui disait : « Sois bénie, vierge pure et bonne, toi qui donnes asile à l'un des nôtres ; un grand enchanteur va naître de toi ! » Alors, au milieu de ses terreurs, la joie folle d'être mère envahissait la pauvre nonne. Elle croyait déjà voir ce fils miraculeux dont elle moulait en elle-même le corps charmant et dont l'âme sournoise voltigeait si mystérieusement autour d'elle. N'était-ce pas sa voix qui soupirait dans la cime du bouleau, qui riait gaîment dans le ruisseau ? N'était-ce pas lui qui, invisible et léger comme un sylphe, lui frôlait le cou et le sein, qui cherchait à pénétrer en elle, le petit démon, et chuchotait : « Charmante mère ! n'aie pas peur, si tu veux me bercer, moi qui sais tout, je te dirai des choses merveilleuses ! »

nous a montré l'illustre écrivain. Il s'est complu à personnifier en Merlin le génie progressif de la France. Mais n'oublions pas que les pages éloquentes de l'historien philosophe ont puissamment contribué à ramener l'attention sur la grande figure légendaire qui se dresse devant l'arcane de nos origines nationales.

Ne pouvant plus cacher sa grossesse, Carmélis alla tout dire à Gildas, évêque du pays. Or, à cette époque, dans certains districts de la Grande-Bretagne, on appliquait aux nonnes fautives la loi des vestales. Seulement, au lieu de les enterrer vives, on les précipitait du haut d'un rocher, dans un gouffre. Gildas eût épargné la fille d'un roi, mais quand il apprit la manière étrange dont elle avait été séduite, il déclara qu'elle avait succombé à la ruse d'un incube et aux artifices du démon. Il se contenta d'excommunier la vierge polluée par l'esprit malin et de maudire le fruit infernal qu'elle avait conçu. « Va-t'en, dit le moine indigné, va-t'en sur la lande, fiancée du vent, amante maudite du prince de l'air, prostituée de Satan ! Que tout foyer chrétien te soit fermé ! Il n'est plus d'asile pour toi que chez les païens ! » Le père de Carmélis était mort, l'Église l'abandonnait, heureusement qu'elle connaissait Taliésinn, grand-maître de la corporation des bardes sous la protection d'un chef gallois. Ces bardes, tout en se disant chrétiens, avaient conservé leurs rites, leurs croyances, les arcanes de leur religion et de leur initiation traditionnelle. Les gens d'église, qui voyaient en eux des rebelles et des rivaux, les considéraient d'un mauvais œil, les appelaient païens, relaps, hérétiques, et les attaquaient avec une extrême violence. Mais les héritiers des druides étaient encore très puissants, protégés des chefs, vénérés du peuple. Carmélis se réfugia auprès d'eux. Taliésinn accueillit la nonne proscrite avec bonté et promit d'élever l'enfant.

Sur une des côtes du pays de Galles s'ouvrait jadis une grotte aujourd'hui disparue sous un éboulement,

17

appelée la grotte d'Ossian. Comme la grotte de Fingal, dans les Hébrides, elle était formée par des colonnes de basalte serrées les unes contre les autres et se perdait dans les entrailles du mont en salles naturelles. C'est là que les bardes des anciens temps tenaient leurs réunions secrètes. C'est là aussi qu'eut lieu la consécration de leur prophète, de celui qui devait jouer un si grand rôle dans les annales celtiques. Cette consécration était toujours précédée d'une épreuve solennelle.

Au pied de la montagne sacrée, à la sortie de la grotte d'Ossian, s'étendait une lande sauvage que les moines flétrirent plus tard du nom de lande maudite. Elle était semée d'un cercle de pierres druidiques. Au centre de ces pierres, il y en avait une colossale en forme de pyramide. La nature ou la main de l'homme y avait creusé une sorte de niche où l'on montait par un escalier de roches superposées. On appelait ce menhir la pierre de l'épreuve ou la pierre de l'inspiration. C'est là que l'aspirant devait dormir une nuit entière. Au lever du soleil, le chœur des bardes sortant de la montagne sacrée par la grotte d'Ossian venait réveiller le dormeur. Parfois, à leur chant, on le voyait se dresser devant l'astre naissant, et, frémissant d'extase, raconter son rêve divin en un chant rythmique. Alors, il recevait le titre de barde prophète. Il était considéré comme ayant l'*Awenniziou*, c'est-à-dire qu'un génie divin, son *Awenn*, son génie à lui, qui, selon la doctrine ancienne, plane sur l'homme, parlait par sa bouche. Mais souvent il arrivait que l'aspirant avait fui avant l'aube, ou que, saisi d'épouvante, il descendait de la roche en proférant des paroles insensées. En ce cas, il était déchu de sa dignité. La tradition populaire du pays de Galles a conservé le souvenir de cette épreuve pendant des siècles dans la légende de la pierre noire du Snowdon. Quiconque, dit-elle, dort une nuit sur la pierre noire de l'inspiration se réveille poète ou fou pour le reste de ses jours.

C'est là qu'un soir le vieux Taliésinn, entouré du collège bardique, conduisit son disciple Merlin et lui dit : « Nous t'avons enseigné ce que nous savons : nous t'avons montré la clé des trois vies, celle de l'abîme, de la terre et du ciel [1]. La science est l'abri et le voile de qui la possède. Tu pouvais vivre tranquille parmi nous ; tu as voulu t'élever au rang suprême ; tu réclames la clé des mystères, l'inspiration du prophète. Les signes te sont favorables ; une grande mission t'attend. Mais moi qui t'aime, mon fils, je dois t'avertir. Songe qu'à ce jeu tu risques ta raison et ta vie ! Quiconque veut s'élever au cercle supérieur, plus facilement retombe à l'abîme. Tu auras à lutter avec les puissances mauvaises et toute ta vie sera une tempête. Parce que tu seras prophète, hommes et démons s'acharneront sur toi. La plus grande des joies t'attend : le rayon divin ; mais aussi te guettent la folie, la honte, la solitude et la mort ! »

A ce moment, on vit s'avancer sur la lande maudite le moine-évêque Gildas, son bâton pastoral à la main. Il jeta un regard de défiance sur l'assemblée des bardes et dit à leur disciple : — « Merlin ! je te connais. Tu es le fils d'une mère qui a failli, et l'esprit malin est en toi.

1. Voir *le Mystère des bardes,* par Adolphe Pictet.

Malheur à celui qui cherche la vérité sans le secours de l'Église et se dit inspiré sans avoir reçu sa sanction ! Tu as bu le poison des hérétiques et tu cours à ta perte. Malgré cela, je veux tenter de te sauver. Suis-moi, entre au couvent, fais pénitence et deviens moine. Ainsi, sous ma direction, tu expieras tes erreurs et celles de ta mère, et je te donnerai le pain du salut. »

Taliésinn répondit tranquillement à Gildas : — « Comme toi, nous adorons le Dieu unique et vivant. Mais nous croyons qu'il a donné la liberté à l'homme afin qu'il trouve la vérité par lui-même. Tu offres le port connu sans le voyage. Nous offrons un frêle esquif sur l'Océan sans limite et la terre promise au risque du naufrage. Merlin est libre de choisir. S'il préfère le port à la tempête, qu'il te suive avec la bénédiction des bardes. »

Jusque-là, Merlin était resté absorbé en lui-même, le regard fixe et rentré. Il n'avait répondu que par un sourire de dédain à la sommation de l'évêque. Mais aux nobles paroles du maître, une flamme jaillit de l'œil du disciple, qui s'écria, dans un transport d'audace et d'enthousiasme : « Je ne recevrai pas la communion de ces moines aux longues robes ! Je ne suis pas de leur église ; que Jésus-Christ lui-même me donne la communion ! Pour la harpe des dieux, pour le rayon céleste, pour la couronne du poète, je veux risquer ma vie ! Que je roule aux abîmes ou que je monte au ciel, je tenterai le sort ! J'entends en moi d'étranges harmonies ; j'entends gronder l'enfer, j'entends pleurer les hommes et chanter les anges. Quel génie est le mien ? Quelle étoile est mon guide ? Je n'en sais rien, mais j'ai foi au génie, à l'étoile !

Oui, je chercherai mon Dieu dans les trois mondes, je pénétrerai le mystère de l'Au-delà. Pour savoir, pour vibrer, pour jouer sur les cordes des âmes, je mets en gage mon corps, ma vie et ma raison !

— Ah ! tu es bien le fils de Lucifer ! dit Gildas en détournant les yeux avec indignation. Pervers, va ton chemin ; l'Église ne peut plus rien pour toi ! » Et il s'en alla plein de souci pour son autorité et de colère contre le rebelle.

La nuit avait envahi la lande. Merlin monta sur la pierre de l'épreuve et entendit le chœur des bardes qui s'éloignaient invoquer pour lui les génies solaires, dont les ailes blanches et transparentes se vivifient dans les océans du feu céleste. Leur chant se perdit au cœur de la montagne, sous la grotte tournante, comme le murmure lointain des flots qui se retirent, et la montagne elle-même semblait clamer d'une voix toujours plus profonde : « Dors, enfant des hommes, dors du sommeil des inspirés et réveille-toi fils des dieux ! »

Bientôt la lande fut envahie par les brumes ; elles s'étiraient en longues bandes sur la pierre de l'épreuve et finirent par l'envelopper tout à fait. Merlin crut y distinguer des formes grimaçantes et diaboliques, pêle-mêle avec des fées ravissantes. Dormait-il ou veillait-il ? Parfois il sentait sur sa peau le frôlement de corps fluidiques comme des ailes de chauve-souris. Bientôt une tempête furieuse balaya la lande maudite. Merlin se cramponna à la pierre pour n'être pas renversé par l'ouragan. Alors, une forme altière et ténébreuse sortit du sol. Une étoile blême tremblait sur sa tête et sa lueur mourante éclairait à peine un front superbe creusé de rides volontaires. Une main de géant s'appesantit comme un roc sur l'épaule du dormeur et une voix creuse lui dit : « Ne me reconnais-tu pas ? — Non, balbutia Merlin, saisi d'un mélange d'horreur et de sympathie. Que me veux-tu ?— Je suis ton père, l'Ange de l'abîme, le roi de la terre et le prince de l'air. Je t'offre tout ce que je possède : la science terrestre, l'empire des éléments, le pouvoir sur les hommes par la magie des sens. — Me donneras-tu aussi la science de l'avenir, la connaissance des âmes et le secret de Dieu ? — Ce chimérique empire n'est pas le mien ; j'offre la puissance et la volupté dans le temps. — Alors, tu n'es pas l'esprit que j'ai invoqué sur la montagne. Plus hauts sont mes désirs, je ne te suivrai pas. — Présomptueux ! tu ne sais pas ce que tu refuses ; un jour tu l'envieras. Mais malgré moi, tu m'appartiens. Par les éléments dont tu es pétri, par tes attaches mortelles, par l'effluve igné de la terre qui court dans tes veines, par les courants magnétiques de l'atmosphère, par le désir qui brûle en toi, tu es mon fils. Quoique tu m'aies renié, je te laisse un souvenir de moi ; un jour, tu en comprendras la force et la magie. » La main terrible, qui pesait comme une montagne sur l'épaule de Merlin et lui prenait le souffle, se leva. Il sentit une chaîne s'enrouler à son cou et quelque chose de métallique tomber sur sa poitrine. La forme du Démon s'était évanouie avec le poids du cauchemar. La terre tremblait et de ses entrailles montèrent ces mots, scandés par un tonnerre sourd : « Tu m'appartiens, mon fils, tu m'appartiens ! »

Alors un sommeil plus profond lui versa une félicité inconnue. Il lui sembla que les ondes du Léthé fluaient à travers son corps et en effaçaient tout souvenir terrestre. Puis, il eut l'impression d'une lumière très éthérée et très douce, comme la vibration d'une étoile lointaine, enfin le sentiment d'une présence surnaturelle et délicieuse, qui ouvrait la source secrète de son cœur et dessillait les yeux de son âme. Assise sur la pointe du rocher, enveloppée de ses longues ailes, une forme humaine d'une beauté angélique et ravissante se penchait vers lui. Elle tenait une harpe d'argent sous son aile de lumière. Son regard était un verbe, son souffle une musique. Regard et verbe disaient à la fois : « Je suis celle que tu cherches, ta sœur céleste, ta moitié. Jadis, t'en souviens-tu? nous fûmes unis dans un monde divin. Tu m'appelais alors ta Radiance [1] ! Quand nous habitions l'Atlantide, les fruits d'or de la sagesse tombaient dans ton sein et nous conversions avec les génies animateurs des mondes [2]. Tu fus séparé de moi pour subir ton épreuve et conquérir ta couronne de maître. Depuis je te pleure, je languis et m'attriste dans les félicités du ciel. — Si tu m'aimes, murmura Merlin, des-

1. Merlin eut près de lui une source de consolation plus puissante que l'amitié de Taliésinn. Était-ce un être réel, une femme, une sœur du barde, comme l'a prétendu le vulgaire, ou un être idéal? Elle lui donne les noms les plus tendres, elle l'appelle son sage Devin, son Bien-aimé, son Jumeau de gloire, le Barde dont les chants donnent la renommée, la clé avec laquelle la victoire ouvre les portes de toutes les citadelles. — *Myrdhin ou Merlin l'Enchanteur,* son histoire, ses œuvres, son influence, par M. de La Villemarqué, p. 63.

2. Dans un passage cité par le *Myvyrian,* Merlin chante le pommier sacré, qui, dans la symbolique des bardes, figurait l'arbre de la science. (*Myvyr. Arch.,* t. Iᵉʳ, p. 151.)

cends sur la terre ! — Femme de la terre, je perdrais ma mémoire céleste et mon pouvoir divin. Je tomberais sous l'empire des éléments, sous le sceptre de fer du destin implacable. Mais, sœur immortelle, j'éclaire la partie immortelle de ton âme. Si tu veux m'écouter, je serai ta Force, ta Muse et ton Génie [1] ! — Entendrai-je ta voix au torrent de la vie ? — Je serai ta voix intérieure ; dans ton sommeil tu me verras... Je t'aimerai... — Tu m'aimeras ? Divin esprit, un gage de ta présence ! — Vois-tu cette harpe qui fait pleurer les hommes et les anges ? C'est un gage de l'inspiration divine. Par elle tu seras l'enchanteur des hommes, le guide d'un roi et le voyant d'un peuple. Quand tu la toucheras, tu sentiras mon souffle ; par elle je te parlerai. Personne ne saura mon nom ; aucun homme de la terre ne me reconnaîtra ; mais toi tu invoqueras Radiance ! — Radiance ?.. » soupira Merlin, à cette voix cristalline, comme à l'écho magique d'une divine ressouvenance. Il voulut la regarder, la saisir. Mais il ne vit que deux ailes amoureusement déployées sur sa tête. Un baiser sur son front, une lueur dans l'espace... et il se trouva seul.

Quand les bardes royaux sortirent de la grotte d'Ossian, Merlin s'éveillait aux premiers rayons du soleil. Ils virent la harpe d'argent dans ses bras [2] et à son cou une

---

1. « Trois choses seront rendues à l'homme dans le cercle de Gwynfyd (du bonheur), *le génie primitif, l'amour primitif* et *la mémoire primitive ;* car sans cela il ne saurait y avoir de félicité. » (32ᵉ triade du *Mystère des bardes*, publié par Adolphe Pictet.)

2. Pour les Celtes, le don poétique et musical est une inspiration divine. Cette foi revêt chez eux un caractère plus positif et plus absolu que chez toutes les autres races. De là la croyance populaire qui donne une origine miraculeuse et attache une force magique à

étoile métallique à cinq pointes suspendue à une chaîne
de cuivre. A ces deux signes, Taliésinn reconnut dans
son disciple le double don de l'inspiration et de la magie.
Dans un chant solennel, Merlin se mit à prédire les futures victoires des Bretons et la grandeur d'Arthur. Il reçut
l'écharpe bleue, la couronne de bouleau, et fut consacré
comme barde-devin dans la grotte d'Ossian.

Après avoir reçu la dignité suprême de ses maîtres,
Merlin se rendit à la cour d'Arthur et devint son barde
attitré, rang qui correspondait à celui de conseiller et de
ministre. Arthur soutenait une lutte acharnée contre les
Saxons, dont l'invasion ressemblait, au dire des chroniqueurs, à une mer montante de flammes courant de la
mer d'Occident à la mer d'Orient. Merlin excita le roi
par ses prophéties. Il fut l'âme de la guerre dont Arthur
fut l'épée. Cette épée merveilleuse, disent les bardes dans
leur symbolisme parlant, s'appelait Flamboyante, forgée
au feu terrestre par des hommes sans peur. Sa poignée
était d'onyx ; sa lame de pur acier brillait comme le diamant. Elle paralysait le bras du lâche et du méchant ;
mais lorsqu'un homme fort et bon la saisissait avec foi,
elle lui communiquait un courage invincible. Alors elle
reluisait vivante, s'irisait dans le combat des sept couleurs de l'arc-en-ciel, jetait des éclairs, effrayait l'ennemi.
Cette épée magique se trouvait dans l'île d'Avalon, au

certains instruments de musique. La cornemuse du clan Chattan,
que Walter Scott mentionne comme étant tombée des nuages pendant
une bataille de 1396, fut empruntée par un clan vaincu qui espérait
en recevoir l'inspiration et le courage et qui ne l'a rendue que quatre
siècles après, en 1822.. La harpe des bardes était moitié grande
comme la nôtre et pouvait se tenir aisément.

milieu de la mer sauvage. Un dragon veillait à l'entrée de l'île ; un aigle tenait l'épée dans ses serres, au sommet d'une montagne. Merlin, disent les bardes, savait les vertus de l'épée, il connaissait l'île, il y conduisit Arthur. Nouvel Orphée, il charma le dragon au son de sa harpe, il endormit l'aigle par son chant, et, pendant l'extase de l'oiseau, lui déroba l'épée Flamboyante. Ainsi le glaive magique fut conquis par la harpe divine [1]. Bientôt après, Arthur remporta sur les Saxons la grande victoire d'Argoëd, où Merlin combattit à ses côtés. A la rentrée triomphale de l'armée dans la forteresse de Kerléon, l'épée et la harpe entre-croisées furent portées par des pages sur un coussin rouge devant le roi et le prophète qui se donnaient la main. Et les bardes ont conté dans leurs mystères que cette nuit même Merlin vit en songe Radiance, l'ange de l'inspiration, qui lui parlait souvent par des voix, mais ne lui apparaissait qu'aux moments solennels de sa vie. Radiance mit un anneau au doigt de Merlin et lui dit : « C'est l'anneau de nos fiançailles, qui nous joint pour toujours. Mais garde-toi des femmes de la terre ; elles chercheront à te l'enlever. C'est le signe de l'amour éternel, c'est le gage de notre foi ; ne le donne à personne ! » Et Merlin, plein d'enthousiasme, jura à sa céleste fiancée le serment d'amour éternel.

Ce fut l'apogée de la gloire d'Arthur et de Merlin. Mais déjà deux démons humains, masqués de grâce et de chevalerie, rôdaient autour d'eux. La femme d'Arthur, la reine Genièvre, cachait sous les apparences d'une grâce

1. Taliésinn appelle le glaive d'Arthur « la grande épée du grand enchanteur ». — (*Myvyrian,* t. Ier, p. 72.)

exquise et enjouée, une âme vaine, altière, remplie de passions violentes [1]. Lassée du roi son époux, beaucoup plus âgé qu'elle, insensible à sa grande noblesse, elle avait jeté les yeux sur son neveu Mordred, jeune homme ambitieux, rusé et hardi. Mordred, qui avait ménagé au roi l'alliance des Pictes et Scots, jouissait de sa confiance absolue. Les amants s'entendaient secrètement depuis des années, mais, toujours menacés d'être surpris, ils en vinrent à désirer la chute et même la mort du roi. Mordred lui succédant, Genièvre espérait régner avec lui. Pour atteindre ce but, la reine et son amant préparaient sourdement la défection et la révolte. Ils avaient vu d'un mauvais œil la grande victoire d'Arthur qui contrecarrait leurs projets. Merlin en était la cause, il gênait leur complot. Mordred et Genièvre résolurent de perdre le barde.

Un soir donc que le roi fatigué de la chasse dormait d'un sommeil profond, la reine Genièvre et Mordred s'approchèrent de Merlin qui était seul, assis près du foyer à demi éteint de la grande salle de Kerléon : « Tu sais, dit Genièvre en souriant, que d'après la loi la reine a le droit de demander chaque jour au barde du roi un chant d'amour pour la distraire. Mais à toi, le grand enchanteur, je ne ferai point si futile prière. Plus rare est ma fantaisie. On m'a parlé d'un philtre si puissant que lorsqu'une femme le fait boire à un homme, elle se l'attache d'un lien fatidique. Je désire ce philtre pour une amie ; peux-tu me le procurer ? » Merlin regarda la

---

1. Son nom breton est Gwenniwar. « Elle était, dit Taliésinn, altière dans son enfance et plus altière encore dans son âge mûr. »

reine et Mordred de son œil voyant. Il sentit se croiser
en lui la flamme haineuse du couple adultère, et dans
cette lueur fugitive, il eut le pressentiment du complot
ténébreux qui se tramait contre lui et le roi. Il répondit:
« Reine, je sais que ce philtre existe; mais ma science l'i-
gnore et mon art ne peut le procurer. » Mordred prit la
parole et dit : « O grand enchanteur ! faut-il que je t'ap-
prenne quelque chose ? Sache donc qu'en Armorique,
dans la forêt de Brocéliande, il y a une fontaine. La
magie des druides y évoqua jadis les esprits de l'air et
de l'abîme. Une fée, une femme y réside aujourd'hui, la
plus charmante et la plus redoutable des magiciennes.
Pour l'évoquer il faut le plus puissant désir et la plus
grande volonté. Personne ne la dompta jamais. Toi seul
tu le pourrais. Elle possède le philtre que cherche la
reine et elle t'enseignera des mystères plus profonds que
ceux que tu connais. — La magicienne de Brocéliande ?
dit Merlin, pourquoi ce nom me fait-il frissonner ? —
Parce que, dit Mordred, c'est la seule femme capable de
lutter avec toi et de répondre à ton désir. — Merlin !
mon doux Merlin ! dit Genièvre, va trouver la magicienne
de Brocéliande et pense à mon désir ! » Et ils laissèrent
le barde plongé dans sa rêverie.

La première pensée de Merlin fut de faire part au roi
de ses soupçons sur la fidélité de Mordred. Puis, il songea au danger formidable d'une révélation prématurée
et se promit de surveiller lui-même le neveu d'Arthur.
Mais un désir plus fort que sa sagesse l'avait mordu au
cœur, le désir d'une femme qui serait son égale, l'envie
de la dompter... de l'aimer peut-être. De quelle violence

le souffle du couple adultère avait fait surgir de ses propres entrailles une âme qu'il ne connaissait pas, une âme enflammée de désir et couronnée d'orgueil ! Il la découvrait avec épouvante. Si Radiance avait éveillé la partie éthérée de son âme, si elle avait fait vibrer en lui le vague ressouvenir d'une existence céleste, le nom seul de la magicienne de Brocéliande remuait un tourbillon de mémoires terrestres, de joies terribles, de souffrances infernales. Le fils de Lucifer se retrouvait ! Vainement il se rappela les conseils du sage Taliésinn, les avertissements de Radiance la tant aimée. La mystérieuse inconnue se dressait devant lui, inquiétante rivale, inéluctable tentation ! Obsédé par cette pensée, Merlin ne dormait plus. Il se disait : « En connaissant le fond de la femme, je connaîtrais le fond de la nature. Avant cela, puis-je me dire un maître ? » Il demanda un congé au roi sous prétexte d'aller voir Taliésinn et s'embarqua pour l'Armorique, qu'on appelait alors « la terre étrangère et déserte ».

Et voilà Merlin debout dans la sombre forêt des druides, devant la fontaine des évocations, que les uns appellent la fontaine de Jouvence, les autres la fontaine de Perdition. Car, beaux ou horribles, selon l'évocateur, tous les mirages peuvent en sortir. Merlin jette une pierre dans la source ; des cercles rident son miroir ; l'eau bouillonne ; un tonnerre souterrain roule. Puis, un sourd bruissement dans la forêt, et se déchaîne une tempête si épouvantable qu'elle renverse les arbres et fracasse les maîtresses branches des chênes. Impassible au plus fort de la tourmente, Merlin étend le bras sur la source, avec le signe de Lucifer dans sa main. « Par ce signe, dit-il, au nom des puissances de la terre, de l'eau, de l'air et du feu, du fond des âges passés et des entrailles de la terre, j'évoque la Femme redoutable!.. A moi la Magicienne!.. » Après plusieurs appels, la tempête se calma; une vapeur se condensa sur la source bouillonnante ; et dans cette vapeur Merlin vit s'élever une tour en ruine, ouverte, creuse et toute habillée de lierre. Une femme merveilleuse dormait dans cette niche de verdure, sous un toit d'aubépine et de chèvrefeuille, légèrement vêtue d'une robe verte où frissonnaient des gouttes de rosée. Elle dormait la tête appuyée sur son coude blanc comme neige. Torrent d'or fauve, sa chevelure s'enroulait à son cou, à son bras. Corps et chevelure respiraient la grâce enlaçante des forêts, la langueur fluide des rivières sinueuses. Merlin, ravi, n'osait pas s'approcher. Il tira quelques accords légers de sa harpe. Elle ouvrit les yeux. Leur azur humide avait le sourire et la mélancolie des sources abandonnées qui reflètent la couleur du temps. Elle éleva vers l'enchanteur sa baguette de coudrier et dit : — C'est toi, Merlin? Je t'attendais, ami. — Qui es-tu ? dit Merlin, en tressaillant. — Comment, dit la fée, ne me connais-tu pas ? Jadis, je fus druidesse et reine des hommes; je commandais aux éléments. Hélas! les moines gris et les prêtres noirs m'ont reléguée au sein de la terre. Tu me rends mon empire en m'éveillant au son de ta harpe. Je suis la fée gauloise, je suis ta Viviane ! — Viviane? s'écria Merlin, j'ignorais ce nom, mais sa musique m'est familière et douce autant que toi. — Ah! continua-t-elle, ta harpe m'a rendu la vie; mais aussi, j'en ferai vibrer toutes les cordes à nouveau ! . . .

Viviane pria Merlin de lui chanter les merveilles des trois mondes. Tandis que s'élevait le chant rythmé du barde, la fée écoutait attentive. Ses gestes, ses regards, ses attitudes incarnaient les pensées du chanteur, exprimaient ses extases. Il contemplait en elle ses rêves vivants. Parvenu au comble de l'enthousiasme, il s'arrêta et la vit à genoux devant lui dans une pose d'adoration. Elle se releva, et lui mit une main sur l'épaule, Merlin ne vit pas que sa harpe avait glissé dans l'autre main de Viviane. Il ne voyait plus qu'elle. Un instant après, il se trouva assis dans la tour, sur un lit de jonquilles. Toujours plus enjouée, plus caressante, Viviane s'était assise sur les genoux du barde, et, des deux bras, enlaçait sa conquête. — Je t'aime ! dit Merlin enivré. — M'aimeras-tu assez pour me confier un grand secret ? — Tous ceux que tu voudras. — Il existe un charme, une formule magique par laquelle on peut endormir un homme et créer autour de lui un mur invisible pour les autres, mais infranchissable pour lui, et le séparer à jamais des vivants. Me diras-tu ce charme ? » Merlin sourit finement. Il avait pénétré l'arrière-pensée d'amoureuse traîtrise dans le désir de Viviane. Mais, sans hésiter, il glissa la formule magique dans la jolie oreille de la fée. Puis il ajouta : — Ne t'y trompe pas, ma Viviane. Ce charme puissant agit sur tous les hommes, excepté sur moi. — Eh ! dit Viviane, peux-tu croire que j'oserais m'en servir jamais ? — Tu l'essaierais en vain contre moi, dit gravement Merlin. J'en suis préservé par cet anneau. Ce puissant talisman me vient de mon génie inspirateur...

de Radiance, de ma céleste fiancée ! C'est l'anneau d'une foi plus forte que toutes les magies ! »

Une fauve lueur sillonna les yeux de Viviane, un nuage assombrit son front. Elle baissa la tête et devint pensive. — Qu'as-tu ? dit Merlin. — Oh ! rien, mon ami, dit la fée. — Cependant elle semblait plongée dans un monde de pensées qui se perdait dans un abîme insondable. Mais, reprenant tout à coup son enjouement, elle renversa sa tête charmante sur l'épaule de l'enchanteur, avec une langueur triste cent fois plus dangereuse que son sourire. Merlin sentait son corps plier entre ses bras. Il parcourait de ses doigts de musicien la chevelure souple, soyeuse, électrique de la fée comme les cordes d'un instrument nouveau. Il en tordit une natte autour de sa main, et s'écria saisi d'un frisson inconnu : — O Viviane ! tu es ma harpe vivante ! Je n'en veux plus d'autre ! — Et Viviane vibrait sous son étreinte ; la forêt enchantée frémissait sur leurs têtes ; l'univers s'emplissait d'un océan de musique grandissante, pendant que dans leurs yeux s'ouvrait un ciel intense et sans fond... Elle balbutia : — Le baiser de nos fiançailles !... Et les yeux dans les yeux, ils restèrent en suspens, au bord d'un gouffre, n'osant s'y jeter...

Soudain, Merlin leva la tête et tressaillit. Un vol de corbeaux passa, suivi d'une clameur formidable, comme la fanfare confuse d'une bataille lointaine. — Arthur ! Arthur ! ce cri dominait tous les autres. Haletant, furieux, désespéré, il déchirait les airs comme l'agonie de tout un peuple qui ne veut pas mourir. Enfin, il expira en un long gémissement, et les échos de la forêt répétèrent : — Arthur ! Arthur ! Palpitante d'angoisse, Viviane se serra plus fort contre Merlin. Mais il la repoussa d'un geste subit, et se dressa tout droit, les bras levés, aspirant l'air. Et sur le mortel silence des bois, une voix aérienne murmura très haut dans l'espace : — Merlin ! qu'as-tu fait de ta harpe? Merlin ! qu'as-tu fait de ton roi ? Et Merlin frissonnant, éperdu, s'écria : — A moi Radiance ! à moi ma harpe ! — Puis il jeta les yeux autour de lui, et resta stupéfait. Viviane, la tour, le bosquet, tout avait disparu. Il était seul au bord de la fontaine, et sa harpe n'était plus là. Du fond de l'eau monta un sanglot voluptueux : — Adieu, Merlin, adieu !... adieu !... Affolé, il se pencha sur la source. Dans le miroir sombre, il ne rencontra que son visage défait et son œil hagard. Alors Merlin, plein d'épouvante, prit sa tête avec ses deux mains, et, s'arrachant les cheveux, il s'enfuit à travers la forêt sauvage.

Les historiens bretons racontent qu'à cette époque Mordred, le neveu d'Arthur, s'enfuit en Écosse avec la reine Genièvre, entraînant dans sa révolte les Pictes et les Scots. Arthur eut le dessous dans une première bataille. Dans la seconde, il fut rejoint par Merlin ; mais la déroute fut plus complète encore. Le roi périt dans le combat ; son corps disparut sous un monceau de morts ; personne ne le retrouva, pas plus que sa fameuse épée. Les légendaires ont transporté l'un et l'autre dans l'île d'Avalon. Quant à Merlin, accablé du désastre, assailli de remords et de fantômes furieux, il devint fou. On l'accusa de la défaite : Gildas le maudit publiquement en l'appelant fils du diable et pervers. Le peuple qui avait divinisé le prophète triomphant jeta des pierres au prophète battu. Et l'on vit ce spectacle effrayant : l'élu des bardes, l'inspirateur d'Arthur, le prophète de l'épée victorieuse errant à travers champs comme un insensé, redemandant sa harpe aux forêts, invoquant tour à tour Lucifer et Dieu, Viviane et Radiance, mais abandonné de son génie et de ses voix divines. C'est alors qu'il rencontra sa vieille mère, la pauvre Carmélis, qui vivait inconnue dans une retraite profonde. Elle seule n'avait pas cessé de croire en lui, elle seule essaya de le consoler en lui disant : « Mon fils chéri, expie ta faute, souffre ton martyre en silence, mais espère toujours. Il te reste l'anneau de Radiance. Ne le perds pas ; c'est ta dernière force. Par elle tu peux reconquérir ta science, ta harpe et ton génie ! » Mais un sombre désir, une destinée fatale ramenait Merlin vers Viviane. Il savait que Viviane était la cause de son malheur; cent fois il l'avait maudite. Mais une sorte de rage tordait son cœur, à la pensée qu'il n'avait pas même possédé la charmante et redoutable magicienne qui l'avait perdu. La revoir ! — il le fallait, ne fût-ce que pour la punir et la terrasser ! Ici reprend la légende armoricaine.

Revenu dans la forêt de Brocéliande, Merlin retrouva Viviane sous son bosquet d'aubépine. A demi couchée, elle tenait ses deux bras appuyés sur la harpe de l'enchanteur. Sa chevelure pendait sur les cordes. Les yeux à terre, Viviane rêvait dans un affaissement profond. Il l'accabla de reproches, l'accusa de lui avoir volé son inspiration, sa science, son âme et sa vie. Viviane immobile et comme brisée ne répondait rien. — « Rends-moi

ma harpe au moins ! Je n'ai plus qu'elle et toi ! — Je la
gardais pour te la rendre, dit-elle sans lever les yeux,
d'une voix frémissante, à peine perceptible. Mais moi,
tu m'as repoussée ; je ne l'oublierai jamais. Il faut nous
dire adieu. » Merlin, passant subitement de la colère à
l'angoisse, se mit à supplier, éperdu d'amour. Elle resta
longtemps impassible et absorbée. — « Une seule chose,
dit-elle enfin, pourrait me faire oublier le coup que tu
m'as porté au cœur... une marque suprême de ta confiance... l'anneau que tu portes au doigt. — L'anneau de
Radiance ? — Oui, reprit-elle passionnément, c'est lui
que je désire ! l'anneau des fiançailles qui me donnerait
l'immortalité et me délivrerait de l'éternel tourment des
morts et des renaissances ! — Tu m'arracheras plutôt
l'âme du corps que cet anneau du doigt, dit Merlin. —
Ah ! tu n'aimes pas assez ta Viviane pour lui donner
part à ton immortalité ? Alors pourquoi m'arracher à
mon sommeil ? Pourquoi me remplir de ton désir ? Est-
ce pour me rejeter aux démons ? Ah ! maintenant c'est
au gouffre de l'angoisse éternelle que je vais replonger ! »
Et Viviane, se roulant sur sa couche, parut se dissoudre
dans une tempête de larmes et de sanglots.

Merlin regardait la femme en pleurs, plus tentatrice
dans sa douleur échevelée que dans son sourire envelop-
peur. Il la regardait, et restait immobile, partagé entre
deux univers, suspendu entre la vie et la mort. Car ces
bras qui se tordaient, ces yeux noyés, cette voix suppliante l'appelaient éperdument. « Ne sois pas cruel, disaient-ils, ne sois pas insensé ! Ne repousse pas la coupe
de vie. Bois le baiser de Viviane ! C'est la science et le

bonheur, la royauté suprême ! Bois le baiser de Vivian et
Et tu redeviendras le puissant enchanteur ! » Mais la
voix intérieure et profonde disait : « Ne quitte pas l'anneau de l'éternel amour ! C'est la conscience, la foi, l'espérance divine ! Ne brise pas la chaîne céleste ! » Si forte
devint cette voix que Merlin dit tout haut : « Fée trompeuse, éternel mirage, femme d'en bas, c'est bien assez
de m'avoir pris mon roi, mon peuple, ma gloire terrestre et toute ma vie. Tu veux encore me voler mon âme
avec tes larmes ! Tu ne l'auras pas ! Radiance m'appelle !
Je m'en vais finir ma vie dans quelque solitude avec ma
harpe. Au fond de moi-même, je retrouverai mon ciel,
et dans un autre monde mon génie ! »

A ces mots, Viviane se redressa avec un soubresaut de
druidesse en furie : « Ce sera donc le néant que je trouverai avec un autre, avec Mordred, dit-elle. Il m'aima
jadis ; c'est moi qui l'ai repoussé. J'ai le pouvoir de l'arracher à la reine ; il viendra..., et ce baiser d'oubli, ce
baiser foudroyant que tu cherchais en moi, c'est lui qui
l'aura, et moi j'y trouverai la mort ! »

Cette menace jetée avec une passion extrême troubla
Merlin. Il se représenta la belle fée s'abandonnant aux
bras de Mordred, et il en ressentit la torture d'une jalousie aiguë. Les yeux de Viviane dardaient un feu si sombre,
sa voix frémissait d'un désespoir si violent, son corps
exhalait une énergie si terrible, que les sens de Merlin
en furent bouleversés. La compassion, se mêlant aux
flammes de la jalousie, vint amollir toutes les fibres de
son cœur et fondre en pitié sa volonté d'airain. « Je ne
veux pas cela ! » s'écria Merlin en saisissant la main de

Viviane. Elle répondait avec une fureur croissante :
« Trop tard! trop tard! A moi Mordred! » Alors Merlin,
oubliant tout, glissa l'anneau de Radiance au doigt de
la fée...

Aussitôt un grand calme se fit en elle. Une vie nouvelle entra dans ses veines. Elle se redressa lentement,
passa ses mains dans ses cheveux dénoués et sourit. En
même temps, il parut à Merlin que le meilleur de sa vie
s'échappait hors de lui pour aller à Viviane, et que sa
mémoire s'enfuyait par les brèches ouvertes de son être.
Sûre maintenant de sa puissance, la magicienne prit
l'enchanteur dans ses bras, regarda au fond de ses yeux
et murmura l'incantation du grand oubli que lui-même
lui avait enseignée. Il voulut résister au charme terrible
dont le fluide l'envahissait, mais il n'avait plus ni force,
ni volonté... Une fois encore l'image de Radiance glissa
devant son regard brisé... puis s'effaça comme une lueur
dans un nuage. Alors se sentant défaillir, il s'abandonna.
Viviane radieuse, superbe, assouvie tenait sa proie. Trois
fois son baiser triomphant tomba sur les yeux, tomba
sur la bouche de l'enchanteur... Aussitôt un voile épais
roula sur les yeux aveuglés du prophète; une mer d'oubli
envahit son cerveau, noya ses membres, — et le ciel disparut avec ses étoiles et ses génies !...

Ce jour-là même, le vieux Taliésinn, assis avec ses
disciples au bord de la mer, près de la grotte d'Ossian,
au pays de Galles, regardait les vagues innombrables
venir à lui, innombrables comme ses souvenirs, et se briser sur la plage retentissante. Ses mains étaient croisées
sur ses genoux et son âme fatiguée se roulait sur elle-

même. Tout à coup, il dit : « Je vois, je vois Merlin, le prophète des Bretons, endormi par une femme. Il s'enfonce, il s'enfonce avec elle dans l'abîme terrestre. Voilée d'un nuage livide, sa harpe sanglante descend avec lui. Dans le ciel, je vois planer un ange en pleurs. Il dit : « O malheureux Merlin ! dans quel abîme irai-je te chercher ? » Et Taliésinn continua comme en rêve : « Hélas ! où est maintenant la harpe du prophète ? J'ai vu tomber les rameaux et les fleurs. La sagesse s'en va ; le temps des bardes va finir. »

Il est fini depuis longtemps ; mais toujours elles regrettent Merlin, les chansons, les légendes. Il dort, disent-elles, dans la forêt de Brocéliande, envoûté sous une haie impénétrable, la tête couchée sur les genoux de Viviane, l'Enchanteur enchanté, — et personne n'a réveillé l'Orphée celtique de son sommeil éternel.

V

LA LÉGENDE DE TALIÉSINN. — SYNTHÈSE ET MISSION DU GÉNIE CELTIQUE

La légende de Merlin l'enchanteur ressemble à un miroir magique où le génie celtique aurait invoqué l'image de son âme et de sa destinée.

Arthur, le héros poussé par le barde inspiré, incarne la longue, l'héroïque lutte des Celtes contre l'étranger. Cette race, dit Michelet, résista deux cents ans par les armes et mille ans par l'espérance. Vaincue, elle impose son idéal à ses vainqueurs. Arthur devint pour tout le moyen âge le type du parfait chevalier. Revanche à laquelle les Bretons n'avaient pas pensé, mais non moins glorieuse et féconde. — Quant à Merlin, il personnifie le génie poétique et prophétique de la race ; et s'il est resté incompris du moyen âge aussi bien que des temps modernes, c'est d'abord parce que la portée du prophète dépasse de beaucoup celle du héros, c'est ensuite parce que la légende de Merlin et le bardisme tout entier confinent à un ordre de faits psychiques où l'esprit moderne ne commence à pénétrer qu'aujourd'hui. Sous la résistance obstinée, fanatique, farouche, des chefs kymriques et gallois du vɪᵉ siècle, comme Owenn et Urien, et de leurs bardes, comme Aneurinn, Taliésinn et Lywarch-le-Vieux, il y avait plus que le sentiment national et qu'une haine de race. Il y avait, avec les défauts des Celtes, leur manque de sens politique et pratique, le sentiment d'une certaine supériorité morale et intellectuelle. Oui, sous l'indomptable espérance, il y avait une indestructible vérité. Elle pouvait se tromper sur les moyens, mais non sur le but. Il y avait la conscience intuitive, occulte, mais sûre, de l'Ame celtique, se sachant obscurément dépositaire d'un legs sacré, d'une mission religieuse et sociale.

Les anciens druides furent possesseurs d'une doctrine secrète, dont la largeur et l'élévation peut se comparer à celle de Pythagore. Comme les prêtres védiques, ils révéraient tous le symbole du feu, le Dieu unique, et l'âme, immortelle voyageuse du ciel à la terre et de la terre au ciel. Leur doctrine des trois mondes, avec la loi d'hiérarchie qui régit les âmes, avait l'avantage de réconcilier la matière et l'esprit dans le verbe vivant de la nature et de l'homme. Cette philosophie intuitive n'excluait pas les autres religions, mais les synthétisait. De là le respect singulier de quelques philosophes grecs et latins pour les druides. Décimés et persécutés par Rome, les druides léguèrent une partie de leurs traditions aux bardes. Lorsque le christianisme se présenta à ceux-ci avec la largeur humaine et la charité compréhensive de saint Patrice et de ses disciples immédiats, ils comprirent et adoptèrent d'enthousiasme le verbe du Christ. Bientôt cependant les bardes se montrèrent rebelles à l'église romaine, non seulement parce qu'elle leur était prêchée par des moines latins, franks et anglo-saxons, mais encore parce qu'elle portait en elle un principe d'étroitesse religieuse et de domination politique qui les révoltait. Tout, dans la nature celtique, s'insurgeait primitivement contre la férule cléricale : sa tendresse pour la nature vivante condamnée comme perverse par l'église, sa passion pour la liberté, son besoin de comprendre par la raison, enfin son mysticisme même, j'entends cette intuition directe des choses de l'âme qui demande une révélation personnelle et n'accepte pas la foi d'autorité. Héritiers des druides, les bardes se sentaient les représentants d'une religion plus large et plus libre que celle des moines. Merlin resta pour eux l'incarnation de leur propre esprit à la fois amoureux de nature et de merveilleux. D'une part, il aspire par les fibres éthérées de son âme à sa sœur invisible, à son mystérieux génie, à sa muse qui lui parle d'un monde supérieur et divin. De l'autre, une puissance magnétique l'attire vers la dangereuse magicienne, vers la belle fée Viviane. Il est travaillé par le désir de l'âme celtique, la nostalgie de la nature et de la femme, dans la prison du dogme et du couvent. Posséder Radiance et Viviane, ne sera-ce pas aussi le désir de l'âme moderne ballottée entre le ciel et la terre ? Mais quand le don prophétique meurt chez les bardes, quand s'éteint la flamme sacrée de leur poésie, alors le génie celtique oublie ses visions divines comme Merlin oublie Radiance sur les genoux de Viviane. Il se laisse aller sur le sein de la grande enchanteresse, la nature, et s'endort du sommeil profond de l'inconscience.

Dort-il pour toujours? Faut-il dire de lui ce que
M. Renan a dit de la race entière : « Hélas ! elle est aussi
condamnée à disparaître, cette émeraude des mers du
couchant ! Arthur ne reviendra pas de son île enchantée
et saint Patrice avait raison de dire à Ossian : « Les
héros que tu pleures sont morts ; peuvent-ils renaître ? »
Est-ce bien vrai ? L'heureux Prospéro a-t-il le droit de se
consoler si facilement de la mort d'Ariel ? Radiance ne
redescendra-t-elle jamais sur le barde endormi du fond
de l'insondable azur et l'ange de l'inspiration a-t-il repl·á
pour toujours ses ailes sur le silence de la harpe d'argent?
Toutes les résurrections partent du grand mystère de
l'àme, de sa puissance d'aimer, de croire et d'agir. Elles
échappent aux prévisions de la science positive. Si la
race celtique a perdu sa nationalité distincte, l'Ame celtique ne continue-t-elle pas à vivre dans la nation française? Et si cette âme est vraiment, comme je le crois,
sa conscience profonde et son génie supérieur, ne se
pourrait-il qu'elle surprît l'avenir par des renaissances
subites, par quelque splendide résurrection, comme elle
a surpris le passé dans le cours de l'histoire ?

A ces questions qu'évoque la légende de Merlin, qu'il
me soit permis de répondre par la légende de Taliésinn,
qui malgré sa date plus récente sort des plus vieilles traditions druidiques, et renferme, pour qui sait la comprendre, le vrai testament de l'Ame celtique, la synthèse de
son génie, le mot de sa mission ; et cela dans le sens non
plus national, mais universel. Après le saint, le barde ;
après le barde, le mage. Saint Patrice, Merlin l'enchanteur et Taliésinn, ce tryptique nous aura fait voir le gé-

nie celtique dans ses puissances intimes et sous ses plus
grands aspects. Le dernier résume et accomplit les deux
autres.

La légende de Taliésinn est comme une seconde incarnation du personnage historique, qui, par sa science et
sa sagesse, laissa dans la tradition galloise une trace
profonde et lumineuse [1]. De même que la légende de
Merlin revit avec sa couleur sombre et passionnée au
cœur de la forêt de Brocéliande, de même celle de Taliésinn ressuscite avec sa lumière sereine et voilée, dans le
nord du pays de Galles, sur ces sommets sauvages de
porphyre et de basalte d'où le regard plonge en d'étroites
vallées, en des lacs d'azur dormant et s'égare vers la mer
lointaine. Je me trouvais, il y a quelques années, près
du paisible lac de Llynberis. Sa surface était immobile
et d'un bleu foncé. Le jeu des rayons et des ombres irisait de teintes opalines les rochers d'en face. Dans une
gorge voisine, les pierres détachées du roc par des car-
riers perdus dans la montagne roulaient de minute en
en minute dans les profondeurs avec un grand fracas et
semblaient tomber d'une cité de dieux en train de s'édi-
fier là-haut sous le marteau d'esprits invisibles. Vêtu de
sa robe violette, le Snowdon tantôt montrait sa tête grise,
tantôt disparaissait sous un capuchon de nuages. Le
mont sacré des bardes, auréolé d'un arc-en-ciel, ressemblait lui-même à un barde géant, assis et pétrifié dans

---

1. Lady Charlotte Guest a recueilli cette légende dans ses *Mabi-
nogion* ou contes populaires, d'après de vieux manuscrits. — Pour
le personnage historique de Taliésinn, voir *les Bardes bretons* de
M. de La Villemarqué.

son rêve profond sous la tempête des siècles. J'étais au berceau et dans le cadre de la légende de Taliésinn. Plus nettement m'apparurent ses épisodes successifs. Je rappellerai surtout la première et la dernière scène, celle de l'enfant trouvé, et puis la transfiguration du barde-roi. Cette étrange histoire traduit les plus intimes aspirations et les plus profondes intuitions de l'Ame celtique.

Dans les temps anciens, le roi Gwyddno régnait à Gwynned, non loin de la baie d'Aberistwith, au pays de Galles. Il avait un fils nommé Elfinn, chétif d'apparence, timide et renfermé de caractère. Ne sachant qu'en faire, son père lui donna une pêcherie à exploiter comme à un simple fermier. Quand Elfinn s'y rendit pour la première fois, il vit flotter contre l'écluse un objet qui lui sembla une outre. En s'approchant, il aperçut que l'outre était un panier d'osier recouvert de peau. Il pria l'éclusier d'en ôter le couvercle. Et voici, dans le panier dormait un bel enfant. De quelle rive venu ? Qui donc l'avait ainsi exposé sur les flots ? Personne ne l'a jamais su. Ainsi l'âme s'endort sur le vaste océan du sommeil et de la mort pour s'en aller d'un monde à l'autre et s'éveiller on ne sait où. L'enfant ouvrit les yeux et tendit ses petits bras vers son sauveur. Une lumière presque surnaturelle émanait de son regard profond et de son superbe front blanc. — Oh ! TAL-IÉSINN ! s'écria l'éclusier, ce qui veut dire en celtique : Quel front rayonnant !

— Qu'il s'appelle donc TALIÉSINN, Front de Lumière ! répondit Elfinn.

— Ce fils de roi restera toujours malheureux, dit l'éclusier. La malchance plane sur lui. Là où d'autres auraient pêché deux cents saumons, il n'a pêché qu'un enfant trouvé !

Cependant Elfinn prit l'enfant dans ses bras, monta à cheval et le mit au pas pour ne pas secouer son cher fardeau. Jamais il n'avait éprouvé un pareil bonheur, jamais il n'avait aimé un être humain comme cet enfant dont le regard pénétrant le sondait et semblait lire dans toutes ses pensées. Ce regard disait : « Mon Elfinn, ne sois plus triste. Personne ne te connaît, mais moi je te connais depuis longtemps et je te consolerai. Des mers et des montagnes et des rivières profondes, Dieu apporte la santé aux hommes fortunés. Quoique je sois petit, je suis hautement doté. Sois béni pour ton bon cœur ; le bonheur te viendra par moi. Car je t'apporte dans mes yeux les merveilles d'un monde lointain ! »

Elfinn confia l'enfant à ses amis les bardes pour qu'il devînt barde à son tour. A peine sut-il parler, que Taliésinn étonna ses maîtres par son intelligence. Il paraissait savoir tout ce qu'on lui enseignait et bien plus encore. Rien dans la science de la nature et dans la science des événements humains ne l'étonnait parce qu'il avait en lui la conscience innée des choses éternelles. Ce qui change toujours ne s'explique que par ce qui ne change jamais. A quinze ans, la sagesse druidique et chrétienne coulait de ses lèvres. A vingt ans, Taliésinn était devenu le maître de ses instructeurs ; il lisait dans le passé et prédisait l'avenir.

Un soir le prince héritier et son barde étaient assis ensemble sur une montagne. Les vagues invisibles qui se brisaient à leurs pieds faisaient dans le vent une faible musique entrecoupée de soupirs. Elfinn, plus triste que d'habitude, dit à Taliésinn après un long silence : « Pourquoi suis-je seul et misérable, quoique fils d'un roi puissant ? Pourquoi ne puis-je trouver de joie et de consolation qu'auprès de toi? » Taliésinn se leva et montrant du doigt le ciel où tremblaient quelques étoiles : — « Tu ne sais pas qui je suis, tu ne sais pas d'où je viens ; mais je viens de très loin ; un jour, tu le sauras. — Alors, pourquoi es-tu venu ? — Mon doux maître, je suis venu sur la terre pour t'enseigner la consolation. — Comment me l'enseigneras-tu ? — Je te ferai trouver ta propre âme. — Comment la trouverai-je? — Par l'amour. O Elfinn ! je sais ce qui a été et ce qui doit advenir. Par la mer je suis venu ; par la montagne je m'en irai. » Et les yeux du barde adolescent brillaient d'un tel éclat, dans le crépuscule, qu'Elfinn l'écoutait plein d'admiration.

A quelque temps de là, Elfinn aima et épousa Fahelmona, fille du roi de Gwalior. Le cœur de la jeune femme était capricieux et changeant comme la mer. Elfinn adorait sa femme, mais comme il était gauche, qu'il manquait d'éloquence et de beauté, le cœur de Fahelmona restait indifférent à ce grand amour. Cependant Taliésinn connaissait l'âme de son maître; il devinait celle de la jeune femme. Il excitait celle-là à l'espérance, celle-ci à la tendresse par le son de sa harpe et le charme de sa voix. Il lui disait: « Oh ! Fahelmona, tu te crois savante parce que ton esprit est prompt, mais tu ne sais rien ; toute-puissante parce que tu es belle, mais tu ne possèdes qu'un faible pouvoir. Depuis qu'il t'a vue, l'âme d'Elfinn s'en est allée en tourbillonnant, et ce fils de roi paraît un pauvre esclave. Pour tout sa tristesse est plus puissante que ta joie, et il y a en lui une force qui te vaincra. Car l'Amour seul est Roi! » Fahelmona répondit d'un ton railleur et enjoué: « Pour me vaincre, au moins devrait-il être aussi éloquent que son barde! — Il le sera! » répliqua Taliésinn.

Bientôt après, Elfinn se trouvait loin de sa femme, à la cour de Maëlgoun, où son père l'avait envoyé. Le roi Maëlgoun était orgueilleux, tyrannique et hautain. Un jour, devant toute la cour, il se mit à vanter la reine, son épouse, affirmant qu'il n'y avait point au monde de femme qui eût autant de beauté, de grâce et de vertu. Elfinn se leva et dit : « Un roi ne devrait lutter 'qu'avec un roi, mais j'affirme que pour ces trois choses ma femme Fahelmona est au moins l'égale de la reine. Vous pouvez en faire l'épreuve. » Irrité de ce défi audacieux, Maëlgoun fit jeter Elfinn en prison et ordonna à son fils Matholvik de se rendre auprès de Fahelmona pour tenter de la séduire.

Quand le fils de Maëlgoun vint la trouver, Fahelmona, exaspérée pas sa longue solitude, se rongeait d'ennui et de mauvaises pensées. Elle reçut avec de grands signes de joie le prétendu messager de son époux et le fit asseoir à côté d'elle. Cependant, quand Matholvik, dans un discours tortueux, tissé de mensonges et de flatteries, conta qu'Elfinn était devenu infidèle à sa femme et qu'il la répudiait pour épouser la propre sœur de Matholvik, Fahelmona devint pâle de colère et s'écria toute frémissante :

« Je savais qu'il était faible et lâche! Pourquoi l'ai-je
épousé? »

A ce moment, la harpe, que Taliésinn avait suspendue
dans la chambre pour veiller sur la femme de son maître, poussa un long gémissement. Une corde haute se rom
pit; et dans le cri de la corde, la femme d Elfinn entendit
deux fois son propre nom : Fahelmona! comme si son
bien-aimé l'appelait d'un cri de détresse. Elle en eut une
telle douleur et un tel effroi qu'elle perdit connaissance.
Matholvik profita de son évanouissement pour couper
une longue boucle de ses cheveux bruns et s'enfuit.

Quand Fahelmona reprit ses sens, Taliésinn était
devant elle : « Pourquoi, dit le jeune barde, as-tu cru ce
menteur? Pourquoi as-tu trahi l'âme royale d'Elfinn
mon maître? Personne n'est plus doux, plus grand, plus
fort que lui. Tu n'as pas connu son cœur, parce qu'il
est silencieux et ne sait qu'aimer. Elfinn, en ce moment,
est en prison pour toi; Elfinn va périr pour ton honneur!
— Prouve-moi donc qu'il ne m'a pas répudiée comme un
lâche! dit Fahelmona affolée et partagée entre deux
sentiments contraires. — Viens avec moi, dit Taliésinn,
et tu verras; le temps presse. — Ils montèrent sur deux
chevaux et partirent au galop.

Le château du roi Maëlgoun était situé, comme au
fond d'un précipice, dans une vallée étroite, environnée
de montagnes hautes et sauvages. Au moment où Taliésinn et la princesse entraient dans la salle, le roi siégeait
sur son trône entouré de ses bardes et de ses chevaliers.
Justement on amenait Elfinn chargé de chaînes, et Matholvik lui montrait la boucle de cheveux de Fahelmona

en accusant celle-ci d'infidélité. « Par Dieu, tu mens !
dit Elfinn, tu l'as volée par traîtrise. Je sais que l'âme de
Fahelmona est aussi pure que la lumière du ciel ! Qu'on
m'ôte ces chaînes, qu'on me rende mon épée, et je te le
prouverai par les armes ! » En parlant ainsi, Elfinn
était devenu beau comme le jour ; ses yeux luisaient
comme des torches. Il parut à Fahelmona qu'elle le
voyait pour la première fois. Son cœur battait à tout
rompre. Elle voulut s'élancer du coin obscur où ils se
tenaient cachés. Taliésinn la retint. Elfinn tua Matholvik
dans le combat. Hors de lui, le roi Moëlgoun cria à
ses hommes de saisir le vainqueur et de lui trancher la
tête. Alors Taliésinn s'avança : « Tu ne tueras pas mon
maître. Ton fils est mort justement pour avoir calomnié
cette femme. La boucle a été dérobée à son sommeil.
Cette femme est fidèle et sans tache ; j'en suis témoin. »
Fahelmona se jeta aux pieds d'Elfinn en s'écriant : « Je
ne te connaissais pas ! Mais Taliésinn m'a montré qui tu
étais ; il a réveillé mon âme par la douleur ! Il m'a me-
née ici, et je t'ai vu dans toute ta beauté. Maintenant
que le roi tranche ma tête ; car j'avais douté de toi ! De
mon sang rouge mon âme sortira blanche comme une
colombe. Car maintenant je t'aime ! — Alors gloire à
Taliésinn, dit Elfinn, il m'avait promis qu'un jour tu
m'aimerais ! » Maëlgoun voulut faire saisir le couple
triomphant ; mais une trombe furieuse s'engouffra
dans la salle ; on crut que le château allait crouler, et
tout le monde resta cloué sur place. — Parce que tu
n'as cru qu'à la force et au mensonge, dit Taliésinn, rien
ne survivra de ton château et de ta race, — que ma

harpe ! » Et il jeta sa harpe au milieu de la salle. Ils restèrent tous atterrés. Car la tempête augmentait et mugissait comme une cataracte.

Et Taliésinn sortit, suivi du couple fortuné, qui, dans l'éblouissement d'un revoir plus merveilleux qu'une première rencontre, n'avait rien entendu de la tempête. Cependant, comme ils gravissaient la montagne, le vent et la pluie cessèrent ; la pleine lune, sortant derrière deux cimes pointues, vint planer au zénith et versa sur les amants sa silencieuse incantation. Ils montaient, attirés par sa lumière, dans la magie d'une nuit de printemps et se regardaient comme transfigurés. Leurs yeux s'étaient agrandis ; leurs âmes, devenues transparentes sur leurs visages, se pénétraient et s'enivraient l'une de l'autre. « Sens-tu, disait-il, sens-tu, ô Fahelmona ! les parfums de la lande ! Ce sont les effluves de ton amour qui m'enveloppent ! — Regarde ! disait-elle, ô Elfinn ! regarde l'astre d'argent qui m'attire à lui ; c'est ton regard qui boit mon âme ! » Chaque parole était une caresse, chaque regard une pensée, chaque baiser une longue musique. Ils montaient comme s'ils avaient des ailes ; ils montaient comme portés par le vent. Mais ils ne pouvaient atteindre Taliésinn au front radieux, qui marchait en avant et dont la taille paraissait grandir à mesure qu'il montait. Quand ils furent parvenus à mi-côte, ils lui crièrent : Arrête, Taliésinn, nous ne pouvons te suivre ; arrête, barde merveilleux, qui nous as fait renaître, et reçois l'encens du bonheur qui est ton œuvre ! » Taliésinn se retourna. Sa haute figure sortait à distance d'une mer de fougères éclairées par la lune. Les deux amants restèrent stupéfaits, car, à la place du jeune barde gallois, ils virent un homme majestueux, en longue robe de lin, la tête protégée d'une coiffe blanche qui retombait sur ses épaules, le front ceint d'un serpent d'or comme un prêtre d'Égypte, et tenant à la main le sceptre d'Hermès, le caducée. Il dit simplement : « Suivez-moi ! » et continua sa route. Un peu plus loin, les deux époux hors d'haleine crièrent de nouveau : « Taliésinn ! où veux-tu nous conduire ? » Le guide mystérieux, debout sur un rocher, se retourna. Il avait pris l'aspect d'un prophète hébreu ; deux légers rayons sortaient de son front. Il leva la main et dit : « Suivez-moi ! jusqu'au sommet. » Quand ils furent sur la cime, le barde prophète leur apparut sous les traits d'un druide centenaire. Son front chauve était couronné de lierre et de verveine; ses rares touffes de cheveux flottaient au vent ; il était plus vieux que les vieux chênes.

Saisis de respect et de crainte, Elfinn et Fahelmona tombèrent à genoux devant lui et dirent : — « Oh ! maître, notre guide, qui donc es-tu, esprit mystérieux, et que veux-tu de nous ? » Taliésinn leur répondit : — « Vous ne pouviez savoir mes noms anciens, ni mon origine. Mais vous m'avez aimé, vous m'avez suivi, ce qui est la vraie connaissance. Maintenant, avant de vous quitter, je vous dirai qui je suis. Je suis un messager de la sagesse divine qui se cache sous de nombreux voiles dans le tumulte des nations. D'âge en âge, nous renaissons et nous redisons l'antique vérité avec un verbe nouveau. Rarement on nous devine, plus rarement on nous honore, mais nous faisons notre œuvre. Toutes les sciences du monde sont rassemblées dans la sagesse dont nous portons les rayons. Je sais par la méditation que je suis né plus d'une fois. J'ai été du temps d'Énoch et d'Élie, j'ai été du temps du Christ, et j'ai reçu mes ailes du génie de la croix splendide. La dernière fois que j'ai paru sur la terre, je fus le dernier des druides, le barde-roi, le grand Taliésinn. Cette fois-ci, je n'ai fait qu'y passer pour vous donner mes enseignements et vous révéler l'un à l'autre, ô Elfinn et Fahelmona ! — Alors qui donc es-tu, toi qui d'âge en âge changes de verbe et de figure ? — Je suis un mage. — Qu'est-ce qu'un mage ? — Celui qui possède le savoir, le vouloir et le pouvoir. Par ces trois forces réunies, il commande aux éléments ; il fait plus encore, il maîtrise les âmes. Mais beaucoup se sont donnés pour mages et se donneront pour tels qui ne le sont pas. — A quel signe les vrais mages se reconnaissent-ils ? — Le vrai mage n'est ni celui qui change le plomb en or, qui appelle l'orage ou qui évoque les esprits. Car toutes ces choses peuvent se tramer par feintise et mirage ; et l'enfer les imite. Le vrai mage est celui qui a le don de voir les âmes cachées dans les corps et de les faire éclore. Les faire éclore, c'est les recréer ; les recréer, c'est les rendre à elles-mêmes, à leur essence primitive, à leur génie divin, comme disaient nos aïeux les druides. Le vrai mage est celui qui sait aimer les âmes pour elle-mêmes et rassembler celles qui sont destinées l'une à l'autre par une chaîne de diamant, par cet amour qui est plus fort que la mort ! C'est ce que j'ai fait pour vous. Et maintenant adieu ! — Tu veux nous quitter ? — Il le faut. Par la mer je suis venu ; par la montagne je m'en irai. Ma patrie est où sont les étoiles d'été. Mais je vous laisse un souvenir… Regardez derrière vous ! »

Elfinn et Fahelmona regardèrent dans l'abîme vaporeux et eurent un nouvel étonnement plus grand que tous les autres. La vallée d'où ils sortaient était comblée tout entière par les eaux. A la place du château de Maëlgoun, baignant la montagne à mi-côte, s'étendait un lac profond et immobile. A sa surface, comme une aile tombée des épaules d'un ange, nageait une harpe d'argent. Les cordes rayaient l'eau noire de fils lumineux ; et dans le ciel, une étoile brillante comme un aimant de lumière semblait attirer la harpe par ses fulgurations magiques. — « Vois-tu ? C'est la harpe de Taliésinn ! » s'écrièrent les deux amants penchés sur le gouffre. Une voix dit derrière eux : « Elle est à vous ! Sauvez-la ! »

Ils se retournèrent, cherchant le maître. Mais Taliésinn avait disparu. La cime était déserte, et les amants restèrent seuls sous le ciel étoilé.

———————

Avec sa conscience profonde et son verbe universel la grande figure de Taliésinn plane au-dessus des temps, dans une région inaccessible et regarde l'avenir autant que le passé. Son œil embrasse dans une vision magnifique la synthèse harmonieuse de la science antique et de la spiritualité chrétienne par le génie de l'intuition et de l'amour. En lui se manifeste la réserve ésotérique des Kymris, vis-à-vis des races sœurs ou parentes. Car les

Kymris ont gardé les purs arcanes, la quintessence de
la poésie et de la religion des Celtes. Plus mystique que
rationnel, plus enthousiaste qu'habile, plus intuitif qu'artiste, plus musicien que peintre, /plus poète que philosophe, le génie celtique est un grand voyant de l'âme et
de ses mystères. C'est un prophète et non un conquérant ; et voilà pourquoi il a eu la destinée tragique de
tous les prophètes, qui est d'être honnis et persécutés par
ceux auxquels il dit la vérité, qu'ils en profitent ou non.
Opprimé par la dureté latine, accablé par l'énergie
saxonne, méprisé par la solidité franque, raillé par la
légèreté gauloise, le génie celtique n'en reparaît pas
moins de siècle en siècle, doux et indomptable, visionnaire sublime et déguenillé, toujours ressuscitant de ses
retraites inconnues, toujours affirmant sa soif d'infini et
d'au-delà, sa foi en l'idéal sanctionné par un monde
divin, portant ce témoignage dans ses plus noires tristesses, dans ses plus sombres défaites comme dans ses
désespérances les plus amères. Voilà sa malédiction et sa
gloire.

Selon une vieille coutume celtique, consignée dans le
code d'Hoël, il y avait trois choses sacrées qu'on ne
pouvait saisir chez un homme libre : le Livre, la Harpe
et l'Épée. — Or, que représente *le Livre* dans la symbolique des bardes et des initiés antiques ? C'est la tradition profane et sacrée avec tous ses mystères, c'est la
science intégrale. — Qu'est-ce que *la Harpe* ? C'est le
verbe vivant de l'âme, la parole sous toutes ses formes
qui traduit les mystères du Livre ; c'est la Musique et la
Poésie, c'est l'Art divin. — Et qu'est-ce que *l'Épée* ?

Peu importe qu'elle se nomme Vercingétorix, Arthur ou Jeanne d'Arc ; trouvée par le héros, consacrée par le chevalier ou transfigurée par la vierge héroïne et voyante, c'est toujours la volonté active, le courage viril et la force de la justice, qui mettent en œuvre les vérités du Livre et les inspirations de la Harpe. — Mais pour les diriger et les féconder tous trois, ne faut-il pas *l'Étoile* de la foi, ou la connaissance des choses de l'Ame et des principes de l'Esprit ? C'est la foi de l'âme, c'est la science supérieure, c'est la divine espérance qui manque à notre génération et que ses guides intellectuels ont négligé de lui enseigner, faute d'y croire eux-mêmes. Les prophètes de la matière et les grands prêtres du néant ne nous ont pas manqué. Nous aurions besoin des Taliésinn, qui réveillent l'âme en ses énergies profondes, qui l'épanouissent dans toute sa fleur, non des sceptiques ou des négateurs qui l'endorment, la dissolvent et la tuent. Car, quand l'Étoile de la Connaissance s'allume dans le ciel de l'humanité, alors seulement la Harpe merveilleuse de l'Art divin émerge du lac magique de la vie. Que celle-là pâlisse, et la Harpe s'engloutit — avec le Livre — et avec l'Épée !

FIN

TABLE DES MATIÈRES

III

IV

POITIERS

IMPRIMERIE BLAIS, ROY ET CIE,

7, rue Victor-Hugo.